Sylt, Songs und Liebe

TRÄUME AM LEUCHTTURM

LENA KÜSTENGLÜCK

Inhalt

Warnung

In diesem Buch werden Themen wie Alkohol- und Drogenkonsum behandelt. Diese Inhalte können für einige Leser*innen emotional belastend sein. Bitte lesen Sie mit Vorsicht und holen Sie sich Unterstützung, falls Sie von diesen Themen betroffen sind.

1. Edition, 2024

Informationen

ÜBER DIE AUTORIN:

Lena liebt das Meer seit ihrer Kindheit und fühlt sich am und im Wasser am lebendigsten. Diese Leidenschaft spiegelt sich in ihren gefühlvollen Liebesromanen wider, die an deutschen Küsten spielen. Dabei greift sie stets auch ernste und spannende Themen auf, denn das Leben ist nicht nur rosa Zuckerwatte. Ihre Geschichten sind heiter und enden mit einem Happy End, ohne jemals zu seicht zu werden – ein Aspekt, der ihr besonders wichtig ist.

Nach vielen Umzügen im In- und Ausland lebt sie nun mit ihrem Mann, Kind und zahlreichen Tieren in einer der ältesten Städte Baden-Württembergs. Dennoch schließt sie nicht aus, eines Tages wieder ins Ausland zu ziehen – wenn das Meer sie ruft.

Zwei Ostsee-Romane sind bereits zusammen mit Sarah McAllister erschienen. „Sand im Haar, Sonne im Herzen: Von London nach Eckernförde“ und „Strandnixe liebt Mr. Baywatch“. Teil drei ist für den Spätsommer 2024 in Planung.

ÜBER DAS BUCH:

Sylt, Songs und Liebe – Träume am Leuchtturm

Ein Sommer, der alles verändert – zwischen Sehnsucht und Neuanfang.

Die junge Sophie ist ein echter Bücherwurm und jobbt im Hotel ihres Onkels auf Sylt, um sich einen Sommer auf der Trauminsel leisten zu können. Verträumt und hoffnungsvoll begegnet sie am Leuchtturm Jonas, einem gefeierten Musiker, der auf den Partybühnen der Welt zuhause ist, aber in seinem Herzen unglücklich bleibt. Für beide ist es Liebe auf den ersten Blick.

Doch während Jonas mit seinen inneren Dämonen kämpft und hofft, dass die einfühlsame Sophie ihn retten kann, träumt sie von ihrem Märchen mit dem Traumprinzen. Können ihre Liebe und der geheimnisvolle Leuchtturm auf Hörnum ihnen das Happy End schenken, von dem beide träumen?

„Sylt, Songs und Liebe" erzählt die Geschichte von zwei Herzen, die sich inmitten von Meeresrauschen und stürmischen Gefühlen ineinander verlieren.

Ein mitreißendes Buch über Liebe, Hoffnung und die Magie eines Sommers auf Sylt.

Für alle, die an die
Liebe auf den ersten Blick
glauben -
oder davon träumen.

Nichts ist unmöglich.

Zitat

When I saw you,
I fell in love,
and you smiled
because you knew.

– William Shakespeare –

Jo Beck – nach dem Applaus

Begleitet von tosendem Applaus und zweideutigen Zwischenrufen meiner weiblichen Fans flüchtete ich hinter die Bühne. Dort atmete ich erst einmal durch und versuchte mich krampfhaft zu beruhigen.

Ich schwankte ein wenig und musste mich an der Wand abstützen. Verdammt, heute war ich bei der Show wirklich nicht in Topform gewesen, aber ich glaube, das hatten nicht viele gemerkt. Schließlich waren die meisten Zuhörer schon vor meinen Konzerten ziemlich angeheitert.

Trotzdem war es haarscharf gewesen, denn ich wäre fast über ein Kabel am Boden gestolpert. Im nüchternen Zustand würde mir so etwas nie passieren, aber heute konnte ich mich gerade noch am Schlagzeug festhalten, um nicht mit der Nase auf den Boden zu knallen.

Fürs Erste war die Show vorbei - zumindest die auf der Bühne. Jetzt hatte ich eine kurze Verschnaufpause, bevor es weiterging. Ich setzte mich auf den Boden, denn mir wurde immer schwindliger. Okay, da hatte ich es heute mit meinen „Hilfsmitteln“ wohl etwas übertrieben, das musste ich zugeben.

Die Leute draußen riefen also umsonst „Zugabe“, denn heute

würde ich da garantiert nicht mehr rausgehen. In diesem Zustand konnte ich kein Lied mehr ins Mikro singen, ohne die Hälfte des Textes zu vergessen.

Ich war echt am Ende, das musste ich mir eingestehen. Wie ich dieses Leben manchmal hasse! All die feiernden Fans, die billigen Songtexte und seichten Schlagermelodien standen mir bis zum Hals, ich hatte einfach keine Lust mehr. Aber es half nichts: Das war mein Job und schließlich verdiente ich gutes Geld damit.

„Jo, bist du bereit?“, Jessica, meine Managerin, stand plötzlich vor mir und sah mich stirnrunzelnd an.

„Der Fanclub wartet im Meet-and-Greet-Bereich. Und du weißt ja, wie schnell deine Fans ungeduldig werden.“

„Ja, schon klar“, stöhnte ich und griff mir mit beiden Händen an den Kopf. „Gib mir noch ein paar Minuten, ja? Ich komme gleich.“

Sie zögerte. „Fühlst du dich nicht gut? Brauchst du sonst noch etwas? Vielleicht ein paar von den Tabletten, die du immer in deiner Garderobe hast? Du weißt schon, die zur Beruhigung?“

Mürrisch nickte ich, denn ich konnte wirklich ein paar synthetische Helferlein brauchen. Mein Herz schlug wieder viel zu schnell, wie immer nach einem Auftritt.

Ich hasste es, so im Rampenlicht zu stehen und hatte jedes Mal das Gefühl, mich übergeben zu müssen. Ich konnte noch nie gut mit Druck umgehen, aber in letzter Zeit war es besonders schlimm. Manchmal wollte ich am liebsten laut losschreien, so sehr nervte mich der ganze Starrummel und die damit verbundenen Verpflichtungen. Am liebsten hätte ich mich auf die Couch gelegt und mich vom Fernseher berieseln lassen. Stattdessen musste ich sofort in Partystimmung kommen, obwohl ich überhaupt keine Lust dazu hatte. Ich wollte einfach nur meine Ruhe haben.

„Ich bringe sie dir gleich. Keine Sorge, das war dein letzter Auftritt auf Mallorca und morgen hast du frei.“

Ha, das war nun wirklich kein großer Trost, denn ich wusste, dass es schon am nächsten Tag weiter nach Ibiza gehen würde, wo die nächsten Konzerte auf den Partybühnen stattfinden würden.

Ich war erschöpft, ausgelaugt und ausgebrannt, doch ich rannte weiter wie ein Hamster im Laufrad. Wenn mich doch nur jemand retten und mir einen Ausweg aus diesem Schlamassel zeigen könnte – jemand, der es ehrlich mit mir meinte und für mich da war. Mit seiner Hilfe könnte ich vielleicht mein Leben wieder in den Griff bekommen. Aber so ... sah ich kein Licht am Horizont.

Jessica kam zurück und reichte mir die Tabletten. Ich nahm sie, ohne zu zögern, denn hey ... *the show must go on*. Egal, ob mir nach Flucht war oder nicht, ich musste es durchziehen.

Morgen früh würde ich mit Martin sprechen, ob wir nach der Konzertreihe auf Ibiza noch ein paar Tage Pause einplanen könnten, denn lange würde ich das nicht mehr durchhalten, das war sicher.

Schwerfällig stand ich auf, setzte mein übliches Hundert-Watt-Lächeln auf und begann mit Teil zwei des Abends: Feiern mit den Fans.

Sophie

*Auf Sylt ist die Luft so rein. Ganz anders als in Münche*n, dachte ich und schüttelte mich unwillkürlich, als könnte ich auf diese Weise nicht nur den Dreck der Großstadt, sondern auch den ganzen Stress der letzten Jahre loswerden. Tief sog ich die aromatische Luft ein. *Wenn Freiheit ein Duft wäre, dann müsste er genau so riechen*, dachte ich und schloss für einen Moment die Augen. Eine sanfte Brise trug den Duft von frischem Seetang und salziger Meeresluft zu mir – es roch nach Abenteuern und verborgenen Geschichten, die auf dem Meeresgrund schlummerten und nur darauf warteten, entdeckt zu werden. Heute fühlte ich mich wie eine Pionierin und war zum ersten Mal seit Langem frisch und voller Leben. Es war, als wäre ich endlich angekommen.

Meine Schritte wurden jetzt immer länger und ausladender, denn ich wollte zu *ihm*. Zum ersten Mal in meinem Leben würde ich einen Leuchtturm aus der Nähe sehen, etwas, das ich in den 23 Jahren zuvor nicht geschafft hatte. Gut, in München war das natürlich nicht möglich und bei meinen wenigen Reisen nach Spanien und Italien war ich zwar an der Küste entlanggefahren, hatte aber immer im Landesinneren gewohnt. Dort waren die Unterkünfte preiswerter, schließlich war ich meist knapp bei

Kasse. Selbst den Urlaub auf Sylt konnte ich mir nur leisten, weil ich halbtags in Onkel Javiers Hotel arbeitete.

Mittlerweile lief ich so schnell, dass man mich für eine Joggerin hätte halten können. Allerdings war um diese Zeit kaum jemand unterwegs, denn am Sonntagmorgen um 6.30 Uhr schliefen die meisten noch.

Ich war gestern erst nach einer gut elfstündigen Nachtzugfahrt angekommen und völlig erschöpft ins Bett gefallen. Zum Glück durfte ich bei meinem Onkel im Hotel wohnen, wobei mein Zimmer von der Größe her eher einer Besenkammer glich. Aber egal, Hauptsache, ich konnte endlich mal einen Leuchtturm in echt sehen und umsonst übernachten. Freie Kost und Logis gegen einen Halbtagsjob als Mädchen für alles in seinem Hotel, das war der Deal.

Da es mein erster Tag war, musste ich ausnahmsweise nicht um sieben, sondern erst um zehn Uhr anfangen. Diese Gelegenheit wollte ich unbedingt nutzen, um die Insel live kennenzulernen. Bisher hatte ich nur Fernsehbeiträge, Online-Clips und -Fotos gesehen und das war einfach nicht das Gleiche. Doch bis dahin war es noch ein weiter Weg.

Die ersten Sonnenstrahlen des Tages ließen das Wasser golden schimmern und malten helle Flecken an die sanft schaukelnden Fischerboote im Hafen. Wohlige Wärme breitete sich in meinem Bauch aus und ich lächelte. Das leise Knattern der Segel im Wind und das Kreischen der Möwen, die über mir kreisten, hoben meine Stimmung noch mehr.

Das laue Lüftchen konnte mir nichts anhaben, denn ich war mit meiner Allwetterjacke gut gekleidet, einzig die Flip-Flops waren etwas gewagt. Ich hatte die Haare vorsorglich zu einem hohen Pferdeschwanz zusammengebunden. Ein paar schwarze Strähnen hatten sich zwar schon gelöst und tanzten frech vor meinem Gesicht herum, aber das störte mich nicht. Ich war nicht übermäßig auf mein Äußeres bedacht, das wäre bei meiner Arbeit im Kinderhaus auch eher hinderlich.

Beschwingt trat ich auf einen geschwungenen Pfad, der von Strandgras und Wildblumen gesäumt war und konnte mir ein glückliches Lächeln nicht verkneifen. Mann, war das schön! Ich liebte zwar den wunderschönen Englischen Garten in München und war dort jeden Tag spazieren gegangen, aber das war kein Vergleich zu dieser atemberaubenden Natur hier auf Sylt. Ich beschloss, meine Schuhe auszuziehen und sie in die Hand zu nehmen, um den warmen Sand unter meinen Füßen zu spüren. Die Ruhe und der Frieden, die mich umgaben, ließen mein Herz höherschlagen. Es war so still, dass es mir fast unnatürlich vorkam, aber nach Jahren des täglichen Lachens und Lärmens unzähliger Kinder war ich wohl nicht mehr an einen normalen Geräuschpegel gewöhnt.

Vor mir schraubte sich der Leuchtturm in die Höhe und es schien mir, als würde er oben an der Spitze den Himmel küssen. Mein Herz raste vor Freude und ich grinste mittlerweile von einem Ohr zum anderen.

Als Kind hatte ich davon geträumt, in einem Leuchtturm zu leben. Er war für mich das Symbol des Glücks und der Freiheit, seit meine Mutter mir Kinderbücher über eine Maus vorgelesen hatte, die durch das Land reiste, um schließlich am Ziel, dem Leuchtturm, anzukommen und für immer dortzubleiben.

Wenn meine Eltern sich wieder einmal laut gestritten hatten, war ich unter die Bettdecke gekrochen und hatte von meiner eigenen Welt geträumt. Seit ich lesen konnte, waren Bücher meine Zuflucht. Dank ihnen konnte ich all die schönen Liebesgeschichten erleben, die mir in der Realität leider versagt blieben. Meine blühende Fantasie war Fluch und Segen zugleich. Vielleicht war ich deshalb Erzieherin geworden. Im Umgang mit Kindern konnte ich meiner Kreativität freien Lauf lassen und mit ihnen die tollsten Spiele erfinden. So hatte ich es mir erhofft, in der Realität sah mein Alltag leider oft anders aus.

Doch nun beschloss ich, dass es mit dem Grübeln vorbei sein musste. Ich schlüpfte wieder in meine Flip-Flops, beschleunigte meine Schritte und rannte die letzten Meter, bis ich schließlich vor dem majestätischen Leuchtturm stand. Mit einem glücklichen Lächeln blieb ich stehen und lehnte mich an seine kühlen, rauen Mauern. Meine Arme waren weit ausgestreckt, als wollte ich die ganze Welt umarmen.

Nach einer Weile legte ich den Kopf so weit in den Nacken, dass mir schwindlig wurde, um an der rot-weiß gestreiften Fassade hinaufblicken zu können. Schnell senkte ich den Blick und trat einen Schritt zurück, doch der Schwindel ließ nicht nach, sondern ließ mich taumeln und in die Knie gehen. Ich schloss die Augen und zwang mich, ruhig zu atmen, um die aufkommende Panik wieder in den Griff zu bekommen. Ein leises Quietschen drang an mein Ohr, dann ein dumpfes Schlagen, wie von einer Tür, und plötzlich eine Stimme: „Scheiße, was ist das, verdammt? Bitte lass das keine Leiche sein!"

Jemand anderes brummte etwas, woraufhin der erste Sprecher ein wenig lauter meinte: „Hallo, können Sie mich hören? Ich rufe einen Krankenwagen. Hilfe kommt gleich, bleiben Sie ganz ruhig."

Ich öffnete die Lider und blickte in zwei warme, braune Augen, die mich an meine absolute Lieblingsschokolade mit Keks und dunklen Browniekrümeln erinnerten. Sie gaben mir ein Gefühl der Vertrautheit und beinahe konnte ich den Geschmack auf der Zunge kosten ...

Moment mal, was? Erschrocken versuchte ich mich aufzusetzen, was mir erstaunlicherweise ganz gut gelang. Aber wahrscheinlich nur, weil sich ein warmer Arm stützend auf meinen Rücken legte und mir dabei half.

Verwirrt blinzelte ich und plötzlich klärten sich mein Blickfeld und mein Verstand. Ein junger Mann beugte sich besorgt über mich.

„Atmen Sie tief in Ihren Bauch hinein, als würde er sich bei jedem Einatmen wie ein Luftballon füllen und beim Ausatmen wieder leeren und schrumpfen."

Ähm, ja, die Stimme klang unglaublich voll und tief, aber was sie sagte, ergab keinen Sinn. Ich musste kichern, weil mich die Worte an den Geburtsvorbereitungskurs meiner Freundin Clara erinnerten, den ich mit ihr besucht hatte, da ihr Waschlappen von einem Freund die Verantwortung für ein Baby nicht übernehmen wollte.

„Sie ist eindeutig verwirrt. Herr Lehmann, bitte rufen Sie den Notarzt."

„Nein!" Schlagartig wurde mir der Ernst der Lage bewusst und ich protestierte lautstark: „Mir geht es gut, ich habe nur an etwas Lustiges gedacht. Das vorhin war wohl nur ein kleines Kreislaufproblem, aber jetzt bin ich wieder topfit." Okay, das war zwar maßlos übertrieben, doch in die Notaufnahme musste und wollte ich ganz sicher nicht.

Sanft lehnte mich der Besitzer der schönsten braunen Augen, die ich je gesehen hatte, an die Wand des Leuchtturms zurück und sagte mit beruhigender Stimme: „Okay, wir warten erst einmal ab. Können Sie mir sagen, wie Sie heißen? Wissen Sie, wo Sie sind?" Er hatte braune, gelockte Haare, die in der Sonne glänzten und der Schnitt war wahnsinnig stylisch. Wie konnte ein Typ nur dermaßen attraktiv sein?

„Klar weiß ich, wo ich bin, nämlich am Leuchtturm auf Hörnum. Und mein Name ist Sophie Rodriguez." Die beiden sollten bloß nicht denken, ich hätte einen Hirnschaden, sonst riefen sie bei meinem Glück doch noch einen Krankenwagen.

„Heute ist Sonntag und ich wollte unbedingt vor Dienstbeginn noch den Leuchtturm sehen. Bin gestern Abend erst angekommen."

„Rodriguez, ist das spanisch?", fragte der Typ neugierig.

Na toll, warum interessieren sich immer alle zuerst dafür? Wenn ich Müller oder Maier heißen würde, würde mich auch niemand fragen, ob ich Deutsche bin. „Ja, mein Vater ist Spanier", antwortete ich.

„Und weshalb müssen Sie an einem Sonntagmorgen auf Sylt überhaupt arbeiten? Sie sehen mir nicht wie eine Einheimische aus, sondern eher wie eine Urlauberin", entgegnete er.

„Ach ja, wie sehen denn die Insulaner sonst so aus?", fragte ich neugierig und fühlte mich dabei ein wenig gekränkt. Vielleicht lag es an meinen billigen Klamotten, dass er mich nicht als Sylterin einstufte.

„Nun, normalerweise passen sie sich dem Wetter an. Flip-Flops und ein leichter Rock erscheinen mir für einen kühlen Morgen wie heute eher unpassend. Ein echter Sylter würde das wissen."

In diesem Moment war ich froh, schon von Geburt an über eine ausgeprägte Portion Gelassenheit zu verfügen. Ruhig antwortete ich ihm. „Ich bin zwar nicht von hier, werde aber die nächsten sechs Wochen halbtags im Hotel meines Onkels arbeiten. Und was mein Schuhwerk betrifft: Gegen Flip-Flops ist nichts einzuwenden, sie sind sehr bequem. Außerdem kommt der Sand an der einen Seite rein und an der anderen wieder raus. Das ist überaus praktisch."

Nun lächelte er breit und sah plötzlich entspannter und um Jahre jünger aus. Der gehetzte Ausdruck war für einen Moment aus seinem Gesicht verschwunden, kehrte aber nur Sekunden später wieder zurück. „Das ist eine interessante Theorie, Sophie. Mein Name ist übrigens Jonas Beckmann. Nun gut, aber was mache ich jetzt mit Ihnen? Meine Tour ist zu Ende und Herrn Lehmanns Zeit kann ich nicht länger beanspruchen. Sollen wir wirklich keinen Notarzt rufen?"

Jetzt war ich kurz davor, richtig beleidigt zu sein. „Also bitte, sehe ich aus wie jemand, der nicht für sich selbst entscheiden kann?"

„Nee, tut sie nicht. Ich gehe jetzt mal. Ihr beiden kommt ja sicherlich allein klar, oder? Beim Flirten bruukt ihr wohl keene

Zuschauer", meinte sein weißbärtiger Begleiter. In seinem wettergegerbten Gesicht zeigte sich ein leichtes Lächeln.

„Danke, Herr Lehmann. Und danke noch mal für die spontane Führung. Das weiß ich wirklich zu schätzen." Der attraktive Lockenschopf zog ein dickes Bündel Geldscheine aus seiner Hosentasche, das mit einer goldenen Klammer zusammengehalten wurde, zog ein paar Hunderter heraus und reichte sie Herrn Lehmann. Hm, ich wette, der Typ musste nicht wie ich jobben, um sich den Aufenthalt auf Sylt leisten zu können. Wahrscheinlich war er von Beruf Sohn, brauchte nicht arbeiten und wurde schon mit dem goldenen Löffel im Mund geboren.

Etwas an seiner ernsten, gestresst wirkenden Miene sprach jedoch gegen diese Theorie. Herr Lehmann tippte sich an die Mütze, nickte erst Mr. Geldklammer, dann mir zu und ging gemächlich seiner Wege.

„Ich wusste gar nicht, dass eine Leuchtturmbesichtigung so viel kostet." Diesen bissigen Kommentar konnte ich mir leider nicht verkneifen, Mist! Sofort entschuldigte ich mich.

„Schon gut, du hast ja recht", antwortete er und ging mir gegenüber in die Hocke. „Eigentlich sind Besichtigungen nur montags, mittwochs und donnerstags. Ich war ihm dankbar, dass er für mich eine Ausnahme gemacht hat. Das wollte ich entsprechend würdigen und ihm damit Respekt zollen. Aber das konntest du ja nicht wissen."

Oh, okay, das klang eigentlich ganz nett, dachte ich.

„Meinst du, du kannst aufstehen?", fragte er und musterte mich forschend.

„Ja, bestimmt. Dieses blöde Drehgefühl ist endlich weg", gestand ich.

Trotz meiner Beteuerungen griff er mir stützend unter die Arme, als ich aufstand. Wow, er war entweder sehr nett oder Sanitäter von Beruf.

„Danke", murmelte ich. Täuschte ich mich oder hielt er mich ein paar Sekunden länger fest als nötig? Jedenfalls schoss mir glühende Lava in die Wangen und ich leuchtete jetzt garantiert so hell, dass jeder Seemann mein Gesicht noch aus vielen Kilometern Entfernung problemlos erkennen konnte. Jetzt wusste ich endlich, warum der Beruf des Leuchtturmwärters überflüssig geworden war: wegen Leuten wie mir. Na toll, wo war nur meine viel gerühmte Gelassenheit plötzlich geblieben?

„Gut, du hast ja schon wieder etwas Farbe im Gesicht, dann scheint es dir ja wirklich besser zu gehen", meinte er lächelnd.

Na ja, so konnte man es auch ausdrücken, schätzte ich. „Danke für die Hilfe, jetzt finde ich alleine zurück zum Hotel."

Einen Moment lang zögerte er, dann protestierte er. „Auf keinen Fall, ich begleite dich wenigstens bis zur Straße und ruf dir ein Taxi zum Hotel."

„Ein Taxi? Nein, das will ich nicht. Das wäre viel zu teuer. Außerdem bin ich wirklich wieder richtig fit."

„Na gut, dann begleite ich dich bis zur Hauptstraße", lenkte er ein. Langsam machten wir uns auf den Weg, wobei er wie selbstverständlich seinen Arm stützend um meine Taille legte.

Aha, er muss wohl ein barmherziger Samariter sein, dachte ich und lächelte innerlich. Doch dieses Lächeln währte nur kurz, denn die verdammten Schmetterlinge in meinem Bauch flatterten wie verrückt und brachten mich aus dem Konzept. Wie konnte dieser Kerl nur so attraktiv und supernett zugleich sein? Wo war der Haken? Mochte er keine Frauen oder war er schon verheiratet? Ich beschloss, einfach direkt zu fragen: „Schwul oder bereits vergeben? Du bist zu gut, um wahr zu sein."

Erstaunt hob er eine Augenbraue hoch und grinste dann schief. „Weder noch, beides trifft auf mich nicht zu. Ich bin nur ein höflicher Typ. Ist das denn so schrecklich? Werde ich dafür jetzt verhaftet?"

Mist, er hatte recht, das waren dämliche Vorurteile gewesen. Aber ich war froh, dass er das Ganze mit Humor genommen hatte. „Nein, natürlich nicht. Sorry", murmelte ich.

„Also ich muss sagen, deine erfrischend ehrliche und direkte Art gefällt mir“, sagte er und lächelte mich an.

Dummerweise geriet ich deshalb sofort aus dem Tritt und ins Stolpern. Wow, jetzt hatten wir langsam aber echt jedes Klischee eines Hallmark-Films bedient. Es fehlte nur noch, dass er ein heimlicher Millionär war oder so. Na ja, genug Geld schien er jedenfalls mit sich herumzutragen. Eigentlich eine Schande, dass ich mich nicht besonders für Luxus interessierte. Klar, es war sicher schön, genug Geld zu haben. Aber reich wollte ich nie werden, das hatte ich mir schon als Kind geschworen - auch wenn es verrückt klang, ich hatte meine Gründe dafür. „Und du bist weder Millionär noch Superstar?“, hakte ich schließlich nach. Immerhin hatte er bereits deutlich gemacht, dass ihn meine Fragen nicht störten.

Sekundenlang verfinsterte sich sein Blick, aber vielleicht kam es mir auch nur so vor. „Da hat wohl jemand zu viele Liebesfilme gesehen“, meinte er schließlich leichthin. „Aber sag mal, hast du öfter solche Schwächeanfälle?“

O nein, ich würde mich gleich furchtbar blamieren. „Na ja“, begann ich, „das lag nur an der Höhe. Ich hätte nicht auf den Leuchtturm schauen sollen. Da wird mir leider immer schwindelig. Aber von oben nach unten macht es mir nichts aus.“

„Das ist nicht dein Ernst!“, rief er amüsiert. „So etwas habe ich noch nie gehört. Müsste die Höhenangst nicht immer gleich stark sein? Seit wann spielt es eine Rolle, aus welcher Richtung man schaut?“

An welchem Zeitpunkt waren wir eigentlich zum „Du“ übergegangen? Es schien irgendwie übergangslos passiert zu sein, ohne dass ich es gemerkt hatte. Ich zuckte mit den Schultern. „Also erstens habe ich keine Höhenangst, sondern ... na ja, es ist mir einfach unangenehm, so weit nach oben zu schauen. Das ist alles.“ Gut, dass er nicht wusste, wie oft es mir schon die Füße unterm Hintern weggezogen hatte.

„Na ja, mir ist auch einiges unangenehm, aber ich falle deswegen kein einziges Mal in Ohnmacht“, erklärte er trocken.

„Ich war nicht ohnmächtig." Wieder protestierte ich. „Mir war nur leicht schwindelig."

Er schien zwar nicht besonders beruhigt zu sein, aber er ließ das Thema nun ruhen. „Wann genau fängt heute deine Arbeit an und wie lange musst du ran?"

Ich sah auf die Uhr. Zum Glück war noch genügend Zeit. Onkel Javier wäre bestimmt sauer gewesen, wenn ich an meinem ersten Tag zu spät gekommen wäre. „Heute muss ich um 10 Uhr loslegen und bis 15.30 Uhr arbeiten, sonst immer täglich von 7 bis 14 Uhr. Warum fragst du? Bist du derart von meinem Charme beeindruckt, dass du mich auf ein Date bitten willst?" War das jetzt zu frech gewesen? Ich hoffte nicht. Irgendwie hatte ich den Eindruck, dass ihm genau diese offene Art an mir gefiel.

„Nicht unbedingt", meinte er.

O nein, sofort zerschmetterte meine Hoffnung tausend Stücke.

Doch dann grinste er breit. „Ich muss mich allerdings persönlich vergewissern, dass es dir gut geht. Nicht, dass du mich hinterher wegen unterlassener Hilfeleistung anzeigst, oder so. Ein hilfsbereiter Typ wie ich muss damit rechnen."

„Echt jetzt?" Ich war baff. So drückten es jedenfalls die Kids im Kindergarten aus, wenn jemand erstaunt war.

„Klar, erst neulich habe ich einer Babyschildkröte über die Straße geholfen und wurde als Dank wegen Belästigung angezeigt."

„Ha ha", meinte ich mit gespielt säuerlicher Miene. Ich zeigte mit ausgestrecktem Finger voraus. „Da vorne ist die Straße, du bist also vom Dienst befreit, Darling Boy."

„Ein netter Spitzname, so hat mich noch niemand genannt, das werde ich auf meiner Webseite als Zweitnamen einfügen müssen", lachte er.

„Mach das ruhig. Ich hätte ja noch mehr von der Sorte auf Lager, aber man soll ja beim ersten Kennenlernen nicht sein ganzes

Pulver verschießen", sagte ich grinsend. „Ich spare mir das für unser Date später auf."

„Dann ist das ein Ja? Darling Boy und Miss Spitze Zunge haben ein Date? Yeah!" Er begann albern von einem Bein aufs andere zu hüpfen, was derart ulkig aussah, dass ich laut loslachte.

„Vielleicht solltest du vorher etwas an deinen Tanzkünsten arbeiten, aber der Rest ist schon mal vielversprechend", sagte ich immer noch lachend.

Wir verabredeten uns für 16:30 Uhr an derselben Stelle und er bestand darauf, mich abzuholen. „Wie heißt das Hotel deines Onkels?"

„Sommerwind", antwortete ich fröhlich.

„Gut, Sophie. Ich hole dich ab, dann gehen wir beide essen, also zieh dir deine schönsten Flip-Flops an", meinte er breit lächelnd. „Und bring bitte noch eine große Portion von deiner guten Laune mit, die hätte ich nämlich gerne als Vorspeise."

„Deal, Jonas!", rief ich. „Aber nur, wenn du für den Nachtisch sorgst."

„Das werde ich, darauf kannst du wetten." Sein schelmisches Grinsen ging mir direkt unter die Haut und verursachte eine solche Unruhe in mir, dass mein dummes Herz komplett aus dem Rhythmus geriet. Verflixt, der Typ könnte mir extrem gefährlich werden.

Als ich im Hotel ankam, zitterten mir immer noch die Knie. Der kleine Zusammenbruch hatte wohl mehr Auswirkungen, als ich zuerst dachte. Warum sonst sollte ich derart aufgewühlt sein?

Jonas

Ich sah ihr noch lange nach, wie sie fröhlich die Straße entlanglief, dabei konnte ich den Blick nicht von ihr lösen. Es war echt verrückt, ich fühlte mich extrem zu ihr hingezogen, obwohl ich sie kaum kannte. Doch sie war irgendwie besonders, das hatte ich sofort gemerkt. Sie hatte wunderschöne, tiefschwarze Haare, einen ebenmäßigen, dunklen Teint und frech funkelnde, seegrüne Augen, die tief in sie blicken ließen. Denn trotz ihrer offensichtlichen Schönheit war sie überhaupt nicht wie all die attraktiven Frauen, die ich bisher getroffen hatte. Sie war sehr ehrlich und hielt mit ihrer Meinung nicht hinterm Berg. Außerdem hatte sie keinerlei Eitelkeit an den Tag gelegt. Sophie trug lässige Kleidung, knallbunte Flip-Flops und ein freundliches Lächeln – ein echter Hingucker!

Ich musste sie unbedingt wiedersehen, das war der Grund, weshalb ich sie sofort auf ein Date festgenagelt hatte.

Aber eines machte mir enorm zu schaffen. Wusste sie echt nicht, wer ich in Wirklichkeit war? Ich hatte ihr meinen bürgerlichen Namen genannt und dabei genau ihr Gesicht studiert. Sie schien mich nicht erkannt zu haben. Außerdem trug ich weder meine Signature-Cap noch war ich für die Öffentlichkeit gestylt.

Meine Haare waren vom Wind völlig zerzaust und ich hatte meine Privatklamotten an. Trotzdem war es dasselbe Gesicht – ich war immer noch derselbe Mensch. Es war also durchaus möglich, dass sie mich nicht mit Jo Beck in Verbindung brachte.

Ich dachte nach und stellte mir die Begegnung mit ihr noch einmal vor Augen. Hatte sie irgendwelche Anzeichen dafür gezeigt, dass sie mich erkannt hatte? Hatte sie gezuckt, hatte sie die Augen weit aufgerissen oder bescheuert gelächelt? Na ja, sie hatte mich zwar eindeutig angelächelt, aber es war mir mehr wie pure Freundlichkeit vorgekommen.

Ich hingegen war komplett in den Angriffsmodus übergegangen und hatte sie schamlos angeflirtet. Und das war ein Verhalten, das für mich völlig untypisch war. Ich war sonst nie so auf die Jagd gegangen, sondern hatte mir unter denjenigen, die mich anbaggerten, die Interessanteste herausgesucht. Mein halbwegs gutes Aussehen hat sicher geholfen, die Mädels auf mich aufmerksam zu machen. Meistens war es aber mein Ruhm. Sie dachten, dass sie durch eine Beziehung mit einem Star mehr Glamour bekämen. Viele nahmen an, dass sie durch mich berühmt und erfolgreich werden könnten. Auch wenn das in den wenigsten Fällen tatsächlich so war.

Ich riss mich aus meinen Gedanken, griff nach dem Handy, rief Martin an und bat ihn darum, mich schnellstmöglich hier abzuholen. Bis er kam, blieb ich hinter einem Gebüsch stehen. War das paranoid? Nein, eher realistisch. Denn wenn mich jemand hier erkennen würde, hätte ich keine ruhige Minute mehr. Alle würden wie wild Fotos schießen und diese sofort in den sozialen Medien hochladen. Damit wüsste gleich jeder Bescheid, dass Jo Beck auf Sylt Urlaub machte. Es würde niemanden interessieren, was ich wollte: einfach nur meine Ruhe haben und mich verkriechen. Doch das war den Fans egal. Sie wollten einen lächelnden Jo, der Selfies mit ihnen schoss und sie am besten noch in den Arm nahm – oder ihnen spontan etwas vorsang.

Als der schwarze BMW die Straße entlangfuhr, trat ich aus

meinem Versteck hervor und gab mich Martin zu erkennen. Er hielt sofort an und öffnete die Beifahrertür. Martin war nicht nur ein Chauffeur, sondern mein Bruder und engster Vertrauter. „Hey Bro, steig ein, bevor dich noch jemand sieht", meinte er grinsend. „Ich hab nämlich keine Lust, hier eine Massenhysterie auszulösen. Und das alles nur, weil du gerade keinen Bock auf Arbeit hast und dich auf Sylt verkriechen musst."

Ich ließ mich auf den Sitz plumpsen, winkte ihm fröhlich zu und zog die Wagentür zu.

„Der Leuchtturm scheint ja wahre Wunder bewirkt zu haben. Du wirkst viel ausgeglichener als heute Morgen." Nachdenklich musterte er mich.

Ich pustete mir eine braune Locke aus der Stirn und grinste. „Danke fürs Abholen. Und jetzt fahr bitte schnell los. Wie kommst du denn darauf, dass ich besser drauf bin?" Ich blickte ihn neugierig an. War es tatsächlich so offensichtlich, dass ich jemanden kennengelernt hatte? Vermutlich grinste ich etwas zu breit.

Mein Bruder gab Gas und fuhr in Richtung des Strandhauses, das er für uns auf unbestimmte Zeit gemietet hatte. „Na ja, ich denke da an die tiefe Sorgenfalte auf deiner Stirn. Noch heute Morgen hätte ich meinen Kaffeelöffel darin problemlos lagern können, jetzt aber ist sie auf wundersame Weise verschwunden. Außerdem lächelst du, obwohl weit und breit keine Kameras zu sehen sind. Ja, man sieht es dir an, dass es dir besser geht. Es wurde aber auch Zeit, dass du wieder zu Jonas wirst. Den Stinkstiefel Jo Beck konnte ich in letzter Zeit nämlich nicht ausstehen."

Seine Direktheit erinnerte mich an Sophie. Kein Wunder, dass sie mir gleich so sympathisch war. Neben Martin schien sie der einzige ehrliche Mensch auf der Welt zu sein. „Sorry, ich war echt schrecklich in den letzten Monaten, oder?" Obwohl ich die Antwort bereits kannte, musste ich schlucken, als mein Bruder sie aussprach.

„Ja, du warst ein echt arroganter, miesepetriger Unsympath.

Ich glaube, seit wir auf der Insel sind, bist du jeden Tag ein bisschen mehr du selbst geworden. Und der Ausflug zum Leuchtturm hat wohl das letzte Eis zum Schmelzen gebracht. Was auch immer da gerade passiert ist: Ich freue mich, meinen Bruder wiederzuhaben."

Ich betrachtete sein Profil, während er sich mit ernster Miene auf die Straße konzentrierte. „Am Anfang habe ich dir ja ordentlich die Meinung gegeigt, weil du mich hier auf die Insel verschleppt hast, anstatt mir den Flug nach Ibiza zu buchen, wie es abgesprochen war. Aber jetzt muss ich zugeben, dass du recht hattest. Ich finde hier schneller wieder zu mir selbst."

„Genau", bekräftigte Martin. „Diese Partyhochburg wäre nichts für dich gewesen. Was du jetzt brauchst, ist Abstand und Ruhe. Ach ja und Jessica hat heute schon fünfmal angerufen und wollte wissen, wo wir sind. Sie war echt hysterisch, hat mich beschimpft und sogar als Entführer betitelt. Deine Managerin scheint ziemlich aufgeregt zu sein. Ich glaube, es wäre gut, wenn du mal mit ihr sprichst. Du könntest ihr alles in Ruhe erklären."

„Jessica würde das garantiert nicht verstehen." Sie hatte mir schon zwei Auftritte auf Ibiza gebucht. Ich seufzte tief. „Sie meint es ja gut, das weiß ich. Aber manchmal übertreibt sie es mit ihrem Eifer. Ja, ich will Erfolg und freue mich über das Geld. Doch auf Dauer kann ich dieses Tempo nicht durchhalten."

Wir kamen bei unserem Ferienhäuschen an, wo Martin den Wagen anhielt und ausstieg. Eilig sprang ich hinterher und wir betraten das Haus. Hier regierte das Chaos, da wir nicht wie sonst Putzleute hatten, die alles hinter uns wegräumten und sauber machten. Aber das war mir egal. Hauptsache, wir waren unter uns.

„Früher oder später musst du mit ihr reden, da führt kein Weg dran vorbei", rügte Martin. „Aber jetzt lass uns erst mal was essen. Ich hab uns Pizza bestellt, die müsste bald da sein."

„Super", log ich, denn ehrlich gesagt hatte ich das Lieferessen langsam satt. Irgendwie schmeckte alles gleich nichtssagend und war zudem meist ungesund. Trotzdem konnte ich es nicht ändern, weder Martin noch ich waren im Zubereiten von warmen Mahlzeiten erfahren. Selbst die Spaghetti, die wir neulich versucht hatten, zuzubereiten, waren ungenießbar gewesen. Matschige Nudeln und eine Soße, dünn wie Wasser. Nee, danke, dann zog ich sogar das Fast Food vor.

Plötzlich fiel mir etwas ein. „Sag mal, Martin, gibts hier auf der Insel auch ein Delikatessen-Restaurant, das ausliefert?"

„Ähm, keine Ahnung", gestand er. „Aber so edle Schuppen gibt es bestimmt irgendwo, kannst ja mal googeln, dann gehen wir dort essen."

„Nee, danke, ich will kein Risiko eingehen, gesehen zu werden."

Er verdrehte die Augen. „Mensch, was ist denn plötzlich los mit dir? Bisher hat das doch mit der Verkleidung und den Perücken gut geklappt. Wenn du willst, können wir also gerne essen gehen. Ich habe nichts vor."

Mist, ich schon. Und genau da lag das Problem „Also, mal angenommen", begann ich zögernd, während ich mir eine Kaffeekapsel in die Maschine schob und auf Start drückte, „ich hätte jemanden kennengelernt. Und nur mal angenommen, ich Idiot hätte sie auf ein Date in ein schickes Restaurant eingeladen. Wie würde sie denn reagieren, wenn ich heute Abend verkleidet auftauche? Noch dazu mit Fake-Haaren?"

„Hat sie dich denn nicht sowieso schon erkannt? Und wo hast du jemanden getroffen? Etwa auf dem Leuchtturm?" Martin guckte mich so entgeistert an, dass ich laut loslachte.

„Nein, natürlich nicht auf dem Turm, sondern unten. Und zuerst dachte ich, sie wäre eine Leiche, aber dann hat sie sich als ganz reizendes Geschöpf mit frecher Klappe entpuppt."

Wieder starrte er mich an, als wäre ich ein Alien. „Erzähl mir sofort, was es mit der Leiche auf sich hat. Außerdem: Wer bist du und was hast du mit meinem Bruder gemacht? Bisher war dein Typ Mädchen eher das brave Ding, das dich anhimmelt und zu allem Ja und Amen sagt. Ach ja und sie muss total auf Party stehen und genau deine Musikrichtung lieben. Stimmt doch, oder?“

O weh, war ich wirklich so oberflächlich und leicht zu durchschauen? „Nee, das waren ja nur Flirts und Affären, da ging es nie um mehr, das war also was völlig anderes. Und das ganze Feiern mache ich ja nicht mein Leben lang.“

Jedenfalls hatte ich das nie so geplant, aber irgendwie hatte ich es dann doch seit Jahren so gehandhabt. Es war nicht einfach, wieder aus der Szene rauszukommen, wenn man bereits knietief drinsteckte. „Ach ja, Sophie heißt sie übrigens. Als ich sie gefunden habe, hatte sie einen kleinen Zusammenbruch. Deshalb war ich mir zuerst nicht sicher, ob sie überhaupt noch am Leben war. Sie lag wie ohnmächtig da, hat sich aber schnell wieder erholt.“

„Das wette ich“, meinte Martin und grinste breit. „Bestimmt wurde sie schlagartig hellwach, als sie dich erkannte.“

„Das ist es ja eben“, gab ich zu. „Ich weiß nicht, ob sie mich wirklich kennt. Ich hatte jedenfalls nicht den Eindruck, dass sie wusste, wer ich bin. Ich kann mich natürlich auch irren, aber was, wenn sie keine Ahnung hat und ich zu unserem ersten Date verkleidet erscheine? Sie muss mich doch für einen kompletten Spinner halten.“

„Ach, Jonas, das ist echt kein Problem. Du erklärst ihr einfach, wer du bist und sie wird es verstehen und noch dazu begeistert darüber sein, einen Promi zu daten.“

„Und wenn ich nicht will, dass sie es gleich weiß? Ich möchte hier auf Sylt entspannen und einfach mal ich selbst sein. Jonas Beckmann, nicht Sänger Jo Beck. Es ist schon ewig her, dass ich mal ganz ungezwungen mit einer Frau ausgehen konnte, ohne hinterher in der Presse darüber lesen zu müssen. Ich möchte einfach mal wieder normal sein und eine Frau kennenlernen ohne das ganze Drama drumherum. Das ist einer der Gründe, weshalb ich schon lange keine Dates mehr hatte und stets bloß der Mann für eine Nacht war. Das hier könnte also die Chance sein, mich endlich mal wieder normal zu fühlen. Ein ganz gewöhnlicher Kerl, der eine Frau trifft. Das ist alles."

Stirnrunzelnd sah mein Bruder mich an. „Hey, ich verstehe dich ja. Aber der ganze Medienrummel gehört nun mal zu deinem Leben. Ich würde ihr lieber jetzt davon erzählen, als wenn es zu spät ist. Was ist, wenn sie mit all dem nicht klarkommt und du das erst erfährst, nachdem ihr euch Hals über Kopf ineinander verliebt habt? Falls du sie magst, sei lieber ehrlich zu ihr. So ein Kennenlernen mit einer Lüge zu beginnen ist nie eine gute Idee."

Sicherlich stimmte es, was er sagte, dennoch gefiel es mir nicht. „Ich lüge sie ja nicht direkt an, sondern knalle nicht gleich beim ersten Hallo die Fakten auf den Tisch."

„Okay, aber warte nicht zu lange. Sonst kommt sie bestimmt selbst dahinter und wird über die Heimlichtuerei nicht erfreut sein."

„Oder", grinste ich frech und setzte mich mit der Kaffeetasse in der Hand an den Tisch, statt weiter unruhig durch die Küche zu tigern. „Oder sie findet es sogar romantisch, wie in einem dieser Hollywoodfilme, wo die Heldin am Ende erfährt, dass ihr Lover in Wirklichkeit reich und berühmt ist. Dann ist sie ganz verrückt nach ihm und beide haben ihr Happy End." Zugegeben, das war ein bisschen albern, aber gegen Humor war ja nichts einzuwenden.

„Wenn du das glaubst ..." Mein Bruder grinste in sich hinein. „O Mann, dich scheint es ja ganz schön erwischt zu haben. Wie machst du das jetzt mit dem Date? Gehst du mit ihr ins Restaurant?"

„Nein!", sagte ich bestimmt und entwickelte einen Plan, der einfach funktionieren musste. Garantiert.

Nachdem ich einige Stunden später alles besorgt hatte, nahm ich die riesige dunkle Sonnenbrille ab und zog eilig die XL-Klamotten aus. Ohne mein Markenzeichen, die lässige Mütze, unter der man meine echte dunkle Wuschelmähne nicht erkennen konnte, wurde ich oft nicht erkannt, zum Glück. Leider klappte es nicht immer, weshalb ich heute kein Risiko eingegangen war.

Dummerweise juckten diese blöden Fake-Haare jedoch schrecklich, deshalb riss ich sie mir eilig vom Kopf und sprang unter die Dusche. Dabei suchte ich aus der langen Reihe an Duschgels meinen Favoriten aus, damit ich heute besonders gut roch. Meine Haare konnte ich an der Luft trocknen lassen, da sie von Natur aus gelockt waren. Als Kind war mir das so peinlich gewesen, dass ich mir die Locken sogar einmal mit der Bastelschere abgeschnitten hatte. Ich wurde immer als süß und schnuckelig beschrieben. Aber ich wollte damals nicht als knuffig bezeichnet werden. Vielmehr wünschte ich mir, einer der coolen, starken Jungs zu sein.

Rasch stieg ich aus der Dusche und zog vor dem Spiegel eine Grimasse. Ich hatte es allen Jungs und Mitschülern gezeigt, die mich früher gehänselt hatten. Auch wenn ich immer noch kein Muskelprotz war, hatte ich durch regelmäßiges Training einen absolut vorzeigbaren Körper. Ja, ich war inzwischen zufrieden mit meinem Äußeren und hatte gelernt, mein hübsches Gesicht und die Kringellocken zu meinem Vorteil zu nutzen. Es schadete selbstverständlich auch nicht, dass ich mehrere Nummer-1-Hits in Deutschland gehabt hatte und überall für gute Stimmung sorgte, egal, wo ich auftrat.

Rasch wuschelte ich einmal die Haare durch und ließ sie dann in Ruhe trocknen. Ich fand es nervig, mich täglich stundenlang mit meinem Aussehen zu beschäftigen. Schließlich wusste ich nie, wann wieder jemand ein Handyfoto von mir schoss, das kurz darauf im Internet kursierte. Wer wollte da schon ungestylt und mit verschlafenem Blick in die Kamera sehen?

Unschlüssig öffnete ich den Badezimmerschrank und nahm eine Pillendose in die Hand. Sollte ich nicht besser etwas einnehmen, um nachher in Bestform zu sein? Fühlte ich mich immer noch so schlapp und niedergeschlagen? Ich horchte in mich hinein.

Nein, im Gegenteil, ich freute mich auf die Verabredung mit Sophie und hoffte nur, dass sich ihr Verhalten mir gegenüber nicht ändern würde, sobald sie von meinem Promistatus erfuhr. Also blieben alle Medikamente und Aufputschmittel für heute unangetastet im Schrank.

Mein Handy meldete sich lautstark. Schon wieder versuchte Jessica, mich zu erreichen. Als meine Managerin hatte sie natürlich ein Recht zu wissen, wo ich mich aufhielt. Ich konnte mir vorstellen, wie wütend sie auf mich sein musste, weil ich den Ibiza-Deal vermasselt hatte. Wenn ich jetzt nicht ranging, würde sie mir womöglich ewig hinterhertelefonieren und vielleicht sogar mein Date damit ruinieren. Ich musste mir also etwas einfallen lassen, um noch ein paar Wochen in Ruhe auf der Insel bleiben zu können. Wie ich sie kannte, würde sie mich sonst persönlich aufsuchen und mich mit süffisantem Lächeln in den Flieger zerren.

Das Dumme war, dass sie solche Aktionen meist nicht nötig hatte, da ich in ihrer Gegenwart oft schwach wurde. Sie hatte einen verdammt sexy Körper, den sie noch dazu extrem überzeugend einsetzen konnte. Sie und ich, das war einfach eine Endlos-Geschichte. Für mich war sie wie Zuckerwatte, die verlockend roch und aussah, sodass ich nie widerstehen konnte. Doch meist hatte ich nach ein paar Kostproben genug davon. Zu viel Süßkram verursachte bei mir nun mal Übelkeit, das war Fakt.

Jessica war Zucker pur, gepaart mit sexy High Heels, knallroten U-Boot-Lippen und einer Lederpeitsche – jedenfalls bildlich gesehen, denn in Wahrheit waren ihre spitze Zunge und überzeugende Art genug, um mich umzustimmen. Es wäre also besser für mich, sie auf Abstand zu halten. Ich vertraute mir selbst nicht, wenn es um sie ging, weshalb ich eilig eine Sprachnachricht mit einer dicken fetten Lüge aufnahm und sogleich an sie schickte. Jetzt konnte ich nur hoffen, dass sie mir die Flunkerei voll abnahm. Ansonsten hatte ich nämlich ein echtes Problem.

Sophie: Dreamdate

„Sophie“, begann mein Onkel mit ernstem Gesicht, wobei ich trotz seines dunklen Teints die Zornesröte erkennen konnte. „Ich habe mit Gertrud gesprochen und sie hat sich über dich beschwert. Sie hat gesagt, dass du viel zu langsam bei der Reinigung der Zimmer bist und dass du ihr mehrmals widersprochen hast. Stimmt das?“

„Na ja.“ Ich zuckte mit den Schultern. „Das war mein erster Vormittag und ich muss mich erst etwas einarbeiten. Ist ja logisch, dass die anderen viel schneller ihre Arbeit erledigt haben. Aber ich geb mir Mühe, morgen besser zu werden. Tut mir leid!“ Den letzten Satz hatte ich kaum hörbar herausgepresst und es war ein Zugeständnis, denn eigentlich fand ich nicht, dass ich mich so schlecht angestellt hatte. Aber Javier war hier der Chef und ich wollte es mir nicht gleich am ersten Tag mit ihm verscherzen. Bisher hatte ich ihn nur wenige Male bei seinen Besuchen in München getroffen und stand ihm nicht nahe. „Hör zu, Onkel“, begann ich. „Wir kennen uns nicht besonders gut, aber ich kann dir versprechen, dass ich dich nicht enttäuschen werde. Es ist echt cool von dir, mich hier wohnen zu lassen. Und mein Zimmer gefällt mir.“

„Klar“, sagte er und lächelte. „Das ist doch selbstverständlich, wir sind schließlich eine Familie. Ich freue mich, dass du hier bist und danke dir, dass du im Hotel aushilfst. Es ist echt schwierig, gutes Personal im Hotelgewerbe zu finden und dann hat auch noch eine weitere Angestellte gekündigt. Daher war ich gleich begeistert von Antonios Idee, dich hier den Sommer über aufzunehmen. Nur mit Gertrud musst du dich gut stellen, sie hat im hauswirtschaftlichen Bereich das Sagen.“ Er zögerte. „Manchmal mag sie vielleicht etwas ruppig rüberkommen, aber sie ist zuverlässig und ich kann mich auf sie verlassen. Gib ihr ein paar Tage, um warm mit dir zu werden, okay?“

„Ähm, ja. Mach dir keine Sorgen, Javier. Wir werden bald so innig wie Anna und Elsa sein.“

„Wer?“ Fragend zog er eine Augenbraue hoch.

„Na, die Schwestern von Frozen. Du kennst doch den Disney-Film, oder?“

„Hast du das von meinem Bruder übernommen? Der zitierte als Kind nämlich ständig Filmsprüche und wies auf Parallelen hin.“

Oh, das hatte ich bisher nicht gewusst. Meinen griesgrämigen Vater konnte ich nicht mit meiner Filmbegeisterung zusammenbringen. Aber vermutlich hatte ihn die stressige Arbeit als Bauleiter verändert. „So kenne ich meinen Padre gar nicht“, gestand ich und lächelte. Vielleicht konnte ich ja durch Javier in den nächsten Wochen mehr über meinen Vater erfahren und ihn damit besser verstehen. Wir hatten uns nämlich seit dem Tod meiner Mutter vor gut zehn Jahren auseinandergelebt, was aber daran lag, dass er während meiner Kindheit selten Zeit für mich gehabt hatte. Ich bin quasi bei unseren Nachbarn aufgewachsen, was auch Vorteile hatte: Nini, deren Tochter, war inzwischen nicht nur meine allerbeste Freundin, sondern so etwas wie eine Schwester für mich geworden.

Ich musste sie unbedingt gleich anrufen.

* * *

„Hey Nini, bist du schon vor Langeweile eingegangen, ohne mich?“, fragte ich kurz darauf fröhlich ins Smartphone.

Ihr glockenhelles Lachen war wie Balsam für meine Seele. Dummerweise war ich nämlich höllisch aufgeregt wegen des Dates mit Jonas und so saß ich nun frisch geduscht und fertig gestylt in meinem Hotelzimmer und hoffte auf Ablenkung.

„Tatsächlich ist es ohne dich ziemlich langweilig, aber zum Glück bin ich so mit Arbeit überhäuft, dass ich kaum Zeit habe, dich zu vermissen. Mein Chef hat Überstunden angeordnet – und das ausgerechnet mitten im Sommer, hurra!“, seufzte sie laut. „Auch wenn der Kerl so verdammt attraktiv ist. ‚Ausbeutung‘ ist noch eine zu milde Bezeichnung für das, was er mir im Moment antut.“

Jetzt war ich an der Reihe laut aufzulachen, denn ich wusste, wie sehr Nini zu Übertreibungen neigte. Sie war eine echte Drama-Queen, aber zugleich unglaublich witzig und sie hatte ein Herz aus Gold.

„Ach komm schon, Nini. Dein Chef hat es dir angetan, für ihn würdest du sogar freiwillig an den Wochenenden arbeiten, nur um in seiner Nähe zu sein. Gib‘s doch zu.“

„Na ja, das nun auch wieder nicht. Aber ich warte schon seit einem Jahr darauf, dass er endlich mehr in mir sieht als seine Top-Mitarbeiterin.“

Ich dachte über ihre Worte nach. „Vielleicht ist es an der Zeit, dein Glück selbst in die Hand zu nehmen. Gib ihm doch mal dezente Hinweise, dass du ihn heiß findest. Immerhin ist er Single – genau wie du.“

„Das nehme ich zumindest an“, sagte Nini. „Bisher war nie die Rede von einer Freundin. Aber mal ehrlich: Solltest du nicht besser auf deine eigenen Ratschläge hören? Im Bereich Liebe läuft es bei dir ja auch schon länger nicht gut.“

Oh, da hatte sie mich erwischt. Wobei ... „Das kannst du so nicht sagen. Rate mal, wer heute ein Date hat?“

„Wer ist er, wie heißt er und wie konntest du so schnell einen Typen kennenlernen? Du bist doch erst gestern angekommen.“

Kichernd beantwortete ich ihre Fragen. „Er heißt Jonas Beckmann und wir haben uns am Leuchtturm zufällig kennengelernt. Jonas hat mich leider in einem nicht so tollen Moment angetroffen. Ich lag nämlich benommen am Boden, als er gerade von seiner Führung herauskam.“

„Sag nicht, du warst auf dem Leuchtturm oben und bist dann umgekippt? Sophie, du weißt doch selbst, wie empfindlich du auf Höhe reagierst! Wie unvernünftig kann man denn sein? Geht es dir gut?“ Jetzt klang Nini nicht nur leicht wütend, sondern auch deutlich besorgt.

„Ach, das war halb so wild. Ich hab bloß von unten am Turm hochgeschaut, bin noch nicht mal die Treppen hochgestiegen. Der Leuchtturm war zu der Zeit sowieso für die Öffentlichkeit gesperrt. Und ich hab mir noch nicht einmal wehgetan, sondern bin ganz sanft zu Boden geglitten. Das war also kein Drama“, beruhigte ich sie.

Ich hörte ihr lautes Ausatmen, gut so, die größte Sorge hatte ich meiner besten Freundin also genommen.

„Du musst trotzdem besser aufpassen. Oder endlich mal was gegen deine Phobie tun“, ermahnte sie mich.

„Wie oft muss ich noch sagen, dass ich nur etwas empfindlich auf Höhe reagiere? Das ist garantiert keine krankhafte Angst oder so.“

„Also gut, das musst du selbst wissen. Themenwechsel: Wieso war denn dieser Jonas im Gebäude, hatte er eine private Führung?“

„Ja“, meinte ich.

„Und weshalb? Ist er etwa vom Denkmalschutz und soll den Turm restaurieren oder so?“

Kurz dachte ich nach. „Nein, das glaube ich nicht. Dafür

wirkte er zu cool und lässig. Und er hatte auch kein Tablet oder Notizen bei sich."

„Dann ist er vielleicht ein Schauspieler oder sonst irgendwie berühmt? Oder der Sohn von Elon Musk? In dem Fall hätte er gewiss genug Kohle für eine Privatbesichtigung."

„Blödsinn!", lachte ich. „Er kam mir jedenfalls nicht bekannt vor. An die süßen braunen Locken hätte ich mich garantiert erinnert."

„Na, immerhin weiß ich jetzt, wie er aussieht. Aber welche Augenfarbe hat er, was macht er auf der Insel und was weißt du sonst über ihn?", platzte sie heraus.

Puh, sie wollte es immer ganz genau wissen. Nini hatte schon vor langer Zeit den Part der besorgten Schwester übernommen und seitdem nie wieder abgelegt. Manchmal nervte das, aber im Grunde genommen wusste ich ja, dass es gut gemeint war.

„Er hat braune, wunderschöne Augen. Ansonsten weiß ich so gut wie nichts über ihn. Aber das wird sich heute Abend hoffentlich ändern."

„Ich bin auch gespannt. Melde dich zwischendurch mal kurz bei mir, ja? Und schreib mir unbedingt, sobald du wieder im Hotel bist."

„Ja, Mutti", neckte ich sie. „Keine Angst, das ist ein supernetter, ganz normaler Typ. So auf die Art *netter Junge von nebenan*", verteidigte ich ihn. „Der hat garantiert keine Leichen im Keller." Ich dachte an das Geldbündel in seiner Hand und hatte ein mulmiges Gefühl. Aber das musste nicht unbedingt etwas bedeuten. Vielleicht hatte er einfach nur einen guten Job.

„Mann, sag das bloß nicht. Du kennst ihn doch gar nicht. Sophie, ich hab dich lieb, aber du bist echt viel zu gutgläubig. Du würdest sogar in einem Serienkiller noch den guten Kern sehen."

Das war zwar etwas überspitzt gesagt, aber so ganz unrecht hatte sie damit nicht. Diese Eigenschaft hat mich in Sachen Liebe nämlich schon oft genug in Schwierigkeiten gebracht.

„Ich will dir auf keinen Fall den Spaß daran nehmen. Aber versuch heute ausnahmsweise mal nicht nach deinem üblichen Motto zu handeln, ja? Immerhin bin ich nicht in deiner Nähe, um hinterher die Scherben wieder aufzusammeln."

„Welches Motto denn?" Ich runzelte die Stirn.

„Full heart, full stop. Oder: Mit dem Kopf voraus durch die Wand, ohne nachzudenken ... das ist doch sonst deine Herangehensweise in Liebesangelegenheiten. Ich sag nur Toni."

Mist, sie hatte meinen wunden Punkt getroffen. Toni war ein Grundschullehrer, den ich vor etwa einem Dreivierteljahr kennengelernt hatte. Erst als ich vorschlug, zusammenzuziehen, gestand er mir, dass er bereits verheiratet war. Noch schlimmer: Er hatte nie vorgehabt, sich von seiner Frau zu trennen und hatte mich nur als Affäre betrachtet – während ich schon von lebenslangem Glück zu zweit geträumt hatte. *Bin ich naiv?*, fragte ich mich zum etwa hundertsten Mal in meinem Leben.

Nein, beschloss ich. *Ich gebe die Hoffnung nicht auf, das kann doch nichts Schlechtes sein. Meine Träume sind mir wichtig, sie motivieren mich. Und wenn ich dafür manchmal hart auf dem Boden aufkomme, dann ist das etwas, das ich in Kauf nehme.*

„Das mit Toni ist dumm gelaufen. Aber es sind ja nicht alle Kerle so verlogen wie er. Jonas macht einen ehrlichen Eindruck, glaub mir. Bei ihm irre ich mich nicht."

„Okay, dann drücke ich dir fest die Daumen, dass du recht hast. Aber sei ein wenig auf der Hut, versprichst du mir das? Renne nicht blauäugig in die Sache rein, okay?"

Ich versprach es ihr und blickte dann nervös auf die Uhr. Es war zwanzig nach vier, also hatte ich noch zehn Minuten Zeit, um zum Treffpunkt zu gelangen. Rasch verabschiedete ich mich, zog eine dünne Jacke und weiße Sneakers an und machte mich dann mit langen Schritten auf den Weg.

Als ich dort ankam, stand bereits ein schwarzer BMW am Straßenrand und wartete offensichtlich auf mich. Große, schwarze

Autos wirkten immer etwas unheimlich auf mich, also zögerte ich zuerst, weiter darauf zuzugehen. Doch dann glitt die Fensterscheibe der Fahrertür nach unten und Jonas winkte mir zu. Er grinste dabei derart süß über beide Wangen, dass all meine Skepsis vergessen war.

„Hey Sophie", begrüßte er mich strahlend und winkte mir zu.

Noch besser wäre es gewesen, wenn er aus dem Auto gestiegen wäre und mir die Tür auf der Beifahrerseite geöffnet hätte. Doch solche ritterlichen Gesten gab es wohl nur in meinen Büchern. Im echten Leben waren aufmerksame Männer leider äußerst selten, also sollte ich besser nicht meckern, nicht einmal in Gedanken.

„Hallo, Jonas", sagte ich bloß und stieg ein. Schlagartig wurde mein Mund trocken und meine Kehle rau. Gleichzeitig war mein Kopf wie leer gefegt. Worüber sollte ich nur mit ihm reden? „Wie war dein Tag denn so?", fragte ich daher und merkte selbst, wie plump das klang.

„Ähm, gut, wirklich", antwortete er ebenso unkreativ wie ich. Nun ja, immerhin war ich nicht die Einzige, die nervös war. Ich sah es an der Art, wie seine Finger unablässig am Lenkrad herumtrommelten. „War die Arbeit im Hotel anstrengend?", erkundigte er sich schließlich.

„Nein, das nicht, aber ich komme irgendwie nicht so mit der Housekeeping-Managerin klar. Gertrud scheint mich nicht zu mögen und hat an allem, was ich tue, etwas auszusetzen. Kein Zimmer war ihr sauber genug, sie hat sich ständig beschwert, ich sei zu langsam. Ich muss an meiner Schnelligkeit arbeiten, aber es war schließlich mein erster Arbeitstag. Das werde ich schon noch lernen, wenn sie mir Zeit gibt."

Er warf mir einen kurzen Seitenblick zu, der meiner Meinung nach Bedauern ausdrückte. Dann sah er wieder konzentriert auf die Straße. „Das klingt nach einer schwierigen Vorgesetzten. Kannst du nicht mit deinem Onkel darüber reden?"

„Nein." Entschlossen winkte ich ab. „Das sähe nach

Anschwärzen aus, außerdem bin ich kein Kind mehr und muss mich selbst durchbeißen, ohne seine Hilfe."

„Das kann ich gut verstehen." Seine Stimme klang warm und voll. Ein paar Sonnenstrahlen verfingen sich in seinen Haaren und ließen sie in sanftem Glanz schimmern. Herrje, ich hätte sie gerne mal berührt und fragte mich, ob sie wohl so weich waren, wie sie aussahen. Braune Haare mit wilden Locken fand ich bei Männern schon immer attraktiv, aber bei ihm blieb mir fast die Luft weg, so schön war er. Dabei wirkte er weniger wie der raue, hartbeinige Kerl, sondern eher wie ein Harry Styles Typ, doch Jonas' schokobraune Augen fand ich noch ausdrucksvoller. Sein Lächeln war charmanter, die Wangenknochen markanter, ohne dass seine Gesichtszüge zu hart aussahen. Mist, er passte optisch zu Hundertprozent ins Schema Traummann, jedenfalls was mich betraf. Bei einem wie ihm standen die Frauen bestimmt Schlange. O Mann, was sollte er also von einer Durchschnittsfrau wie mir wollen?

„Geht's dir gut?", fragte er plötzlich mit besorgter Stimme.

„Ja, klar, warum fragst du?"

„Na, weil du eben laut aufgeseufzt hast. So als hättest du Schmerzen oder etwas in der Art", erklärte Jonas.

Himmel! Ich hatte *was* getan? Na super, das wirkte sicherlich unheimlich sexy und erwachsen auf ihn. „Sorry, ich hab nur an heute Morgen im Hotel gedacht", stammelte ich, denn eine bessere Ausrede war mir auf die Schnelle nicht eingefallen.

„Vergiss diesen Drachen und lass dich von mir etwas ablenken, in Ordnung?"

„Ähm, ja, kein Problem, gerne", presste ich heraus und bewunderte fasziniert seine Grübchen, die beim Lächeln entstanden. Verdammt. Ja, Jonas konnte mich problemlos auf andere Gedanken bringen. Dummerweise gingen die alle tendenziell in eine erotische Richtung. Rasch räusperte ich mich. „Wohin gehen wir denn? Ich musste meiner besten Freundin versprechen, ihr darüber Bescheid zu geben. Nicht, dass du dich als übler Kerl herausstellst, der mir bloß an die Wäsche will."

Sein verdutzter Gesichtsausdruck sprach Bände. Ich hätte echt mal lernen sollen, meine Klappe zu halten und etwas zurückhaltender zu agieren. Ich plapperte einfach zu viel. Nicht einmal bei meinem ersten Date seit Monaten war das anders, verflixt noch mal.

Aber anstatt laut loszulachen, wie ich es erwartet hatte, oder sauer zu sein, nickte er bloß ernst. „Finde ich gut. Deine Freundin hat absolut recht. Man weiß ja nie, auf wen man trifft. Es gibt genug Verrückte auf der Welt."

Er klang irgendwie betroffen, so als würde er aus Erfahrung sprechen. Jonas runzelte die Stirn und seine Finger umkrampften das Lenkrad so sehr, dass die Knöchel weiß hervorstachen.

„Wie meinst du das? Hast du schon mal etwas in der Richtung erlebt? Ein Horror-Date oder so?"

Sein Lachen klang bitter. „Du hast ja keine Ahnung, wie viele Frauen nur nach der Optik oder dem Beruf gehen. Kaum jemand will mich kennenlernen, wie ich im Alltag bin. Ihnen geht es nur um den schönen Schein. Diese Fame-Crasher wollen doch nur mit einem gemeinsamen Foto oder Video ihre Social-Media-Kanäle in die Höhe treiben."

Ich verstand nur noch Bahnhof und starrte ihn ratlos an. „Das klingt ja, als wärst du in irgendeiner Art wichtig. Bist du das denn?"

„Wichtig?" Er hielt inne und runzelte die Stirn, bis er schließlich den Kopf schüttelte. „Nein, bedeutend ist jemand, der Leben rettet oder ein Land regiert, jemand, der etwas Sinnvolles tut. Ich hingegen sorge nur dafür, dass ich mit dem, was ich liebe, auch Geld verdienen kann."

„Was genau arbeitest du eigentlich?", hakte ich nach, als er nicht weitersprach. Die Sache wurde immer mysteriöser. War Jonas tatsächlich die Art netter, normaler Kerl, für den ich ihn zuerst gehalten hatte? So langsam bekam ich den Eindruck, etwas zu übersehen. Nur was? Er kam mir nicht bekannt vor, war also weder Schauspieler noch sonst jemand aus den Medien. „Bist du ein bekannter Sportler?", platzte ich mit meiner nächsten Vermutung heraus.

„Schau mal, wir sind gleich da. Die letzten Meter müssen wir zu Fuß gehen." Er hielt den Wagen an und parkte ihn an der Straßenseite.

„Hm, solltest du nicht besser auf einen Parkplatz oder so fahren?", bemerkte ich. „Das wirkt hier alles ziemlich verlassen und dein Auto scheint nagelneu zu sein. Nicht, dass sich ein paar Jugendliche dran vergreifen und dir Kratzer in den Lack machen. Man weiß ja nie." In Wahrheit war das nur eine Ausrede, denn ich hatte plötzlich Bedenken, mit ihm hier allein zu sein. Im Grunde genommen hatte ich keine Ahnung, wer er wirklich war. Ich wusste nichts über ihn. Wieso also hatte ich ihm bereits beim ersten Date von meinen Schwierigkeiten im Ferienjob erzählt? Wie konnte ich einem Fremden derart trauen?

„Nein, das ist ein Privatweg. Hast du das Schild vorne nicht gesehen?", antwortete er gelassen. „Mein Bruder hat ein Ferienhaus gemietet und das Gelände drumherum ist ziemlich groß. Da verirrt sich kein Fremder hin."

Ah, jetzt verstand ich. Vermutlich würden wir also bei ihm im Haus das Date verbringen. „Wird dein Bruder auch anwesend sein?"

„Nein, bloß nicht, Martin hab ich ins Kino geschickt. Komm mir einfach nach, ich muss dir was zeigen." Er verschloss mit einem Klick auf den Wagenschlüssel die Autotür, grinste mich frech an und ging voran.

„Warte kurz", rief ich und griff nach meinem Handy. Bevor er antworten oder protestieren konnte, hatte ich schon einen WhatsApp-Anruf bei Nini getätigt und hielt die Kamera voll auf ihn drauf. „Hallo Nini, das ist Jonas, mein Date. Jonas, das ist Nini. Sie ist chronisch überarbeitet und dennoch die beste Freundin, die ich mir vorstellen kann." Ich stellte mich neben Jonas und drehte die Kameraeinstellung so, dass wir uns selbst auf dem Bildschirm sehen konnten. „Sei nett zu ihr", flüsterte ich ihm zu.

„Sonst springt sie bewaffnet in den nächsten Zug und will mich retten."

Jonas lachte leise, wirkte aber etwas eingeschüchtert. Dann hob er jedoch die Hand zum Gruß. „Hallo Nini, ich verspreche, dass ich mich anständig benehmen werde und ganz brav bin. Bist du jetzt beruhigt?"

Meine verdutzte Freundin lachte leise und zeigte mit dem Daumen nach oben. „So ungefähr. Na dann, viel Spaß euch beiden und genießt euer Date – nur bitte nicht zu sehr, doch das hat Jonas mir schon versprochen."

Lachend verabschiedeten wir uns voneinander. Jonas reichte mir die Hand. „Ich hab schon alles vorbereitet, das wird dir gefallen. Jedenfalls hoffe ich, dass es so ist." Ich drückte leicht seine Finger, die sich warm und weich anfühlten.

Wir verließen den Weg und liefen quer durch die Dünen, direkt auf das Meer zu. Sie schützten uns vor dem Wind und sorgten dafür, dass ich mich geborgen fühlte.

Ein Strandspaziergang mit Jonas könnte wirklich romantisch werden. Jetzt, da Nini beruhigt schien, ging es mir schon viel besser. Zu Beginn ließen wir unsere Schuhe noch an, doch dann beschlossen wir, barfuß zu gehen. Der Sand fühlte sich angenehm kühl und weich unter meinen Füßen an, als wir den festen Weg verließen. Sanft wiegten die Dünengräser im Wind und ich atmete mehrmals tief ein und aus.

Die Luft war schon ein wenig abgekühlt und ich konnte das salzige Aroma des Meeres riechen. Möwen kreisten über uns und die Wellen rauschten beruhigend gegen die Küste. Was wollte ich mehr? Freiheit, endlose Weite und Sand unter den Füßen? Check. Einen Traummann an meiner Seite? Jepp, auch der war definitiv vorhanden.

Zumindest auf den ersten Blick. Die Sonne ging gerade unter und tauchte alles in ein warmes, goldenes Licht. Die kleine, gemütliche Insel Sylt schien genau der richtige Ort für diesen Moment zu sein.

Das alles erinnerte mich an einen meiner Liebesromane, nur dass dieses Mal ich diejenige war, die hoch über den Wolken schwebte. Ich konnte mein Glück kaum fassen und lächelte Jonas strahlend an.

„Weißt du, was ich jetzt schon an dir mag?“, fragte er mich.

„Nein, was denn?“

Jonas: Pleite-Date?

„Ich bewundere deine positive Art und deine freche Zunge. Das haut mich einfach um. Gibt es eigentlich Momente, in denen du nicht strahlst?“

Gespannt blickte ich sie an und hatte dabei das Gefühl, tief in ihren smaragdgrünen Augen zu versinken. Wusste sie überhaupt, wie schön sie war? Wahrscheinlich nicht, denn sie wirkte unbefangen und wunderbar natürlich. Sophie würde mir wohl keine falschen Lobeshymnen um den Mund schmieren, sondern ehrlich und direkt sagen, was sie dachte - so schätzte ich sie jedenfalls ein. Sie könnte mir die Bodenhaftung zurückgeben, die ich manchmal zu verlieren glaubte.

Sie blieb stehen, die Hände in die Hüften gestemmt. „Jonas, hör auf! Du hast ja keine Ahnung. Ich bin nicht immer gut drauf, sondern kann manchmal – wenn auch selten – echt wütend werden. Und wenn ich stinksauer bin, ist es mir egal, wer zuhört oder zuschaut. Ich lasse alles raus, obwohl es manchmal unangenehm sein kann.“

Das glaubte ich ihr aufs Wort. Obwohl ... „Was ist mit der Gertrud-Sache? Du hast deinem Onkel nichts davon erzählt, sondern dich zurückgehalten.“

„Das – ist etwas anderes“, meinte sie leise. „Er kennt mich kaum und hat mir dennoch eine Chance gegeben. Ohne ihn hätte ich mir niemals Urlaub auf Sylt leisten können. Als Erzieherin verdiene ich in München gerade genug, um mir ein kleines Appartement und die alltäglichen Ausgaben leisten zu können. Große Sprünge sind da nicht drin.“

Ich blieb eine Weile still und grübelte über das nach, was sie gesagt hatte. Geldsorgen kannte ich nur zu gut aus der Zeit vor meinem Erfolg. „Es gab einige Jahre, in denen ich jeden noch so schlecht bezahlten Job annehmen musste, um mir überhaupt etwas zu essen kaufen zu können. Ich bin damals von einer WG zur nächsten bei Freunden gezogen, weil ich mir keine Wohnung leisten konnte. Inzwischen geht es mir gut und ich kann mich glücklich schätzen. Aber das war vor einigen Jahren ganz anders. Du darfst nicht aufgeben“, sagte ich leise. „Deine Zeit wird noch kommen. Ich bin fest davon überzeugt, dass jeder mal Glück im Leben hat und es dann wieder bergauf geht.“

„Ach ja?“, meinte sie skeptisch. „Sag das mal meinem Bankkonto, das würde dir kein Wort glauben.“ Sie grinste, doch ich war mir unsicher, ob sie es dennoch ernst gemeint hatte. „Was ist mit den Leuten, die krank sind oder Kummer haben? Und was mit denen, die so große Sorgen haben, dass sie den Lebensmut verlieren? Und was ist mit den Kindern, die von Anfang an in üblen Verhältnissen aufwachsen und kaum Chancen haben, etwas im Leben zu erreichen? Wie soll ihnen allen auf wundersame Weise plötzlich Glück widerfahren? Ich glaube nicht, dass das funktioniert. Und ganz ehrlich, wenn ich mit einem Mal viel Geld hätte, dann hätte ich ein echt schlechtes Gewissen.“

„Aber wieso? Würdest du dich denn nicht darüber freuen?“ Ich konnte nicht glauben, was ich da hörte und fühlte mich schlagartig unbehaglich.

„Weil alles, was ich im Übermaß habe, könnte jemand anderem fehlen. Deshalb würde ich also nur das Nötigste für mich selbst nehmen und mit dem Rest was Sinnvolles machen.“

Jetzt hatte sie meine Neugier geweckt. Denn ihre – wenn auch etwas merkwürdige Theorie – hatte mich irgendwie berührt. „Und was genau würdest du dann mit so viel Geld machen?“

Sie überlegte keine Sekunde lang. „Oh, das ist einfach. Ich würde ein privates Kinderhaus an einem wunderschönen Ort bauen. So wie hier auf Sylt oder irgendwo anders inmitten traumhafter Natur. Während der Woche wäre ganz normaler Tagesstätten-Betrieb, aber in den Ferien würde ich Kinder von finanzschwachen Familien einladen, damit sie sich hier erholen können und mal was anderes sehen, als ihre übliche Umgebung.“

„Das klingt wirklich gut.“ Ich lächelte. „Weißt du was, ich wünschte, du würdest morgen einen Haufen Geld gewinnen und all das umsetzen können. Das klingt nämlich fantastisch.“

„Danke.“ Sie zuckte mit den Schultern und plötzlich kam sie mir noch schöner vor als zuvor. Sie war keine dieser künstlichen und oberflächlichen Schönheiten, sondern strahlte eine unfassbare Wärme aus. Und wie gerne würde ich diese weichen Lippen einmal küssen, bis sie unter meiner Berührung dahinschmolz. Sie war wahrlich schön – von innen wie von außen. Ich räusperte mich, um wieder einen klaren Gedanken zu fassen und zeigte nach vorne. „Nur noch dieser Hügel, dann kannst du es schon sehen.“

Ihr Lächeln löste ein bisher nie gekanntes Prickeln in mir aus. „Ich bin gespannt“, sagte sie sanft und drückte meine Hand.

Die Berührung löste sämtliche Körperreaktionen aus, die ein Mann in meiner Lage bekommen konnte. Meine Hose schien mit einem Mal geschrumpft zu sein und im Schritt spannte sie unangenehm. Himmel, was war ich? Ein hormongesteuerter Teenager? Nein, sicherlich nicht. Ich musste mich schleunigst wieder in den Griff bekommen, bevor ich mich hier zum Deppen machte – oder über sie herfiel.

Schon von Weitem sah man den liebevoll gedeckten Klapptisch mit den beiden Stühlen. Ich hatte ihn mit einer weißen Tischdecke, goldenen Kerzenhaltern und einem bunten Blumenstrauß romantisch dekoriert. Es war der perfekte Platz, nicht zu nah am Wasser, um nasse Füße zu bekommen, aber nah genug, um den Blick auf die sanfte Brandung genießen zu können.

Ich hatte mir also nicht nur mit der Essensauswahl enorm viel Mühe gegeben, um Sophie zu beeindrucken. Da ich mit ihr in kein Restaurant gehen konnte, hielt ich das inzwischen sogar für die bessere Variante, weil ein Picknick am Meer richtig romantisch war. Plötzlich kniff ich die Augen zusammen. Verflixt, hier stimmte etwas ganz und gar nicht.

Mit offenem Mund starrte ich auf das Chaos, das sich uns bot. Der Wind hatte alles durcheinandergewirbelt. Teller und Gläser lagen umher, das Tischtuch flatterte wild, und ein paar Möwen stritten sich um die Reste des Picknicks. Eine vermutlich besonders hungrige Möwe flog gerade mit einem Stück Baguette im Schnabel davon.

„O nein! Das darf nicht wahr sein!", schrie ich und mein Magen verknotete sich zu einem dicken fetten Klumpen. Ich hatte stundenlang daran gearbeitet, alles perfekt zu gestalten, und jetzt sah mein liebevoll gestalteter Dinner-Table aus wie ein Schlachtfeld.

Neben mir fing Sophie hingegen an, leise zu kichern. Sie blickte der Möwe hinterher und deutete dann auf eine weitere, die bereits im Anflug war.

Es sah aber auch zu komisch aus, gerade so, als hätte ich den Tisch extra für meine geflügelten Freunde gedeckt. Dank Sophies fröhlichem Kichern verwandelte sich meine Enttäuschung bald schon in amüsiertes Gelächter. Ich konnte mich jetzt selbst nicht mehr halten und lachte laut los.

„Eines ist sicher: Die Möwen haben sich tierisch über deine Überraschung gefreut und haben offensichtlich Spaß am Festmahl", bemerkte Sophie zwischen zwei Lachanfällen.

„Sorry, das Picknick hatte ich mir irgendwie romantischer vorgestellt", gab ich zu und grinste entschuldigend. „Aber wenigstens wirst du dieses Date so schnell nicht vergessen, oder?"

Sophie nickte zustimmend. „Das auf jeden Fall. Und jetzt lass uns den Rest des Essens retten, bevor die Viecher die gesamte Möwenpopulation von Sylt einladen und sie alles vertilgen."

Mit einem hinreißenden Lächeln ging sie beherzt auf den Tisch zu und bemühte sich um Schadensbegrenzung. Ich Esel hatte das meiste Essen auf hübsche, aber unpraktische Schälchen verteilt, die nun im Sand lagen – und ihr Inhalt überall verstreut. Sophie zog zu meiner Verwunderung eine zusammengeknüllte Stofftasche aus ihrer Handtasche und begann, alles, was nicht mehr brauchbar war, aufzulesen und hineinzugeben. „Wir können ja nicht alles herumliegen lassen und den Strand vermüllen", meinte sie, als sie meinen fragenden Blick bemerkte.

„Ja, das ist klar. Aber bist du immer so gut ausgestattet?", fragte ich mich und deutete auf die bunt bemalte Tasche.

„Ja, die hat mir vor meinem Urlaub eines der Kinder aus der Kita, in der ich arbeite, geschenkt. Seitdem trage ich sie für alle Fälle immer mit mir herum. Sie ist nicht nur hübsch, sondern auch unheimlich praktisch."

„Genau wie du", platzte ich heraus, als ich gerade ein paar der eingelegten Oliven aus dem Sand auflas.

„Ich bin praktisch?", rief sie lachend. „O Mann, sollte das etwa ein Kompliment sein?"

„Ja, aber anscheinend ein missglücktes", feixte ich. „Nein, ich meinte damit, dass du nicht nur wunderhübsch bist, sondern auch praktisch veranlagt. Du weißt vermutlich immer, was zu tun ist."

Sie zuckte mit den Schultern. „Als Erzieherin musst du das. Es bringt keinem was, wenn du hilflos herumstehst. Dann entsteht nur noch ein größeres Chaos. Ich habe schon oft blutende Wunden versorgt, Tränen getrocknet und Windeln gewechselt. Da darf man nicht zimperlich sein, sonst hat man den Job verfehlt."

So hatte ich das noch nie gesehen. „Ich dachte, Erzieherin ist ein Job, bei dem man viel mit Kindern spielt, vorliest und gemütliche Stunden verbringt."

„Das ist nur teilweise richtig. Wir müssen auch viel fördern, Gruppenangebote erstellen und alles dokumentieren. Und immer öfter haben wir Kinder, die eine besonders intensive Betreuung und Förderung brauchen. Es ist echt anstrengend, wenn du eine Gruppe mit durchschnittlich zwanzig Kindern hast. Außerdem hast du ständig Triefnasen und Kids mit ansteckenden Krankheiten um dich herum."

„Sollten die nicht lieber zuhause bleiben?", wollte ich wissen.

„Das wäre das Beste", nickte sie. „Doch leider halten sich viele nicht daran. Manchmal auch, weil sie nicht wissen, wer ihr Kind betreuen könnte, wenn sie selbst nicht so spontan von der Arbeit wegkönnen. Man kann also nicht nur den Eltern einen Vorwurf machen, sondern muss immer das große Ganze im Blick haben. Dumm nur, dass gerade neue Kollegen sich ständig anstecken und häufig Fehlzeiten haben."

„Du auch?", fragte ich, während ich mich umsah. Der Wind hatte bedenklich zugenommen und dunkle Wolken ragten bedrohlich über uns. Krass, wie schnell das Wetter sich geändert hatte.

„Ich bin zwar nicht mehr so oft krank, da mein Immunsystem stark ist und ich abgehärtet bin, aber manchmal schon noch. Neulinge sind oft nur wenige Tage bei uns, bis ein Virus sie erwischt und sie für mehrere Wochen ausfallen. Das macht die Arbeit echt schwierig."

„Hört sich für mich nicht gerade nach einem Traumberuf an", gab ich zu.

„Doch, das ist er nach wie vor für mich. Die Bedingungen sollten nur besser sein. Die riesige Verantwortung, die wir tragen, entspricht eben nicht dem mageren Gehalt. Deshalb gibt es auch kaum männliche Erzieher, obwohl das für die Kids wichtig wäre. Aber wer kann mit dem wenigen Geld eine ganze Familie ernähren?"

„Verstehe", meinte ich und deutete in den Himmel. „Ich fürchte, da zieht ein gewaltiges Unwetter auf. Wir sollten schleunigst zum Auto und uns in Sicherheit bringen. Nimm mit, was du tragen kannst. Den Tisch hole ich morgen ab."

Sie nickte wenig überrascht, anscheinend hatte sie den Umschwung des Wetters selbst schon bemerkt.

Wir liefen eilig über die Dünen zurück zum Auto und begannen, die letzten hundert Meter zu rennen, da sich die Himmelsschleusen schlagartig geöffnet hatten und der Regen nur so auf uns niederprasselte.

Als wir im Auto saßen, waren wir beide tropfnass.

Eine Wasserperle bahnte sich gerade den Weg von Sophies Stirn bis über die Wange. Ich beugte mich zu ihr rüber und wischte sie sanft mit dem Zeigefinger weg.

„Danke", meinte sie leise, dann lauter „der eine Tropfen hätte den Brei aber auch nicht mehr fett gemacht. Ich bin bis auf den Slip nass. Alles klebt an mir."

„Oh." Ich musste mehrmals schlucken. Die Vorstellung ihrer Dessous ließ meine Wangen warm werden und nicht nur die. *Du dämlicher Klöter!*, schimpfte ich mich innerlich, was so viel wie Dummkopf hieß. Martin hatte mir das Wort beigebracht, da er es von der Kassiererin im Supermarkt gehört hatte.

„Tja, was machen wir jetzt? Hm, am besten, du fährst mich gleich ins Hotel, damit ich heiß duschen kann. Mir ist nämlich jetzt richtig kalt", begann sie zögernd.

„Auf keinen Fall", sagte ich.

Sophie riss die Augen auf und starrte mich an. „Warum nicht? Sollen wir etwa klatschnass, wie wir sind, im Auto sitzen und uns eine Erkältung holen?"

„Nö, das ... nun auch wieder nicht", stammelte ich und suchte krampfhaft nach einer Lösung. Schließlich entschied ich mich für die Wahrheit, was wohl nie der falsche Weg ist. „Dieses Date war bisher eine einzige Katastrophe. Genau genommen hat es noch nicht mal richtig angefangen. So können wir es also unmöglich enden lassen. Mein Vorschlag: Wir fahren schnell zu unserem Ferienhaus, das ist nur wenige Hundert Meter weiter, hinter der Kurve. Martin ist nicht da und wir haben ein großes Badezimmer. Du kannst in aller Ruhe duschen, während ich dir trockene Kleidung suche. Deine Sachen kann ich dann in den Trockner geben, so musst du später nicht mit meiner – für dich vermutlich viel zu riesigen – Jogginghose und einem Fan-Shirt ins Hotel zurück."

Sie zögerte kurz, blickte mir dann direkt in die Augen. „Willst du mich etwa in dein Bett kriegen? Ist das deine Masche? Erst bestellst du einen Regenguss und dann nutzt du die Situation aus?"

Bevor ich antworten konnte, lachte sie laut los. „Nein, schon gut. Das war ein Scherz. Eine warme Dusche wäre toll, vor allem, da euer Haus gleich in der Nähe ist. Und ... ich vertraue dir."

Ihre letzten Worte hatten mich umgehauen, ließen mich perplex zurück. Erst nach einer Weile konnte ich nachhaken: „Aber wie kannst du mir vertrauen, wenn du mich überhaupt nicht kennst?" Ich dachte an all das, was ich ihr bislang verschwiegen hatte, und mir war dabei hundeelend zumute.

„Ich weiß, was ich wissen muss", meinte sie ruhig und sah mich wieder mit diesem warmen Ausdruck in den Augen an. „Du bist ein guter Kerl. Ich habe vorhin gesehen, wie du heimlich den Möwen noch ein paar Brocken hingeworfen hast. Dem Leuchtturmwärter hast du neulich nicht nur ein fettes Trinkgeld, sondern auch herzliche Dankesworte mitgegeben. Mir gegenüber warst du nett und zuvorkommend. Das reicht mir, um einen Charakter abzuschätzen. Ich weiß mehr über dich, als du glaubst."

Holy Moly, wusste sie vielleicht doch, wer ich in Wahrheit war? Früher oder später hätte ich sowieso damit herausrücken müssen. Also ersparte mir das immerhin ein peinliches Geständnis. Doch warum hatte sie nichts gesagt?

„Ich weiß zum Beispiel auch, dass du wohl ziemlich durchgeknallt bist."

Häh? „Warum das denn?" Verblüfft starrte ich sie an.

„Na, weil kein normaler Mann in deinem Alter ein Fan-Shirt in seinem Schrank hat. Weder von einer Band noch sonst was. Das ist ... ungewöhnlich, aber auch irgendwie süß."

„Du hast ja keine Ahnung", sagte ich wahrheitsgemäß und

startete den Wagen. So ein Mist! Die große Beichte würde mir nun doch nicht erspart bleiben – und das am besten so schnell wie möglich.

„Ich muss dir etwas sagen“, begann ich, während ich das Auto langsam durch das Unwetter lenkte und meine Scheibenwischer auf Hochtouren hin- und herschwangen. Mein Herz klopfte plötzlich schneller, hämmerte regelrecht in der Brust. Gleich würde ich es ihr sagen.

„Und was?“ Sie warf mir einen Seitenblick zu, den ich nicht so recht deuten konnte. War das Misstrauen?

Doch dann bemerkte ich ihr Frösteln und Zähneklappern, drehte die Heizung hoch und gab etwas mehr Gas. „Ach, vergiss es. Dafür ist hinterher noch Zeit. Zuerst müssen wir warm duschen und in trockene Klamotten schlüpfen.“

Feigling!, schimpfte ich mich selbst innerlich. Aber na ja, nach diesem missglückten Date einer halb erfrorenen Traumfrau zu beichten, dass ich in Wahrheit nicht der Normalo war, für den sie mich hielt, war ja von vornherein zum Scheitern verurteilt.

Als wir endlich ankamen, stürmten wir regelrecht ins Haus hinein und schüttelten uns erst einmal aus, wie es Hunde nach dem Baden machen. Zu unseren Füßen entstanden kleine Pfützen und Sophie zitterte am ganzen Leib. Eilig führte ich sie in den ersten Stock und zeigte ihr das Badezimmer. Dann kramte ich noch nach einem Handtuch und frischer Kleidung, bevor ich sie alleine ließ.

Ich rubbelte mich notdürftig mit einem Strandtuch ab und zog trockene Kleidung an, bevor ich per Handy-App die Heizung hochstellte. Außerdem stellte ich den Fake-Kamin im Wohnzimmer an. Er gab zwar keine Wärme ab, simulierte aber ein gemütlich flackerndes Feuer.

Plötzlich begann mein Magen laut zu knurren. Schietwetter und Donnerhagel, ich sollte dringend was zu Essen machen. Aber was? Die edlen Delikatessen fürs Picknick waren entweder sandig oder von den Möwen geraubt worden.

Hier im Küchenschrank gab es nur mehrere Packungen Spaghetti und Gläser mit Fertigsoßen. Okay, mit einem Festmahl würde ich Sophie nicht beeindrucken können, also musste mein Charme her. Ich würde alles geben, um mich von meiner besten und lustigsten Seite zu zeigen.

Fröhlich pfeifend setzte ich das Wasser für die Spaghetti auf und goss den Inhalt des Glases in einen kleinen Topf. Bis Sophie aus dem Badezimmer kam, wäre alles fertig und wir könnten essen. In der Zwischenzeit deckte ich noch den Tisch ein und summte eine langsame Melodie vor mich hin. Eigentlich mochte ich gefühlvolle Balladen viel mehr als die Ballermann-Lieder, die ich singen musste.

Aber ich war nun mal als Partymusik-Sänger bekannt geworden, meine Songs liefen besonders gut in der Mallorca-Szene, beim Après-Ski oder auf dem Oktoberfest. Manchmal dachte ich mir, dass ich mich dafür schämen müsste, solche oberflächlichen Songtexte zu simpel gestrickten Melodien zu singen. Aber ich hatte es ein einziges Mal mit einer langsamen Ballade versucht, die bei meinem Zielpublikum vollkommen durchfiel. Sie erwarteten nun mal diese Party-Songs von mir, und nichts Tiefgründiges. Ich sollte mich nicht beschweren, immerhin verdiente ich eine Menge Geld damit und hatte keine finanziellen Sorgen.

Dennoch fragte ich mich manchmal, zu welchem Preis ich für die Öffentlichkeit den permanent grinsenden Clown gab.

War es das wirklich wert?

Sophie: Heiß und kalt

Die heiße Dusche hatte mir so gutgetan, dass ich mich jetzt wie neugeboren fühlte. Ich wischte mit dem Handtuchzipfel über den Spiegel, der vom Wasserdampf angelaufen war. Hm, okay, so schlecht sah ich doch eigentlich gar nicht aus. Meine schwarzen Haare waren ein bisschen wellig, wie immer, wenn sie frisch gewaschen waren, aber das störte mich nicht.

Lächelnd nahm ich eine Strähne zwischen die Finger. Im Vergleich zu Jonas' wilden Locken waren meine Haare eher Durchschnitt, seine waren einfach toll. Dazu noch die tiefgründigen braunen Augen, das umwerfende Lächeln – er war wirklich ein faszinierender Typ. Was ich am meisten an ihm mochte, war seine lockere, unkomplizierte Art. Jonas war wohl genau die Art Mensch, der nirgendwo aneckte und mit jedem klar kam. Ein Traumtyp, den alle mochten. Plötzlich zuckte ich zusammen. Warum war jemand wie er überhaupt Single? Mein Misstrauen erwachte. Gut, er hatte es zwar erwähnt, aber wer sagte mir denn, dass es stimmte? Männer konnten skrupellos sein, wenn sie auf der Jagd nach einem Seitensprung waren, das hatte jedenfalls Nini immer betont. Apropos, ich nahm schnell mein Handy von der Ablage und schickte eine Nachricht.

Das Date fiel ins Wasser, aber ich stehe gerade frisch geduscht in seinem Badezimmer. Irgendwelche Einwände?

Wie erwartet, kam die Antwort prompt:

Nur die üblichen Ratschläge: Pass auf dich auf und überstürz nichts. Übrigens kommt mir der Kerl irgendwie bekannt vor. Ich bin mir sicher, ihn schon mal gesehen zu haben, aber ich weiß nicht mehr wo. Hm, ich überlege einfach weiter. Er ist süß, das muss man ihm lassen. Genieß die Zeit mit ihm und mach nichts, was ich nicht auch machen würde. Also, verdammt noch mal, halte dein Schatzkästchen und dein Herz fest verschlossen, bis du ihn besser kennst. Verstanden?

Ich zog meinem Spiegelbild eine Grimasse, als würde ich Nini gerade ansehen. „Ja, Mama", stöhnte ich leise und tippte die Worte sogleich ins Handy ein. Schatzkästchen war unser Codewort für die Intimzone. Klar, dass Nini mal wieder den Moralapostel spielte, sie war immer viel vorsichtiger als ich, wenn es um Männer ging. Manchmal brauchte ich das auch, um mich nicht wieder mit Feuereifer in eine Affäre zu stürzen, die von vornherein zum Scheitern verurteilt war. Mein Hang zu Männern mit Arschloch-Gen war leider in meinem ganzen Freundeskreis berüchtigt.

Ich stutzte und fügte hinzu:

Seine Augen kommen mir übrigens auch bekannt vor, aber wahrscheinlich sieht er nur jemandem ähnlich, den wir kennen.

Wir beließen es vorerst dabei und ich begann, meine Haare mit dem Handtuch, das Jonas mir zur Verfügung gestellt hatte, fest zusammenzudrücken, damit sie schneller trockneten. Während ich mich im Spiegel betrachtete und versuchte, meine Haare in Form zu bringen, bewegte ich mich wohl etwas ungeschickt und stieß mit meinem rechten Zeigefinger an eine scharfe Kante der Waschbeckenkonsole.

Ein plötzlicher Schmerz durchzuckte mich. Schnell zog ich die Hand zurück und betrachtete meinen blutenden Finger. „O nein“, murmelte ich. Das hatte mir gerade noch gefehlt. Sollte ich Jonas rufen? „Nein“, entschied ich. Wegen einer lächerlichen Schnittwunde würde ich bestimmt nicht wie ein Baby um Hilfe schreien, immerhin war ich durch meine Arbeit in der Kita so etwas wie ein Profi im Versorgen kleiner Wunden.

Ich öffnete den Spiegelschrank und machte mich auf die Suche nach einem Pflaster, das ich schließlich fand und vorsichtig auf die Wunde klebte. Erleichtert betrachtete ich mein Werk und klopfte mir innerlich auf die Schulter. Na also, es hat geklappt. Ich hatte wirklich Glück gehabt, aber andererseits bewahrten die meisten Leute ihr Verbandsmaterial im Badezimmer auf, sodass es gar nicht so ungewöhnlich war. Plötzlich zuckte ich zusammen, als mir die vielen Medikamentenschachteln im Schrank auffielen. Meine Güte, wie viele waren das?

Ich zählte die Reihe durch und kam auf sage und schreibe fünfzehn Packungen und Plastikdöschen mit Tabletten. Heiliger Strohsack, ich sah aus, als wäre ich in einer Apotheke gelandet. Jonas war doch nicht ernsthaft krank, oder?

Eine Weile war ich wirklich besorgt, dann aber beschloss ich, ihn später einfach zu fragen, anstatt mir den Kopf darüber zu zerbrechen.

Rasch schlüpfte ich in die Jogginghose, die er mir mitgebracht hatte, und zog das Oberteil an. Es war ein hautenges, kurzes Fan-Shirt, aber eines von Ed Sheeran. Wie cool war das denn?

Strahlend rannte ich die Treppe hinunter zu Jonas und zeigte auf das Shirt. „Hey, du magst Ed Sheeran?“ Sein Grinsen wirkte etwas verlegen, was ihn zum Niederknien süß machte. „Ja, ich war letztes Jahr auf einem Konzert in London.“

Jetzt lachte ich laut auf: „In deiner Größe hatten sie wohl keine mehr? Oder bist du seit damals enorm gewachsen?"

„Natürlich", feixte er. „Letztes Jahr um diese Zeit hatte ich noch die Statur eines Zweitklässlers. Nein, also ... ehrlich gesagt, das ist nicht von mir, sondern von einer ... ähm, Barbekanntschaft meines Bruders, die neulich für eine Nacht hier war. Sie hat das Shirt vergessen. Aber an dir sieht es viel besser aus. Es betont deine Kurven." Der Mistkerl grinste frech und schaute mir dabei keineswegs in die Augen, sondern direkt auf meine Brüste.

„Tja, dann muss ich mich wohl bei deinem Bruder oder seiner Affäre bedanken", sagte ich grinsend und deutete auf mein Gesicht. „Übrigens schaut man einer Frau beim ersten Date normalerweise in die Augen und nicht auf den Ausschnitt. Kennst du die allgemeinen Rendezvous-Regeln nicht?"

Huch, war das zu frech? Hm, er lachte laut auf, also kam er mit meiner Art von Humor offensichtlich gut klar.

Jonas lachte immer lauter und er hob beschwichtigend die Hände. „Regeln haben die Möwen aber wohl auch nicht gekannt, als sie sich über unser Picknick hermachten. Ach, und sorry, weil ich es nicht mehr geschafft habe, das Unwetter abzubestellen. Ich fürchte, ich bin etwas aus der Übung, was richtige Dates angeht. One-Night-Stands ja, Verabredungen nein."

„Dann geht es dir ähnlich wie mir", meinte ich lächelnd. „Allerdings bin ich kein Fan von einmaligen Bettgeschichten, sondern ein Beziehungsmensch. Aber in letzter Zeit war in dieser Hinsicht Flaute."

Was er gesagt hatte, ließ mich kurz nachdenklich werden, aber dann verwarf ich die Zweifel gleich wieder. Viele hatten One-Night-Stands, das war nichts Ungewöhnliches.

„Nee, erzähl keinen Quatsch", entgegnete er. „Ich wette, die Typen stehen bei dir Schlange, um dich kennenzulernen."

Ich verzog das Gesicht zu einer Grimasse. „Du musst mich wohl mit Taylor Swift verwechseln. Nein, ich bin eher der Typ Frau, die sich reihenweise Liebeskomödien reinzieht, weil das echte

Leben nur Frösche serviert. Meine Freundin Nini sagt, mein Männergeschmack sei unterirdisch."

Gespielt empört griff er sich mit der flachen Hand an die Brust. „Hey, jetzt bin ich zutiefst beleidigt. Du hältst mich für einen schlechten Fang?" Verschmitzt zwinkerte er mir zu.

„Nein, du scheinst der erste ehrliche Kerl zu sein, nach diversen Lügnern und untreuen Bastarden", korrigierte ich ihn.

Plötzlich verstummte sein Lachen und er sah mich ernst an. „Äh, was das betrifft, muss ich dir unbedingt etwas beichten. Aber lass uns erst essen, okay? Ich hoffe, du magst Spaghetti mit Tomatensoße? Mehr kann ich dir leider nicht bieten, Martin und ich bestellen meistens Essen."

„Ich liebe die italienische Küche. Hast du selbst gekocht?", fragte ich erstaunt. „Nein, nicht wirklich, die Soße kommt aus dem Glas. Ich wollte dich nicht mit meinen Kochkünsten vergiften, sondern lieber auf Nummer sicher gehen."

„Ach komm", neckte ich ihn. „Ein paar Nudeln mit Soße kriegst du doch hin."

„Na ja, ich war schon immer besser im Dosenöffnen und Mikrowellenaufwärmen als im Kochen", gab er unumwunden zu, was mich sofort beeindruckte. „Ich weiß, dass Frauen es lieben, wenn der Mann für sie kocht. Aber in meinem Fall wäre das lebensgefährlich, glaub mir."

„Ständig Essen zu bestellen, ist teuer", wandte ich ein. „Das kann sich keiner leisten." Und wieder dachte ich, dass Jonas wohl ziemlich viel Geld haben musste. Hm, ich war mir wirklich nicht sicher, ob mir das gefiel. Normalerweise mochte ich bodenständige, normale Leute. Und woher kam das ganze Geld?

„Mein Bruder hat den Überblick über unsere Finanzen und er sagt, das ist in Ordnung. Wir bestellen ja nicht immer in teuren Läden."

Aha. Hm, das klang komisch in meinen Ohren. Jemand, der noch nie am Herd gestanden hat? Plötzlich hellte sich meine Stimmung auf. Schließlich hatte er mir gerade ein Essen gezaubert,

Fertigsoße hin oder her. Immerhin hatte er sich die Mühe gemacht, es selbst aufzuwärmen. Das war ein Schritt in die richtige Richtung.

Jonas verteilte zwei riesige Haufen Spaghetti auf den Tellern, gab jeweils einen ordentlichen Klecks Tomatensoße darauf und deutete auf einen der Stühle. „So, setz dich, bevor alles wieder kalt wird. Du magst doch ein Glas Wein zum Essen, oder?“ Fragend sah er mich an.

„Ja, ein Glas ist ausnahmsweise in Ordnung“, antwortete ich, „aber bitte nur halb voll. Ich trinke selten Alkohol. Und bevor du fragst: In meinem Leben habe ich gerne die Kontrolle. Betrunken zu sein stört da nur.“

„Ach?“ Überrascht zog er eine Augenbraue hoch. „Hättest du dann lieber ein Wasser oder eine Cola? Kein Problem, wir haben beides.“

Dankbar nickte ich. „Sehr gerne, du bist ein Schatz.“ Ups, das letzte Wort war mir so herausgerutscht, aber es kam mir unpassend vor.

Jonas schien es nicht unangenehm zu sein, denn er eilte zur Küchenzeile, öffnete einen der Schränke und kam kurz darauf mit Wasser und Limonade zurück. Erst schenkte er mir ein, dann sich selbst.

Ich deutete auf sein Glas. „Du kannst gerne Wein trinken, ich will kein Stimmungskiller sein.“

„Nein, nein.“ Lächelnd winkte er ab. „Es schadet mir nicht, wenn ich beim Wasser bleibe, das ist sowieso besser für die Stimme. Außerdem brauche ich in deiner Gegenwart nichts, was mein Herz noch mehr aufregt, es rast schon genug bei deinem Anblick.“

Skeptisch blickte ich an mir herunter. Das Shirt spannte wirklich enorm und betonte meine von Natur aus großen Brüste. Verdammt! „Tut mir leid, es ist einfach zu eng“, seufzte ich.

„Meinst du, es liegt an dem Stück Stoff?“ Überrascht sah er mich an. „Nein, Sophie, du würdest mich selbst in einem Kartoffelsack aus der Fassung bringen - im positiven Sinne. Ein Blick in deine Augen genügt, und ich werde nervös. Weißt du eigentlich, wie umwerfend du aussiehst? Dazu dein Humor und deine erfrischend direkte Art. Nein, ich lasse besser die Finger vom Alkohol, wenn du bei mir bist.“

Puh, das hatte sich gerade verdammt gut angehört. Die Frage war nur, ob er es auch so meinte. „Ist das also dein Beruf? Honigbäcker? Oder betreibst du eine Süßholzraspelfabrik?“, fragte ich und versuchte, so unbeeindruckt wie möglich zu klingen - obwohl das Gegenteil der Fall war.

Wieder wich er der Frage nach seinem Beruf aus und umschiffte diese Klippe elegant. „Eines solltest du wissen: Ich habe schon oft Dinge gesagt, die ich nicht so gemeint habe, nur um nett zu sein. Aber bei dir ist das anders. Ich muss nicht schmeicheln, ich sage nur, was ich denke.“

„Puh, ein Volltreffer mitten ins Herz“, sprach ich aus, was ich dachte. Jetzt lächelte er so herzlich, dass ich am liebsten aufgestanden wäre und mich auf seinen Schoß gesetzt hätte. Einfach so. Doch dann fiel mir Ninis Warnung wieder ein und ich beschloss, erst einmal mehr über ihn herauszufinden. Diesmal würde ich es langsam angehen. *Zumindest langsamer als mir lieb ist*, dachte ich, als ich seine vollen Lippen betrachtete und bezweifelte, dass ich mich bei ihm lange zurückhalten konnte. Er war wie einer dieser Traumtypen aus meinen Liebesromanen oder aus einer Streamingserie.

Trotzdem räusperte ich mich. „Ich muss dich etwas fragen, aber wenn es dir unangenehm ist, brauchst du nicht antworten, okay? Dann übergehe die Frage einfach.“

Jonas legte sein Besteck hin und sah mich ernst an. „Nur zu. Ich verspreche dir, dass ich antworte, egal, was es ist.“

Ich holte tief Luft. „Bist du ernsthaft krank, Jonas?“

Jetzt starrte er mich tatsächlich mit offenem Mund an. „Wie kommst du denn darauf? Wirke ich so auf dich? Sehe ich heute so fertig aus?“

O nein, wie sollte ich das jetzt einigermaßen einfühlsam

formulieren, ohne ihm auf die Füße zu treten? Manchmal verfluchte ich mich für mein vorlautes Mundwerk. „Nein, es ist nur …“, sagte ich zögernd und hielt den verletzten Finger hoch. „Ich habe mich vorhin im Bad geschnitten. Nichts Schlimmes, aber es hat geblutet und ich wollte kein Drama daraus machen, sondern die Wunde schnell versorgen. Also habe ich im Spiegelschrank nach Pflastern gesucht und auch welche gefunden. Dabei sind mir aber die vielen Medikamente aufgefallen.“ Forschend sah ich ihn an.

Sein Gesicht wirkte zunächst wie versteinert, doch dann überzog eine leichte Röte seine Wangen. Gerade als ich befürchtete, zu weit gegangen zu sein, lächelte er mich entwaffnend an. „Nein, ich bin nicht krank, Sophie. Aber ich habe einen extrem stressigen Job und komme mit dem ganzen Drumherum nicht immer gut klar.“

Er nahm seine Gabel wieder in die Hand und schob scheinbar hochkonzentriert sein Essen auf dem Teller hin und her. Ich wagte nicht, etwas zu sagen oder ihn auch nur länger anzustarren, also schaute ich durch das riesige Fenster nach draußen. Der Regen prasselte laut gegen die Scheiben und die Bäume wiegten sich gespenstisch im Wind. Die ganze Szenerie wirkte bedrohlich auf mich. In diesem Moment zuckte ein Blitz über den Himmel und ich erschrak so sehr, dass ich nicht nur zusammenzuckte, sondern auch einen kleinen Satz auf meinen Stuhl machte.

Meine eigene Stimmung spiegelte immer mehr die schaurige Düsternis draußen wider. Es war schon richtig dunkel geworden, obwohl es erst früher Abend war.

Und dann tat Jonas genau das Richtige: Er streckte seinen Arm über den Tisch und nahm meine Hand in seine. Sanft strich er mit dem Zeigefinger über meinen Handrücken, was sofort ein wohliges Kribbeln in meinem ganzen Körper auslöste. Wahnsinn, was eine einzige Berührung von ihm bei mir auslösen konnte! Plötzlich hatte ich keinen Appetit mehr, jedenfalls nicht auf Essen, sondern auf seine unglaublich sinnlichen Lippen.

Denk an etwas anderes!, befahl ich mir und versuchte, mein Zittern zu unterdrücken. Jede Wette, dass es nicht am Unwetter lag, sondern durch die körperliche Nähe zu Jonas. Verflucht, ich kannte ihn kaum. Und was war das mit den Medikamenten? Ich brauchte dringend Antworten. „Erzähl mir was, ich weiß nichts über dich. Was genau machst du beruflich? Und was hat das alles mit deiner Pillensammlung im Bad zu tun?“

Wieder seufzte er leise, strich aber weiter sanft über meine Haut.

Wie viel Gänsehaut kann ein Mensch überhaupt bekommen?, dachte ich. Der Kerl verwirrte mich zutiefst.

„Ich wollte es dir sowieso nach dem Essen sagen. Nein, eigentlich ist mir das Thema unfassbar unangenehm, weil du mich gleich mit anderen Augen sehen wirst – und das will ich nicht. Doch es hilft nichts, ich will ehrlich zu dir sein. Mein Beruf ist etwas ungewöhnlich: Ich bin Musiker.“

Erleichtert lachte ich auf. „Das ist alles? Und deshalb hast du so ein Geheimnis daraus gemacht? Der Vater meiner Freundin spielt Cello bei den Münchner Philharmonikern. Ich finde jegliche Form von Kunst toll und bewundere jeden, der musikalisch begabt ist.“

Jetzt verzog er das Gesicht, als ob er Schmerzen hätte. Was sollte das denn? Hatte ich etwas Falsches gesagt? Langsam wurde mir mulmig.

„So ein Musiker bin ich nicht, Sophie. Hast du schon mal was von Jo Beck gehört?“

Was zum Teufel hatte dieser Spaß-Sänger mit Jonas‘ Beruf zu tun? Verwirrt sah ich ihn an. Dann endlich ging mir ein Licht auf. Nun war es an mir, die Kinnlade herunterklappen zu lassen. „Du bist *der* Jo? Der Schlagersänger? Der Typ, der auf Mallorca reihenweise Frauen flachlegt und jede Woche ein neues It-Girl an seiner Seite hat?“ Verflucht, plötzlich wollte ich nur noch weg von hier, und zwar so schnell wie möglich.

Das hatte ich nun davon, einem wildfremden Typen zu

vertrauen. Nini hatte vollkommen recht gehabt. Panisch schob ich den Stuhl nach hinten und sprang auf. „Dafür hast du mich hierher geschleppt, für eine schnelle Nummer? Glaubst du im Ernst, mich beeindruckt es, dass du in der Öffentlichkeit den Player gibst? Vergiss es. Da musst du dir ne andere suchen." Ich hatte jedes einzelne Wort durch die Zähne gepresst, so stinksauer war ich. Für wen zum Geier hielt der sich? Schnell griff ich nach meinem Handy. „Du kennst nicht zufällig die Nummer eines Taxiunternehmens hier auf Sylt? Ich will so schnell wie möglich zurück ins Hotel!"

Jonas war tatsächlich kreidebleich geworden, sagte kein Wort und nickte nur.

Das machte mich nur noch wütender. „Was ist? Hast du jetzt die Nummer oder nicht?"

„Ich fahre dich", sagte er schließlich leise und sah mich mit einem traurigen Ausdruck in den Augen an. „Ich wusste, dass du so reagieren würdest. Du hast Klasse und fühlst dich von all dem ganzen Medientrubel abgestoßen. Deshalb habe ich auch bis jetzt gewartet, es dir zu sagen. Ich ahnte, dass du nichts mehr mit mir zu tun haben willst, sobald du es erfährst. Tut mir leid, dich enttäuscht zu haben, Sophie – und das meine ich ehrlich."

O nein! Er klang nicht nur niedergeschlagen, sondern regelrecht am Boden zerstört. Schwungvoll stand er auf, schnappte sich eine Jacke vom Garderobenhaken und sah an mir vorbei. „Ich bringe dich sofort zurück, wenn du willst. Du brauchst dich nicht länger mit mir abgeben, keine Sorge."

Er klang dabei weder verärgert noch wütend, sondern einfach nur verzweifelt. Immer wieder strich er sich durch die braunen Locken und rang sichtlich um Fassung.

Verdammt. Sah so jemand aus, der nur auf eine schnelle Nummer aus war? So gut konnte er unmöglich schauspielern, oder? Und weshalb war ich eigentlich so sauer auf ihn? Jonas hatte mich weder belogen noch mir etwas vorgemacht. In diesem Augenblick tat ich das, was mich bisher immer direkt in die Katastrophe geführt hatte. Doch ich konnte nicht über meinen Schatten springen und ihn eiskalt stehen lassen, ich musste einfach ... meinem Gefühl vertrauen. „Ich bleibe“, sagte ich schließlich leise und setzte mich wieder hin. „Aber dafür musst du mir alles erzählen, okay?“

Große braune Augen mit wunderschönen, langen Wimpern starrten mich an. „Im Ernst? Du bleibst?“

Als ich nickte, breitete sich ein zaghaftes Lächeln auf seinem Gesicht aus. „Gut. Aber lass uns ins Wohnzimmer gehen, da hast du es bequemer. Und ich verspreche dir, jede deiner Fragen ehrlich zu beantworten.“

„Das wirst du noch bereuen“, konterte ich. „Denn ich hab tausende Fragen und werde nicht gehen, bis du mir nicht jede einzelne beantwortet hast.“

Jonas: Mitten im Sturm

„Schieß los! Ich habe Zeit.“ Ein Teil von mir war unendlich erleichtert, dass sie nicht sofort die Flucht ergriffen hatte. Doch der andere Part hatte Angst vor ihren Fragen. Viele meiner Antworten würden ihr nicht gefallen. Und wer sagte mir überhaupt, dass ich ihr trauen konnte? Was, wenn sie das, was sie heute Abend erfahren würde, sofort ins Internet stellte oder irgendwie versuchte, die Informationen zu Geld zu machen? Die Medien stürzten sich immer wie die Aasgeier auf alles, was auch nur ansatzweise viele Klicks versprach. Aber eine Stimme in mir drängte darauf, Sophie zu vertrauen.

Sie könnte genau das sein, worauf ich schon so lange gewartet hatte: die wärmenden Strahlen der Frühlingssonne nach einem unerbittlich harten Winter.

Uff, der Gedanke klang in meinen Ohren so kitschig, als könnte er aus einem dieser Hallmark-Filme stammen, die Martin sich manchmal reinzog. Ja, mein Bruder mochte noch so durchtrainiert und kräftig aussehen, er war quasi ein Bär von Mann, aber er hatte eine sanfte Ader und liebte romantische Filme – was er stets geheimhielt. Wetten, dass keine seiner Ex-Freundinnen dies wusste, weil er vor ihnen immer den großen Macker gespielt hatte?

Ich grinste vor mich hin, doch dann wurde ich plötzlich wieder ernst. Sophie hatte immer noch keine einzige Frage gestellt. Warum zögerte sie jetzt, da sie vorhin eine regelrechte Fragestunde angekündigt hatte? „Sophie …?“ Ich musterte sie und stellte zu meiner Überraschung fest, dass sie irgendwie ängstlich wirkte. „Hör zu, ich meine es wirklich so. Du kannst mich alles fragen, was du willst und ich werde dir antworten. Auch wenn ich ehrlich gesagt befürchte, dass dir vieles nicht gefallen wird.“

Unwillkürlich schüttelte sie sich, wie um lästige Zweifel abschütteln. „Ja, das habe ich mir bereits gedacht. Und genau das bereitet mir Sorgen. Aber egal, das Date war eh schon katastrophal, schlimmer kann es kaum werden, oder?“

Ha, sie hatte ja keine Ahnung. „Glaub mir, der Spruch ist so was von falsch. Wenn ich eines in den letzten Jahren gelernt habe, dann dass das Leben ein Tanz auf dem Drahtseil ist und es immer, wirklich immer noch schlimmer kommen kann. Also lasse es uns hinter uns bringen. Stell die erste Frage.“

„Okay.“ Sie zuckte mit den Schultern. „Hast du mich bisher angelogen?“

Puh, das war schwer zu beantworten. Ich grübelte eine Weile. „Hm, wenn, dann auf keinen Fall absichtlich. Allerdings habe ich dir sicher Dinge verschwiegen, weil sie mir peinlich waren.“

Mit großen Augen starrte sie mich an. „Dein Erfolg ist dir peinlich?“

Argh, so laut ausgesprochen klang das tatsächlich lächerlich, aber es war die Wahrheit. „Na ja, ich bin nicht gerade der beste Sänger der Welt. Ja, meine Stimme ist gut, aber es gibt so viele bessere Künstler, die nie Erfolg haben werden. Es hat auch mit meinem Aussehen und der allgemeinen Vermarktung zu tun. Ich verkörpere in der Öffentlichkeit gute Laune, stehe für Party, Feiern und den lustigen Typen. Das trägt einiges zu meinem Erfolg bei. Manchmal denke ich, dass ich diese riesige Berühmtheit und das viele Geld, das ich abschöpfe, gar nicht verdient habe."

„Aber deine Fans lieben dich. Und obwohl ich diese Musik weder mag noch höre, kenne ich zumindest deinen Namen. Ich kann nicht glauben, dass ich dich nicht erkannt habe. Du bist doch ständig irgendwo in den Medien zu sehen."

Ich nickte. „Ja, aber was man da über mich liest, ist nur ein kleiner Teil von mir. Außerdem trete ich nie ohne Mütze auf, trage dabei blaue Kontaktlinsen und verhalte mich im Rampenlicht ganz anders als privat. Wenn ich in Schlabberhose und altem T-Shirt herumlaufe, erkennt mich kaum jemand. Allein schon wegen meiner Wuschelmähne, die optisch einen großen Unterschied macht. Außerdem versuche ich, Blickkontakt zu vermeiden und möglichst wenig zu sprechen, um nicht erkannt zu werden."

Ungläubig starrte sie mich an. „Und das hilft? Du kannst deshalb ohne Bodyguard unterwegs sein?"

Ganz so einfach war es nun auch nicht. „Nein, jedenfalls nicht an Orten, an denen die Leute mit mir rechnen. In der Umgebung meines Hauses würde man mich schnell erkennen, ebenfalls in der Nähe von Orten, an denen ich auftrete. Da kann ich nicht spontan auf die Straße gehen, da muss ich immer auf Blitzlichtgewitter gefasst sein, da hilft auch keine Verkleidung. Aber hier, wo mich keine Menschenseele vermutet, reicht schon eine Perücke und ein Blick nach unten, damit niemand Verdacht schöpft. Hier rechnen die Leute nicht mit mir, das ist ein großer Vorteil. Außerdem ist mein Bruder immer an meiner Seite. Er ist selbst Chef des Secur-tity-Teams und immer auf der Hut."

Sie runzelte die Stirn, schien nachzudenken. „Okay, das klingt alles nicht sehr angenehm. Bist du deshalb hier? Um durchzuatmen und dich von dem ganzen Wahnsinn zu erholen?"

Sie war wirklich sehr einfühlsam, manch andere hätten meine Sorgen belächelt und sie als Luxusgedanken abgetan. Doch sie verstand sofort, wie belastend so ein Leben unter ständiger Beobachtung sein konnte. „Ja. Aber auch, weil ich mal auf die Bremse treten muss. Mein Lebensstil ist manchmal ziemlich ausschweifend, das liegt an meinem Beruf. Wenn du ständig irgendwo bist, um für Stimmung zu sorgen, musst du gut drauf sein.“

„Und deshalb die vielen Medikamente?“ Sie riss die Augen auf. „Du weißt doch, dass du dich damit kaputt machst. Wie lange geht das schon so?“

O Mann, sie wollte es wirklich wissen. Ich zuckte mit den Schultern. „Weiß nicht genau. Das kam schleichend, nach und nach wurde es immer schlimmer. Aber richtig krass ist es erst seit einem Jahr.“ Ich schluckte.

„Was hat sich in dieser Zeit verändert?“

Oh, wie hatte ich diese Frage gefürchtet. Aber es half nichts, ich hatte ihr Ehrlichkeit versprochen und die sollte sie auch bekommen. „Da ist mein Dad gestorben.“ Mehr sagte ich nicht, denn wie immer, wenn es um meinen Vater ging, rang ich um Fassung. Sein Tod schien erst gestern gewesen zu sein.

„Es tut mir so leid, Jonas.“ Sie rückte näher und legte mir eine Hand auf die Schulter. Sofort brannte sich ihre Berührung in mein Gedächtnis ein, denn damit hatte ich nicht gerechnet. Wie konnte sie instinktiv wissen, dass ich genau diesen körperlichen Trost so dringend brauchte? Meine Sicht verschwamm ein wenig. Verflucht, waren das etwa Tränen, die sich in meinen Augen sammelten? Sofort erwachte in mir der Drang, etwas Aufputschendes zu nehmen. So tat ich es immer, wenn es mir schlecht ging. Einfach mit irgendetwas übertünchen, es in den Hintergrund drängen, dann ging es mir sofort besser. Ich schluckte schwer. Sollte ich mich kurz entschuldigen, weil ich auf die Toilette musste, damit ich in Ruhe etwas nehmen konnte?

„Meine Mama ist, als ich klein war, an Krebs gestorben. Nichts, was jemand sagt, kann einem den Schmerz nehmen. Ich verstehe das.“ Und dann tat sie etwas Unglaubliches: Sie nahm mich stillschweigend in die Arme und strich mir über den Rücken. Shit. Schon kullerten mir die ersten Tränen über die Wangen.

Nein, ich wollte all das nicht fühlen, was tief in mir verborgen lag. Trauer, Wut, Scham.

Also löste ich mich von ihr. So gut die Umarmung auch getan hatte, ich durfte mich nicht fallenlassen und die schützende Mauer gefährden. So unauffällig wie möglich wischte ich mir über die Augen und lächelte sie an. „Das mit deiner Mutter tut mir leid. Aber das Leben geht weiter, nicht wahr? Also, stell deine nächste Frage. Ich bin bereit."

Eine Weile schaute sie mich nachdenklich an, dann sagte sie leise: „Auch wenn du nicht mit mir darüber reden möchtest, wäre es gut, wenn du dich jemandem anvertrauen würdest. Vielleicht deinem Bruder? Denk bitte darüber nach."

Als ich nichts antwortete, sprach sie weiter. „Welche Musik hörst du denn privat? Außer Ed Sheeran natürlich."

Jetzt war ich verblüfft. Mit so einer einfachen Frage hatte ich wirklich nicht gerechnet. Schnell fiel ein Teil der Anspannung von mir ab. „Ed ist schon ein genialer Songwriter, aber ich mag auch alles von Coldplay, Imagine Dragons, Lewis Capaldi und so weiter."

Sophie strahlte mich an. „Wahnsinn, das ist genau mein Musikgeschmack. Manchmal wünsche ich mir, ich könnte Klavier spielen und all diese schönen Lieder nachspielen. Das wäre ein Traum."

„Und weshalb lernst du es dann nicht?"

Nachdenklich kaute sie auf ihrer Unterlippe herum. „Na, zum einen hab ich kein Klavier und könnte es auch nie in meiner Mini-Wohnung aufstellen. Außerdem habe ich weder die Zeit noch das Geld für den Unterricht."

Plötzlich hatte ich eine Idee, die nicht nur ihr zugutekam. Grinsend deutete ich mit dem Zeigefinger auf meine Brust. „Da hast du aber Glück, dass du mich getroffen hast. Ich spiele nämlich schon seit meinem sechsten Lebensjahr Keyboard und Klavier. Gitarre kam erst mit zehn Jahren dazu. Und ich soll ein ziemlich geduldiger Mensch sein. Was hältst du davon, wenn ich dir während deines Aufenthalts auf der Insel kostenlosen Unterricht gebe?“

Ihr Mienenspiel war großartig anzusehen. Von Verwirrung über Nachdenklichkeit bis zu freudiger Hoffnung konnte ich alles auf ihrem Gesicht ablesen. „Du ... du“, stammelte sie, „willst mir das Keyboardspielen beibringen, noch dazu kostenlos? Warum?“

Jetzt musste ich aufpassen, dass sie sich mir nicht verpflichtet fühlte. „Ganz einfach: Ich langweile mich bei all der Erholung hier immer noch zu Tode. Und zufällig habe ich mir in der Schule mein Taschengeld mit Keyboardunterricht verdient. Ich weiß also, wie es geht. Glaub mir, ich bin ein guter Lehrer. Und im Gegenzug erkundest du mit mir die Insel und schenkst mir etwas von deiner kostbaren Zeit. Was meinst du? Dann müsste ich nicht ständig meinen Bruder zu den Besichtigungstouren am Abend mitschleppen. Außerdem wäre dies eine gelungene Ablenkung, um nicht so oft zu Medikamenten und Co zu greifen.“

Erstaunt sah sie mich an. „Das klingt fantastisch. Aber ich verstehe nicht ganz, warum du mich brauchst, um Sylt kennenzulernen. Außerdem arbeite ich immer bis nachmittags und habe erst dann Zeit.“

„Das ist doch perfekt“, warf ich ein. „Am frühen Abend ist der große Touristenansturm meistens schon vorbei. Wir gehen also erst los, wenn die meisten den Heimweg antreten. So meide ich die Menschenmassen und die Gefahr, erkannt zu werden. Dafür musst du dich aber mit so mancher blöden Perücke und Verkleidung abfinden - und darfst auf keinen Fall lachen.“

Jetzt lächelte sie. „Na ja, das ist ein bisschen viel verlangt.“

„Mit mir die Insel zu erkunden?“, hakte ich enttäuscht nach.

„Nein. Nicht lachen zu dürfen, wenn du lächerlich aussiehst.“

„Schade, dann ist der Deal geplatzt.“ Mit gespielter Gleichgültigkeit tat ich so, als wollte ich aufstehen.

Lachend zog sie mich an der Hand zurück auf die Couch. Dabei zog sie mich etwas zu heftig, sodass ich direkt auf ihr landete und mich gerade noch mit den Händen abstützen konnte, um nicht mit meinem ganzen Gewicht auf sie zu fallen.

„Ups, sorry", murmelte ich leise und konnte meine Erregung kaum verbergen. Verdammt noch mal, ich war auch nur ein Mann! Es ließ mich nicht kalt, ihr so nahe zu sein. Ihr Gesicht war direkt unter mir. Es wäre ein Leichtes, mich zu ihr zu beugen und sie zu küssen. Diese herrlich weichen Lippen schienen mich geradezu einladen zu wollen. O nein, ich würde mich nicht lange zurückhalten können.

„Du brauchst dich nicht zu entschuldigen", flüsterte sie. „Es war meine Schuld." Täuschte ich mich, oder hob und senkte sich ihre Brust verdächtig schnell? Ließ meine Nähe sie doch nicht kalt? Dabei hatte ich schon befürchtet, sie nun komplett abgeschreckt zu haben.

„Ich glaube nicht, dass ich es als Fehler bezeichnen würde", meinte ich mit rauer Stimme und blickte wie gebannt auf ihren Mund. *Tu es nicht, es wäre zu früh und ein völlig falscher Moment!*, schimpfte ich mich selbst. Also brachte ich all meine Selbstbeherrschung auf und begann, mich langsam von ihr zurückzuziehen.

Doch sie legte die Hand in meinen Nacken und zog mich wieder näher zu sich heran. „Angenommen, ich gehe auf das Tauschangebot ein", meinte sie leise. „Dann benötige ich als Ausgleich für all das unterdrückte Lachen und die unzähligen Sightseeingtouren etwas mehr als nur die Unterrichtsstunden."

Hatte ich richtig gehört? Sie würde doch nicht ... oder? „Und was genau forderst du ein?" Ach du Schande, sie hatte mich jetzt schon komplett um den Finger gewickelt. Ich würde ihr nicht widerstehen können, egal, was sie jetzt vorschlug.

„Das hier", meinte sie lächelnd, zog mich am Shirt nah zu sich hinunter und legte ganz langsam und zärtlich ihre Lippen auf meine. Und dann ... küsste sie mich so sanft und liebevoll, dass mein Herz prompt zu rasen begann. Es klopfte so heftig in meiner Brust, als wolle es einen neuen Geschwindigkeitsrekord aufstellen. Verflucht, was machte diese Frau nur mit mir? Ich kannte sie doch kaum. Aber ihre natürliche Art war derart entwaffnend und ihr Körper so sexy, dass ich ihr hilflos verfallen war.

Keine Pille der Welt hätte je so wunderbare Gefühle in mir auslösen können wie diese sanfte Berührung unserer Lippen. Es war, als wäre die Welt um uns herum langsamer geworden, und ich konnte nur noch sie spüren, ihre Wärme, ihren Atem und ihren süßen Geschmack, der mir den Verstand raubte.

Alles, was ich immer wollte, war dieses Gefühl der Leere in mir zu vertreiben. Und das gelang ihr mühelos, innerhalb von Sekunden waren alle Gedanken und Sorgen aus meinem Kopf gefegt und ich fühlte mich lebendig wie selten zuvor. Wie konnte ein einziger Kuss so intensiv schmecken und so viel Chaos in mir auslösen?

Plötzlich waren alle Fragen nach dem Warum, Wieso und Weshalb unwichtig. Ich ließ mich einfach fallen und gab mich ihrer Berührung hin, tauchte ein in dieses neue Glück, das sie mir mit jedem Kuss schenkte. Ein kleiner Funke hatte genügt, um mich neu zu entdecken. Der ewig grübelnde und mit sich hadernde Jonas war verschwunden - zumindest für diesen Moment. Was blieb, war ein neues Hochgefühl, das mir kein Medikament der Welt geben konnte.

Zum ersten Mal war alles perfekt und ich wollte es so lange wie möglich genießen. „Bleib heute Nacht bei mir“, flüsterte ich ihr atemlos zwischen zwei Küssen zu. „Ich bringe dich morgen früh zurück ins Hotel, okay?“

Sie blinzelte verwirrt und strich sich mit zitternden Fingern die Haare aus dem Gesicht. Als sie wieder aufblickte, wusste ich, dass meine Worte ein großer Fehler gewesen waren. Ich hätte sie niemals laut aussprechen dürfen. Sich zu küssen war schließlich etwas anderes, als die Nacht miteinander zu verbringen. Verdammt, ich hatte mich wohl zu weit aus dem Fenster gelehnt. Sie war anders als meine anderen Frauen.

„Nein, Jonas, ich hab dir bereits gesagt, dass ich nicht so leicht zu haben bin. Auf keinen Fall werde ich bei unserem ersten Date mit dir ins Bett springen. Ich bin keines deiner unzähligen Fan-Girls, sondern eine Frau mit Verstand. Tut mir leid, aber ich muss jetzt wirklich zurück ins Hotel. Kannst du mich fahren? Bitte?“

Verdammt. Ich hatte es so versaut, dass ich es selbst kaum glauben konnte. Ich riesengroßer Idiot! Hatte sie nicht immer wieder betont, dass sie nicht mit mir schlafen würde? Und statt ihr zu zeigen, dass ich ihren Wunsch respektierte, trat ich ihn mit Füßen. „Es tut mir leid“, stammelte ich. „Selbstverständlich fahre ich dich sofort zurück. Ich wollte dich ja nicht abschleppen oder so. Es ist nur …“, verzweifelt rang ich nach Worten. „Dein Kuss hat so viel in mir ausgelöst, dass ich nicht mehr klar denken konnte. Ich wollte nicht, dass der Moment endet, sondern ihn so lange wie möglich genießen.“

„Dann hast du bei deinem Vorschlag also nicht an Sex gedacht?“, fragte sie mit hochgezogenen Augenbrauen.

Sie hatte nichts anderes als Ehrlichkeit verdient, und die gab ich ihr jetzt. Auch wenn mich das in ein schlechtes Licht rückte. „Doch, ich kann nicht leugnen, dass ich es gehofft habe. Aber nie, das schwöre ich dir, würde ich etwas tun, was du nicht willst. Ich habe mich einfach treiben lassen, das war falsch. Entschuldige, Sophie!“ Würden diese unzulänglichen Worte ausreichen, um ihre Enttäuschung zu lindern? Ich wusste es nicht, aber ich hoffte es von ganzem Herzen. Selten war mir die Bitte um Verzeihung wichtiger gewesen als jetzt. Eine Weile schwieg sie und blickte so angestrengt aus dem Fenster, als wollte sie jedes Sandkorn am Strand zählen. Ich wagte nicht, sie zu unterbrechen, sondern wartete innerlich zitternd auf ihre Antwort.

Nach vielen quälend langen Minuten hob sie schließlich Zentimeter für Zentimeter ihren Kopf. Ernst begegnete sie meinem fragenden Blick. „Auch wenn es vielleicht dumm und naiv ist, glaube ich dir. Danke für deine ehrlichen Worte.“

Wieder machte sie eine Pause. Himmel, ich konnte diese Ungewissheit nicht mehr viel länger ertragen. „Na gut“, sagte sie schließlich. „Ich denke, es wäre das Beste, wenn wir diese Verabredung komplett vergessen und noch einmal von vorne anfangen. Was meinst du?“

„Ja, absolut“, antwortete ich erleichtert. Ein riesiger Felsbrocken schien von meinen Schultern zu fallen, nein, es fühlte sich eher wie ein Berg von der Größe der Rocky Mountains an. „Gut, dann fahr mich bitte ins Hotel.“ Mist, unter einem Neuanfang hatte ich mir etwas anderes vorgestellt.

Sophie: Neustart oder Rückzug?

Ich musste ihn ein wenig zappeln lassen, denn immerhin hatte er mir etwas Stoff zum Nachdenken gegeben. Aber jetzt sah er so deprimiert aus, dass ich es nicht mehr aushielt. „Morgen nach der Arbeit hätte ich wieder Zeit“, sagte ich lächelnd. „Weißt du, ich würde so gerne einfach in einem Strandkorb sitzen und ein gutes Buch lesen. Wenn du dir das auch vorstellen kannst, dann können wir gerne zufällig nebeneinander sitzen.“

Sein darauf folgendes Lächeln war einfach unwiderstehlich. „Da drüben, etwa hundert Meter von hier, stehen ein paar. Wäre es dir recht, wenn ich gleich nach der Arbeit zufällig am Hotel vorbeikomme? Ich kann dich dann mitnehmen, falls du magst. Also ich könnte es verstehen, wenn du es dir morgen doch noch anders überlegst. Ich würde mich jedenfalls sehr freuen, dich wiederzusehen.“

Seine Worte klangen zaghaft und hoffnungsvoll zugleich. Ich strich mir durchs Haar und nickte. „Ja, das klingt gut. Kann ich dann noch ein paar Fotos von dir in Badehose machen, um meinen Insta-Account zu pushen?“

Irritiert sah er mich an. „Äh, nein, lieber nicht, ehrlich gesagt. Oder war das ein Scherz?“

Puh, anscheinend kannte er mich nicht gut genug, um zu wissen, dass ich so etwas Dummes nie tun würde. „Natürlich war das ein Scherz. Ich bin nur mit meinen Freunden auf sozialen Plattformen vernetzt und poste selten etwas. Ich werde dein Vertrauen nie missbrauchen, das verspreche ich dir. Ich bin keine dieser Social-Media-Zicken."

Er nickte. „Das weiß ich. Aber ich habe in den vergangenen Jahren gelernt, dass jeder käuflich ist. Für Geld würden die Leute alles tun. Glaub mir, ich weiß, wovon ich rede."

Das klang traurig und ziemlich desillusioniert, fand ich. Plötzlich wollte ich ihn aufmuntern. „Nicht jeder ist so eine diebische Elster wie die Möwen vorhin, weißt du?" Kaum hatte ich die Worte ausgesprochen, musste ich selbst lachen.

Zu meiner Freude lächelt Jonas jetzt doch. „Eine Möwe ist auch keine Elster. Vielleicht hättest du im Biologieunterricht besser aufpassen sollen, dann wüsstest du das jetzt."

Ich stemmte die Hände in die Hüften. „Woher soll ich diese Viecher kennen? Ich wohne in München. Da findest du in der Stadt viele Eichhörnchen, aber ich persönlich hab dort noch nie eine Möwe gesehen."

„Hm, das muss wohl daran liegen, dass München nicht am Meer liegt - und deshalb keinen Strand hat", feixte er.

Endlich, endlich hatte er sein Lachen wiedergefunden und grinste frech. Mir wurde ganz warm ums Herz, denn ich hasste es, andere traurig zu sehen. Zum Glück hatte ich es geschafft, ihn aufzuheitern. „Ach, das kannst du doch nicht sagen. Am Eisbach liegen die Leute im Sommer auch wie die Ölsardinen am Strand. Das kann man doch vergleichen."

„Euer Eisbach ist zwar ein cooler Surf-Hotspot, aber nicht zu vergleichen mit so einem schönen Strand wie hier", sagt er augenrollend. „Ich war schon öfter auf dem Oktoberfest und kenne mich in der Stadt recht gut aus. Du kannst mir also nichts vormachen."

Unser Geplänkel ging noch lange so weiter, auch als wir vor

dem Hotel im Auto saßen. Unter anderen Umständen hätte ich ihn jetzt gerne mit hinein gebeten, aber nach allem, was geschehen war, brauchte ich erst einmal Zeit für mich selbst. Einen Star zu daten war ziemlich anstrengend, fand ich. Noch dazu, wenn er nicht von Anfang an ehrlich zu mir gewesen war und anscheinend ein Problem mit Medikamenten hatte. War er etwa abhängig? Hm, so wirkte er jedenfalls nicht. Alkohol hatte er auch keinen getrunken, aber was wusste ich schon?

Mein Leben war unglaublich normal und langweilig im Vergleich zu seinem. „Na, dann gehe ich morgen nach der Arbeit einfach mal gemütlich hier die Straße entlang“, sagte ich schließlich. Meine innere Stimme wollte sich nicht von ihm verabschieden. Zu wohl fühlte ich mich in seiner Gegenwart - trotz aller negativen Aspekte. Ich dachte an mein Pech mit den Männern und daran, wie sicher ich mir immer den Falschen ausgesucht hatte. Aber vielleicht war es diesmal anders?

Wir verabschiedeten uns mit einem absolut jugendfreien Kuss auf die Wange, der jedoch in mir Gefühle weckte, die alles andere als harmlos waren. Aus den Tiefen der Erde katapultierte mich diese zarte Berührung seiner Lippen auf den Mond und wieder zurück. Es war wirklich verrückt, was er mit mir machte.

Später legte ich mich in mein Hotelbett und drückte mir die Daumen, dass es diesmal anders sein würde. Ich wusste, wie es enden konnte, wenn man den Falschen küsste. Ich war in den letzten Jahren oft durch die Hölle gegangen - zumindest was meine Gefühle anging. Aber vielleicht würde es diesmal anders sein. Warum musste es ausgerechnet ein Promi sein, der mich um den Verstand brachte? Es war alles viel zu kompliziert.

Fast musste ich über mich selbst lachen. Hätte mir gestern jemand gesagt, dass ich mich nach einem einzigen Date, das noch dazu katastrophal endete, dermaßen in einen Typen verknallen würde, der noch dazu für seine Partymusik berühmt war ... ich hätte ihm den Vogel gezeigt. Aber jetzt träumte ich davon, in seinen Armen zu liegen und ihn wieder zu küssen. Normalerweise war ich eher zurückhaltend und wartete, bis ein Mann den ersten Schritt machte und mich küsste. Aber bei ihm konnte ich einfach nicht anders.

Jonas strahlte eine solche Verletzlichkeit und Stärke zugleich aus, dass es mich tief im Innern, mitten im Herzen berührte. Außerdem war er verdammt sexy mit seinem süßen Lächeln, seinen oft traurigen Augen, dem ebenmäßigen, hübschen Gesicht und seiner schlanken Figur. Ich stand nicht auf muskelbepackte Typen, ich mochte eher den metrosexuellen Mann. Und genau der war er und damit optisch zu hundert Prozent auf meiner Linie. Aber Nini würde mich warnen. *Wenn du mit dem Feuer spielst, musst du damit rechnen, dass die Flammen dich verbrennen*, sagte sie immer. Dummerweise glaubte ich, die bösen Jungs zähmen zu können. Aber es war mir noch nie gelungen.

Ich schrieb ihr eine kurze Nachricht und versprach, sie morgen anzurufen und ihr alles genau zu erzählen. Meine Gefühle für Jonas würde ich sicher herunterspielen, schon weil ich wusste, was sie von einem Flirt mit einem Promi-Sänger wie ihm halten würde.

Trotzdem würde ich ihn niemals abweisen, wenn er jetzt vor meiner Zimmertür stünde. Mehr noch: Ein einziger Blick in diese sanften braunen Augen würde ausreichen, um meine Koffer zu packen und mit ihm einmal um die Welt zu fliegen. Ich würde es tun, ohne nachzudenken, ohne zu zögern.

Mist, meine Freunde hatten recht: Ich war viel zu vertrauensselig. Im Grunde kannte ich ihn gar nicht und dennoch wäre ich sofort bereit gewesen, alles stehen und liegen zu lassen, um mit ihm zu gehen – wohin auch immer. Um ehrlich zu sein, war ich mir nicht sicher, was Jonas vorhatte. War ich für ihn nur ein Urlaubsflirt, eine Ablenkung? Oder sah er mehr in mir, so wie ich in ihm – und in seinen unglaublich tiefen Augen?

Wem machte ich hier etwas vor? Das Ganze war aussichtslos und von vornherein zum Scheitern verurteilt. Plötzlich kam ich mir vor wie eines dieser Teenager-Mädchen, die bei jedem Konzert ihres Stars kreischend ganz vorne an der Bühne stehen und hoffen, dass er sich in sie verliebt. Ich war ein ganz normales Mädchen, er ein berühmter Sänger. Nie im Leben würde er sich in mich verlieben. Das, was zwischen uns war, war höchstens ein kleiner Funke und würde sich niemals zu einem richtigen Feuerwerk entwickeln.

Also stand ich auf, zog die violetten Samtvorhänge zu und ließ mich rücklings aufs Bett fallen. Dort versank ich in den weichen Kissen ... und in meinen Träumen.

* * *

Am nächsten Morgen versuchte ich mich voll und ganz auf die Arbeit zu konzentrieren. Zu meiner eigenen und wohl auch zu Gertruds Überraschung klappte das sogar ganz gut. Ihre Miene wirkte heute eher wohlwollend und kurz vor der Mittagspause nahm sie mich beiseite.

„Dat hest du reet goud maakt, Deern. Bliev wieter fleißig, denn mutt keen mit di rumschüdeln."

Äh, ja. Ich lächelte, was vermutlich ziemlich dümmlich wirkte, denn genau so fühlte ich mich in diesem Augenblick auch. War das gerade wirklich deutsch gewesen?

Doch als sie mir dann noch auf die Schulter klopfte, wusste ich, dass es ein Lob war. Von Gertrud ... Ach du heiliges Krabbenbrötchen! Ich schien wirklich gut gearbeitet zu haben, wenn sogar sie mir ein Lächeln und nette Worte schenkte. Grinsend schlenderte ich zum Seiteneingang des Hotels hinaus und setzte mich etwas abseits der Restaurantterrasse auf eine gemütlich aussehende Bank, die rund um einen Baum gebaut worden war. Dann packte ich die Scheibe Brot aus, die ich vom Frühstücksbüffet mitgenommen hatte, um später etwas zum Mittagessen zu haben. Doch kaum hatte ich einmal hineingebissen, stand auch schon der Chef höchstpersönlich vor mir.

„Hey Onkel Javier, gibt es neue Beschwerden über mich?" Skeptisch sah ich ihn an, denn warum sollte er mich sonst aufsuchen, wenn nicht, um mich wie gestern zu kritisieren?

„Nein, im Gegenteil. Gertrud hat dich gerade in den höchsten Tönen gelobt, und das will etwas heißen. Sie ist sonst nicht so begeisterungsfähig, wenn es ihre Mitarbeiter betrifft."

„Danke. Es lief heute tatsächlich besser als gestern." Ich legte die Hand als Sonnenschild über die Augen, um nicht von den Strahlen geblendet zu werden. Heute war es ziemlich heiß und ich schwitzte sogar im Schatten. Diese Zimmermädchenuniform, die wir tragen mussten, war alles andere als bequem und für Temperaturen über 20 Grad nicht geeignet, fand ich.

Er grinste. „Übrigens wäre es mir lieber, wenn du mich nicht Onkel nennst, sondern einfach nur Javier. Sophie, ich würde dich gerne ins Restaurant zum Essen einladen. Hast du Lust?"

Verblüfft nickte ich. „Natürlich habe ich das. Hast du denn bei all den Gästen auch Zeit dafür?"

Ein herzliches Lächeln war mir Antwort genug. Wenige Minuten später saßen wir auf der hellen Sonnenterrasse und genossen den Blick aufs Meer. Ob ich ihn wirklich künftig nur noch Javier nennen konnte, wusste ich nicht. Das klang irgendwie seltsam, schließlich war er ja Familie – und war neben meinem Vater der Einzige, den ich diesbezüglich noch hatte.

„Ich glaube nicht, dass ich mich an dieser Aussicht satt sehen kann." Verträumt seufzte ich und beobachtete, wie die Wellen sich am Strand brachen. „Es muss schön sein, hier zu leben."

„Ja, das ist es. Selbst bei all dem Stress vergesse ich nie, welches Glück ich habe, hier gelandet zu sein. Aber München ist bestimmt auch toll, oder? Als junger Mensch hat man ja die besten Karrierechancen in so einer großen Stadt." Javier lächelte mich an.

„Das mag wohl sein, wenn einem die Karriere wichtig ist. Aber als Erzieherin hat man nicht so viele Aufstiegsmöglichkeiten. Ich bin bereits stellvertretende Leiterin eines großen Kinderhauses, viel mehr kann da nicht nachkommen." Als ich mich für diesen Beruf entschieden habe, war mir das nicht so bewusst. Aber in letzter Zeit habe ich oft darüber nachgedacht, was ich im Leben noch erreichen will oder besser gesagt kann.

„Du könntest etwas Eigenes auf die Beine stellen, mi niña.“ Javier breitete die Arme aus. „Die Welt wartet nicht auf dich, du musst sie dir erobern, solange du kannst. Sonst wirst du es später bereuen, nicht mutig genug gewesen zu sein. Vergiss nicht: Es ist dein Leben. Du musst das Beste daraus machen, und zwar jetzt. Junge Menschen verschieben Dinge oft auf morgen, aber wer weiß, ob sich bis dahin nicht schon alles geändert hat. Nichts ist schlimmer, als verpassten Gelegenheiten nachzutrauern.“

Puh, das hat mir noch nie jemand so direkt gesagt. Aber mit meinem Vater habe ich sowieso selten geredet und wenn, dann nur über alltägliche Dinge. So tiefgründig wie Onkel Javier war er jedenfalls nie. „Ich fühle mich nicht bereit, allein ein Geschäft oder eine Institution zu gründen. Aber im Prinzip hast du sicher recht. Ich sollte mehr wagen.“

Javier hob den Daumen. „Sí, und zwar auch in Liebesdingen. War dein Date gestern schön?“

Verdutzt starrte ich ihn an. „Woher weißt du davon?“

Schmunzelnd gestand er mir, dass er mich vom Fenster aus gesehen hatte. O je, war das hier wie in einer Kleinstadt, wo jeder über jeden Bescheid wusste? Mist, das war ich aus München nicht gewohnt. „Es war einfach katastrophal“, seufzte ich. „Und trotzdem muss ich immer wieder an ihn denken. Aber ich sollte wohl besser die Finger von ihm lassen. Das Ganze ist sehr kompliziert, und ich fürchte, er kämpft mit seinen inneren Dämonen. Er ist nicht mit sich im Reinen.“

Javier sah mich nachdenklich an. „Liebe ist nie einfach, Sophie, sonst gäbe es keine Leidenschaft. Wenn du ihn magst, gib ihm eine Chance. Wer weiß, vielleicht überrascht er dich.“

Puh, jetzt hatte er genau das Gegenteil von dem gesagt, was Nini mir immer eingetrichtert hatte. Auf wen zum Teufel sollte ich jetzt hören?

„Hör auf dein Herz, es wird dir den richtigen Weg zeigen, mi niña.“

O weh, konnte mein Onkel etwa Gedanken lesen? Bevor wir

weiterreden konnten, brachte uns der Kellner zweimal das Tagesgericht: gebratene Seezunge mit frischen Kräutern und Gemüse der Saison.

Es schmeckte so gut, dass ich kurz darauf mit neuem Elan wieder an die Arbeit gehen konnte.

* * *

Ich durfte eine Stunde früher gehen, weil ich meine Arbeit schon erledigt hatte. Ich wusste sofort, dass ich ans Meer wollte. Also cremte ich mich mit Sonnencreme ein und zog meinen pinkfarbenen Bikini an, den ich neulich bei H&M im Sonderangebot gekauft hatte – denn Bademode, Schuhe und Unterwäsche könnte ich nie gebraucht tragen, das fände ich eklig. Dann schlüpfte ich in mein geblümtes Sommerkleid und Flip-Flops. Mit einem Handtuch bewaffnet lief ich fröhlich zum Hotelstrand.

Ich zögerte keine Sekunde, legte die Kleidung ab und sprang beherzt in die Fluten. Das Wasser war herrlich kühl und eine willkommene Erfrischung. Nachdem ich ein wenig geplanscht hatte, begann ich mit großen Zügen parallel zur Strandlinie entlang hin und her zu schwimmen. Es war einfach herrlich, mit jedem Meter, den ich zurücklegte, fühlte ich mich frischer und glücklicher. Erst als ich außer Atem war, legte ich mich auf den Rücken und ließ mich treiben. All die Menschen drum herum störten mich nicht. Durch meine Arbeit war ich Geschrei und Lärm gewöhnt, das hatte mir allerdings auch noch nie etwas ausgemacht. Ich hatte die Gabe, alles Störende auszublenden und ganz entspannt zu bleiben, auch, wenn andere schon total genervt waren.

Die Sonne lachte auf mich herab und ich lächelte selig. Das hier war der perfekte Ort, um meine innere Batterie wieder aufzuladen. Ich dachte daran, was für ein Glück ich hatte, diesen Sommer bei Javier arbeiten zu dürfen. Die Arbeit ging mir leicht von der Hand, zumindest seit heute, die Bezahlung war sehr gut und ich vermutete, dass Javier mir mehr zahlte als den anderen

Zimmermädchen. Inzwischen konnte ich ihn etwas besser einschätzen. Er meinte es gut mit mir und schien ehrlich daran interessiert zu sein, mich kennenzulernen. Das war mehr, als ich von meinem eigenen Vater sagen konnte, der nie Zeit für mich hatte. Manchmal dachte ich, dass ich ihm früher so zur Last gefallen war, dass er jetzt froh war, mich loszusein. Endlich war die nervige Tochter weg und er konnte sein Leben wieder so führen, wie er es wollte.

Zurück am Strand bemerkte ich eine junge Frau, die wie ich allein dort lag. Freundlich lächelte ich sie an. „Hey, es ist wirklich schön hier, oder?“, begann ich das Gespräch.

Sie war bildhübsch. Ihr blondes Haar war glatt und schimmerte seidig, ihre Figur war die eines Models. Superschlank, mir kam sie fast etwas zu dünn vor. „O ja, wunderschön. Ich habe den Strand hier schon immer geliebt. Ich bin übrigens Mia, und du?“

„Sophie“, antwortete ich. „Was hat dich nach Sylt verschlagen?“ Eine Frage führte zur nächsten und wir verstanden uns, als wären wir schon seit Jahren befreundet. Plötzlich sah ich auf die Uhr. „Verflixt, ist es schon so spät? Ich muss los, tut mir leid. Bist du morgen auch wieder hier?“

Sie sagte Ja, und wir versprachen uns, am nächsten Tag nacheinander Ausschau zu halten. Allerdings wusste ich noch nicht, ob ich Zeit haben würde. Schließlich konnte ich nicht jeden Tag so früh Feierabend machen.

Auf dem Weg zurück in mein Zimmer wurde mir immer mulmiger zumute. War es wirklich eine gute Idee, mich erneut mit Jonas zu treffen? Nicht nur, dass er aus einer völlig anderen Welt als ich kam, nein, mich beschäftigte auch die Sache mit den Medikamenten. Er hatte alles ziemlich schnell abgetan, aber steckte vielleicht doch mehr dahinter? Ich hatte eindeutig Angst davor, ihn wiederzusehen - Angst vor den Gefühlen, die er in mir wecken würde. Auf keinen Fall durfte ich mich wirklich in ihn verlieben. Für ihn zu schwärmen war eine Sache und völlig in Ordnung. Aber ihm mein Herz zu schenken, bevor ich ihn richtig kannte, wäre einfach nur dumm. Ich dachte wieder an Ninis gut gemeinten Rat, nicht so naiv zu sein.

Doch dann spürte ich ein Kribbeln in meiner Bauchgegend, als ich mir sein Lächeln vorstellte. Er war einfach unfassbar attraktiv – konnte man es mir da verdenken, dass ich mich zu ihm hingezogen fühlte? Nein, selbst Nini würde das verstehen.

Nach einer schnellen Dusche schlüpfte ich in Sneakers und – zugegebenermaßen – extrem kurze, schwarze Shorts. Dazu noch ein cremefarbenes Top und etwas rosa Lipgloss. Meine Haare kämmte ich gut durch und knetete etwas Stylingschaum ein, damit sie fülliger aussahen. Kritisch betrachtete ich mein Spiegelbild. Hm, es sah gar nicht so übel aus. Ich war zwar keine Hollywoodschönheit, aber die Mischung aus den spanischen Genen meines Vaters und den deutschen meiner verstorbenen Mutter hatte mir ein ganz hübsches Aussehen geschenkt. Ich hätte es also durchaus schlechter erwischen können. Nur meine Taille hätte ich mir etwas schlanker gewünscht, so wie die von Mia vorhin. Aber dafür wirkte ich mit meinen Rundungen an den richtigen Stellen weiblicher als sie, also war das auch in Ordnung.

Längst war es Zeit, zum Treffpunkt vor dem Hotel zu gehen. Trotzdem schlenderte ich langsam hinunter. Meine Aufregung war so groß, dass nicht nur mein Herz wie verrückt klopfte, sondern auch meine Finger zitterten. Hoffentlich machte ich keinen großen Fehler.

Als ich vor dem Haupteingang ankam, stand er bereits da und mein Herz schien für mehrere Schläge auszusetzen. *Ganz ruhig, Sophie! Lass dir bloß nichts anmerken. Das wird schon schiefgehen!*, sprach ich mir selbst Mut zu und ging so lässig wie möglich auf das Auto zu. Was war nur los mit mir? Normalerweise geriet ich nicht derart aus der Fassung. Selbst wenn es in der Kindertagesstätte drunter und drüber ging, war ich bisher immer der Ruhepol gewesen. Und nun verlor ich wegen einer Verabredung mein inneres Gleichgewicht?

O nein, jetzt stieg er auch noch aus, um mir die Tür aufzuhalten! Er war also doch ein Gentleman, so ein Mist. Es wäre mir lieber gewesen, er hätte mir eine Million Gründe gegeben, ihn nicht zu mögen. Stattdessen wurde ich mit jeder Sekunde, die ich mit ihm verbrachte, verrückter nach ihm.

Diese braunen Augen waren unfassbar schön. Gab es überhaupt irgendeine Frau auf der Welt, die ihnen widerstehen konnte? Wohl eher nicht.

„Hey Lady, würdest du bitte einsteigen und mich mit deiner Anwesenheit beehren?“, feixte er.

„Oh, so förmlich heute? Warte, ich kann auch einen auf Bridgerton machen.“ Mit gespielter Ernsthaftigkeit machte ich eine tadellose Verbeugung und streckte ihm den Handrücken entgegen. „Es ist mir eine große Freude, Sie heute zu sehen, Duke of Hastings. Gerne dürfen Sie mir Ihre Aufwartung machen.“

Als er affektiert eine Augenbraue hochzog, musste ich kichern.

Er hauchte mir einen Kuss auf den Handrücken und wies dann galant auf den Beifahrersitz. „Bitte nehmen Sie Platz in meiner edlen Kutsche, Lady Rodriguez. Ich werde Sie sicher geleiten und Ihre Ehre verteidigen, komme, was wolle.“

Jetzt hielt ich es in der Rolle der förmlichen Adligen nicht mehr aus, lachte auf und sprang mit einem Satz auf den Kutschbock. „Komm, lass uns keine Zeit mehr verlieren, mein Feierabend ist kostbar. Wo fahren wir hin?“

Zu meiner Überraschung drückte er mir eine kleine Plastikflasche Wasser und eine Tüte Käsecracker in die Hand. „Ich sehe schon, du musst dich erst einmal vom Arbeitsstress erholen. Wir fahren zum Morsum Kliff, einer geologischen Formation auf Sylt, die leider etwa 35 Autominuten von hier entfernt ist.“

Hm, davon hatte ich tatsächlich noch nie gehört. Aber die Vorstellung, über eine halbe Stunde neben ihm zu sitzen und ihn zu beobachten, fand ich ziemlich heiß.

Nini hatte schon oft gesagt, dass man einen Menschen vor allem durch genaues Beobachten kennenlernt. Gut, genau das würde ich jetzt tun. „Danke für das Essen übrigens. Das ist echt süß von dir."

Wir legten die Sicherheitsgurte um und er startete den Wagen. Dabei verzog er jedoch unwillig das Gesicht. „Süß? Ich bin nicht süß, sondern wahnsinnig cool und männlich, so wie ein schottischer Highlander."

Prompt schnaubte ich. „Ach ja, ist das etwa dein Image? Ich habe gestern Abend noch ein bisschen im Netz recherchiert und da wirst du als *Golden Boy* bezeichnet. Ein gutaussehender, ewig strahlender Sunnyboy mit einem charmanten Lächeln, einem Hang zu Frauengeschichten und einer nie versiegenden Partylaune. Was stimmt denn nun?"

Zu meinem Erstaunen wurde er plötzlich ernst. „Du darfst nicht alles glauben, was im Internet über mich steht. Die Leute sehen nur das, was sie wollen. Die Wahrheit interessiert sie meistens nicht. Ich bin nicht so oberflächlich, wie ich immer dargestellt werde."

Hoppla, so hatte ich das gar nicht gemeint. Aber nach seinem maskenhaften Gesichtsausdruck zu urteilen, schien ihn meine flapsige Bemerkung tatsächlich getroffen zu haben. „Entschuldigung, ich habe nicht gesagt, dass ich das glaube. Aber es steht überall geschrieben. Also stimmt es nicht?"

Jonas wirkte plötzlich sehr steif und setzte sich kerzengerade hin. „Es ist nicht alles gelogen, aber es kommt auf den Standpunkt an. Natürlich gebe ich mich in der Öffentlichkeit fröhlich und locker. Hey, ich bin Schlagersänger, das ist mein Image. Das erwarten die Leute von mir. Ich bediene nur das Klischee. Das heißt aber nicht, dass ich wirklich so bin."

„Dann feierst du nicht nach jedem Konzert auf Mallorca mit deinen Fans die Nacht durch?" Okay, das war sehr direkt, aber ich wollte es wissen und ihn besser kennenlernen - ihn, Jonas, den Privatmann, nicht den Star.

Er zögerte ein paar Sekunden zu lange, bevor er antwortete. „Nein, nicht immer." Nach einer Pause sagte er schließlich: „Na ja, manchmal schon. Ehrlich gesagt sogar ziemlich oft. Aber das gehört irgendwie zu meinem Job."

„Wirklich?", wunderte ich mich. „Ich meine, ja klar, du musst den Kontakt zu den Fans halten, aber niemand kann dich zwingen, nach einem anstrengenden Konzert mit dem Publikum zu feiern, oder? Ich meine, Ed Sheeran macht das ja auch nicht."

Als er wieder sprach, klang es bitter. „Genau das ist es, Sophie. Ich bin kein Singer-Songwriter wie Ed Sheeran, ich singe oberflächliche Hits, die mir mein Management vorlegt. Das ist eine ganz andere Art von Musik oder Qualität. Und ich bin nur so gut im Geschäft, weil ich dieses Spiel mitspiele. Ich singe keine ernsten Lieder, also wollen die Fans nur eines: einen Star zum Anfassen, mit guter Laune und viel Zeit für sie. Das erwarten sie und ich gebe es ihnen, weil das mein Job ist. So wie du dich im Kinderhaus um die Kinder kümmerst und sie unterhältst."

Hm, hatte er recht? War das vergleichbar? Ich war mir wirklich nicht sicher. „Also erstens bespaße ich sie nicht nur, sondern ich versuche, sie auf die Schule vorzubereiten. Sie lernen viel bei uns, aber spielerisch, das stimmt. Im Ernst, Jonas: Du klingst nicht gerade wie jemand, der seinen Beruf liebt."

„Doch, doch", beteuerte er. „Ich bin froh, als Sänger genug Geld zu verdienen, um davon leben zu können. Das schaffen die wenigsten. Selbst diejenigen, die viel bessere Stimmen als ich haben und weitaus talentierter sind. Man könnte also sagen, dass ich ein Glückskind bin. Vermutlich müsste ich dankbarer sein."

Er wirkte nicht glücklich, sondern eher wie jemand, der vom Leben enttäuscht war. „Weißt du, ich verdiene wirklich nicht viel in meinem Job", sagte ich nachdenklich. „Aber ich gehe jeden Tag gerne hin und liebe, was ich tue. Da ist das Geld zweitrangig. Natürlich hätte ich gerne bessere Aufstiegschancen, aber wenigstens tue ich, was ich liebe. Ich weiß nicht, ob du das von dir sagen kannst. Eigentlich bin ich der Glücklichere von uns beiden."

„Mag sein. Aber ich bin nicht zum Pädagogen geboren." Er bremste und fuhr etwas langsamer als zuvor, was mir gefiel. Offensichtlich verlor er nicht alle Vorsicht, wenn er sich ärgerte. Denn das tat er, wie ich an seiner geröteten Wange erkennen konnte.

„Bist du zum Singen geboren?", fragte ich leise. „Ist es das, wofür du brennst und was du schon immer tun wolltest?"

Als er leise lachte, klang es zynisch. „Sophie, werd erwachsen. Nur wenige Menschen können ihre Leidenschaft zum Beruf machen. Also, nein, ich brenne garantiert nicht für Schlagerpartymusik. Jedenfalls nicht mehr. Früher fand ich das toll und das Drumherum auch, aber mit jedem Monat, der vergeht, fällt es mir schwerer, diese Rolle zu spielen. Das bin nicht ich, weißt du?"

„Okay, das kann ich verstehen."

Wir schwiegen eine Weile und ich fühlte mich elend, weil ich ihm nicht helfen konnte. Er wirkte so traurig und bitter.

Plötzlich fiel mir etwas ganz anderes ein. „Verflixt, ich habe deine Klamotten nicht dabei. Ich hab sie extra gewaschen und heute Morgen in den Trockner getan. Dummerweise hab ich sie da drin vergessen. Tut mir echt leid, Jonas."

Er grinste. „Schon gut, dann haben wir beide ein löchriges Hirn aus Schweizer Käse. Ich habe deine Sachen nämlich nicht nur gewaschen, sondern auch von Martin bügeln lassen. Aber das nützt nichts, denn jetzt liegen sie auf der Kommode in der Diele."

Ich kicherte. „Super, dann passen wir beide ja perfekt zusammen."

„Das glaube ich ehrlich gesagt auch", meinte er und warf mir einen durchdringenden Blick zu.

Danach sprachen wir lange Zeit nicht mehr und ich schaute aus dem Autofenster, um die Umgebung zu bewundern. In Hörnum war die Landschaft von Heide und Sand geprägt gewesen, kleine hübsche Dörfer mit Reetdächern und malerischen Wegen hatten ein schönes Bild abgegeben. Doch nun veränderte sich die Landschaft mit jedem gefahrenen Kilometer.

Wunderschön fand ich die Salzwiesen, von denen ich bisher nur im Internet gelesen hatte, und ich erinnerte mich daran, dass sie wohl vielen Pflanzen und Tieren ein Zuhause bieten.

Doch am meisten begeisterte mich ein anderer Leuchtturm, an dem wir vorbeifuhren. Ich drückte mir die Nase an der Scheibe platt, um ihn besser sehen zu können.

„Jetzt verstehe ich deinen komischen Ohnmachtsanfall neulich am Leuchtturm." Jonas' Stimme klang voll und angenehm in meinen Ohren. Außerdem sprach er immer mit einer gewissen Melodie, als würde er die Sätze eher singen als monoton aussprechen. „Er hat dich so begeistert, dass er dich buchstäblich vom Hocker gehauen hat. Übrigens ist das ein Mietwagen und ich möchte ihn nicht mit einem Loch in der Scheibe zurückgeben. Deshalb schlage ich vor, dass du deine süße Stupsnase von der Wagenscheibe nimmst. Bevor sie entweder für immer daran klebt oder durch die Scheibe bricht."

„Ha ha", sagte ich, musste aber selbst grinsen. „Leuchttürmen kann ich nun mal nicht widerstehen. Sie ziehen mich magisch an."

„Ja, sie symbolisieren Freiheit und Weite, außerdem boten sie früher den Seefahrern Sicherheit, um nicht an den gefährlichen Klippen zu stranden." Er lächelte warmherzig und ich merkte, dass ich längst nicht mehr an den Leuchtturm dachte, sondern ihn wieder einmal fasziniert anstarrte.

„Es ist der pure Wahnsinn, was ein paar aufeinandergestapelte Mauersteine in uns auslösen können", sagte er. „Bei ihrem Anblick fängt man wieder an zu hoffen." Seine Worte klangen nachdenklich, und wieder spürte ich all die unterdrückten Emotionen und Gedanken. Er war wirklich alles andere als oberflächlich, so viel war sicher.

„Worauf hoffst du?", fragte ich leise und musterte ihn aufmerksam.

Er zuckte mit den Schultern. „Nun, worauf jeder hofft: Zufriedenheit, Glück und die große Liebe." Seine Antwort überraschte mich nicht, aber ich fühlte mich ihm plötzlich noch näher als zuvor.

„Das klingt schön. Das würde ich mir auch vom Schicksal

wünschen", antwortete ich und spürte, wie sich meine Lippen zu einem leichten Lächeln verzogen.

„Wer weiß, vielleicht werden zumindest einige unserer Wünsche gemeinsam erfüllt", sagte er mit so viel Gefühl in der Stimme, dass mir ein wohliger Schauer über den Rücken lief.

Seine Worte berührten mich auf eine Weise, die ich nie vermutet hätte: Sie gingen mir unter die Haut. „Manchmal passieren die besten Dinge, wenn man sie am wenigsten erwartet."

„Sophie, ich hoffe von ganzem Herzen, dass du recht hast", sagte er und mit einem Mal überkam mich eine leichte Angst. Er war unzufrieden mit seinem Leben und hatte Probleme, das war nur allzu deutlich. Aber war ich wirklich die Lösung für all das, der Hoffnungsschimmer, auf den er gewartet zu haben schien? Nein, das war zu viel verlangt. Ich war schon froh, wenn ich mein eigenes Leben einigermaßen im Griff hatte.

„Sag mal, wie weit ist es noch bis zur Klippe?", fragte ich, verzweifelt bemüht, ihn auf andere Gedanken zu bringen. Meine Schultern waren nicht stark genug, um all seine Träume und Wünsche mit mir zu tragen.

Ich hatte Angst.

„Wir sind bald da", meinte er. Als er mich ansah, drehte ich meinen Kopf wieder zum Fenster.

„Hier ist alles grün und saftig, es ist einfach wunderschön", sagte ich hastig.

Zum Glück schien er nicht sonderlich erstaunt über meinen Stimmungsumschwung zu sein, jedenfalls ging er nicht darauf ein. Stattdessen meinte er nur: „Ja, es ist einzigartig hier. Und vor allem das Wattenmeer! Ich liebe es einfach. Keine Angst, es dauert nicht mehr lange, wir kommen dem Morsum Kliff immer näher."

Erleichtert atmete ich auf, denn plötzlich empfand ich die Enge im Auto als beunruhigend. Ich wollte etwas gesunden Abstand zwischen uns bringen, denn ich fühlte mich überfordert. Das hier, diese tiefgründigen Gespräche und seine aufmerksame Art, waren mir einfach zu viel. Was, wenn wir uns verlieben würden, aber ich seine Erwartungen nicht erfüllte und ihn nicht glücklich machte? Ich war nur eine gewöhnliche Erzieherin, die weder Wunder bewirken noch zaubern konnte.

Jonas lenkte den Wagen die Straße entlang durch die Marschlandschaft mit idyllischen Wasserläufen und dem Wattenmeer. Rechts von uns weideten Schafe auf den grünen Deichen. Ich lächelte. „Meine Oma sagte immer: *Schäfchen zur Rechten, musst noch nen Kampf ausfechten.* Das ist wohl so ein altes Sprichwort", erklärte ich.

„Und wie heißt es, wenn sie auf der anderen Seite der Straße sind?", fragte er nach.

„Schäfchen zur Linken, tut Freude dir winken", meinte ich schmunzelnd. „Grammatikalisch ein echter Albtraum, aber ich habe diese Sprüche als Kind so oft von ihr gehört, dass sie mir nun stets in den Sinn kommen, wenn ich eine Schafherde sehe."

„Solche Kindheitserinnerungen sind wertvoll", bestätigte er. „Ich habe einmal in der Therapie darüber gesprochen. Dabei ist mir klar geworden, dass man alles Positive zulassen muss. Manchmal können Worte, auch wenn sie keinen Sinn ergeben, trotzdem gute Gefühle in uns auslösen - genau deshalb sind diese Dinge wichtig."

„Du ...", stockte ich. „Du bist in Therapie? Warum denn? Ich meine, das ist natürlich immer eine gute Sache." Sofort dachte ich an das umfangreiche Medikamentensortiment in seinem Badezimmer und wurde stutzig.

„Ach nein, jetzt nicht mehr. Das war nur eine kurze Phase, in der es mir nicht so gut ging. Aber die Therapie war nichts für mich", meinte er. Mehr sagte er nicht dazu, lenkte den Wagen auf einen Parkplatz und hielt an. „So, von hier aus müssen wir zu Fuß weiter." Er sah auf die Uhr. „Es ist gleich fünf Uhr und hier stehen nicht mehr viele Autos. Das ist super. Dennoch muss ich ein paar Vorsichtsmaßnahmen treffen, sorry. Du darfst lachen, aber bitte jetzt gleich und nicht den ganzen Abend, okay?"

Bevor ich fragen konnte, was er damit meinte, zog er eine

Tasche vom Rücksitz und holte eine blonde Kurzhaarperücke heraus. „Wie gesagt, normalerweise erkennen mich die Leute weniger, wenn ich meine obligatorische Mütze nicht trage. Aber ich gehe lieber kein Risiko ein. Die Fans können ziemlich aufdringlich sein, und ich habe auch viele *Hater*. Ein verpatztes Date reicht, das zweite lasse ich mir nicht vermiesen. Weder von hungrigen Möwen noch von Fans."

Als er dann ein Haarnetz über seine braune Wuschelmähne zog und die Kunsthaare darauf setzte, musste ich wirklich mit mir kämpfen. Verflucht, sah das lächerlich aus! Die Perücke war zwar gut gemacht, fast täuschend echt, aber Jonas sah damit so anders aus, dass ich fast einen Lachkrampf bekam.

Jonas: Hoch hinaus

Ich sah, wie sehr sie um Fassung rang und musste ihr Respekt zollen. Als Martin mich das erste Mal so sah, konnte er sich nach zehn Minuten immer noch nicht beruhigen und lachte Tränen. Sie dagegen biss sich auf die Lippen, zuckte immer wieder kurz zusammen, beherrschte sich aber gut.

„Mach dir keine Mühe, du darfst einmal laut lachen, aber dann ist es genug, okay?“

Ich hatte kaum gesprochen, als sie losprustete. Dass ich jetzt auch noch meine eckige Streberbrille aufsetzte, machte die Sache nicht besser. Aber zum Glück hatte sie sich nach ein paar Minuten ausgelacht und warf mir nur noch einen amüsierten Blick zu.

„Es ist so krass, was die Aufmachung ausmacht. Der gleiche hübsche Typ, aber einmal wirkst du zum Schießen komisch und das andere Mal bist du der Golden Boy“, sagte sie lächelnd.

Ich konnte ihr nur zustimmen. „Wie man sich kleidet, so wirkt man auf andere. Das ist eine Tatsache, aber nicht unbedingt fair. Nur weil jemand kein Geld für Markenklamotten hat, kommt er weniger gut an? Das ist doch blöd.“

Sie stutzte, kräuselte ihre Stirn und blickte dann an sich hinunter. „Ich trage ausschließlich Secondhand-Kleidung oder Teile aus günstigen Läden. Wirke ich deshalb weniger attraktiv auf andere?"

Heftig schüttelte ich den Kopf. „Nein, absolut nicht. Du ziehst mit deinem äußeren und inneren Leuchten andere regelrecht in deinen Bann. Also mich hast du auf jeden Fall schon für dich gewonnen, Sophie."

Sie lächelte zwar, wirkte nun aber zum ersten Mal richtig unsicher. „Wo ist der Haken?"

„Hm? Welcher Haken?", fragte ich nach.

„Na der Haken an dir. Ich meine, offensichtlich hast du so einige Probleme, aber im Grunde genommen bist du ein toller Typ. Keiner kann derart perfekt sein. Irgendwas habe ich übersehen."

Eilig lief ich weiter, den Blick stur nach vorne gerichtet. Wie konnte sie nicht sehen, was für ein Wrack ich war? „Glaub mir, ich bin alles andere als perfekt. Aber soll ich dir gleich beim zweiten Date alle meine Fehler präsentieren? Das wäre doch von vornherein zum Scheitern verurteilt." Plötzlich fühlte ich mich unwohl, denn ich hatte so viele Baustellen, dass ich manchmal sogar den Überblick verlor. Nein, ich konnte ein richtiger A… sein. Vielleicht war es mein Talent, das besser zu verbergen als meine Mitmenschen.

„Ich möchte dich so kennenlernen, wie du wirklich bist. Mit all deinen Stärken und Schwächen." Sie klang ein wenig atemlos, als müsse sie rennen. Erstaunt blickte ich zurück und stellte fest, dass ich viel zu schnell lief, sodass sie kaum mithalten konnte.

„Tust du nur so unschuldig, oder bist du wirklich so ein Engel auf Erden?" Ich konnte mir den Kommentar nicht verkneifen, aber kaum ausgesprochen, tat er mir schon wieder leid.

„Ich bin bestimmt nicht unschuldig. Aber ich finde, jeder Mensch sollte offen und ehrlich sein. Nur so können die anderen entscheiden, ob sie einen mögen oder nicht. Es bringt nichts, wenn man zum Beispiel auf Instagram zig Follower hat, die aber alle nur einer Scheinwelt folgen. Gefilterte Fotos, geschönte Posts und alles wird nur als wunderbar, supercool und sensationell dargestellt. Wer so einem Account folgt, kennt den Menschen dahinter nicht. Das ist im echten Leben genauso. Deshalb gebe ich mich von Anfang an so, wie ich bin. Das erwarte ich dann aber auch von anderen."

Wow, ihre Worte hatten mich wirklich kalt erwischt. „Darüber muss ich erst einmal nachdenken", gestand ich. Sie hatte einen Nerv getroffen. Kannte mich überhaupt jemand wirklich - außer Martin und meiner Mutter? Ich glaubte nicht, und das machte mich plötzlich traurig und wütend zugleich. Dieses verdammte Starleben, manchmal hasste ich es regelrecht, in der Öffentlichkeit zu stehen. So viel Lüge und heiße Luft gab es in keinem normalen Beruf.

Sie nickte und ich wartete, bis sie mich eingeholt hatte. Gemeinsam gingen wir nun nebeneinander, und die frische Brise brachte salzige Meeresluft mit sich, die meine Lungen dankbar annahmen. Wir hoben beide den Kopf, als über uns lautes Möwengeschrei ertönte.

„Bleibt weg, ihr Diebe!", rief ich ihnen zu und fühlte mich ausgelacht.

„Das stört sie nicht", sagte Sophie lachend. „Schließlich hast du ihnen neulich ein Picknick spendiert, bei dem sie sich satt essen konnten. Dafür sind sie dir bestimmt ewig dankbar."

Ich grinste. „Das Picknick war eigentlich nicht für euch. Aber vielleicht könntet ihr uns als kleines Dankeschön ab jetzt in Ruhe lassen?"

Anscheinend hatte ich genau das Falsche gesagt, denn nun kam eines dieser Mistviecher im Sturzflug auf mich zu. Es kreischte laut, hatte mich im Visier und steuerte auf meinen Kopf zu. Im letzten Moment konnte ich mich unter ihr hindurch ducken. Das Spektakel hatte einige Spaziergänger um uns herum erschreckt. „Alles in Ordnung, mir ist nichts passiert. Die Möwe war wohl nur neugierig", sagte ich schnell mit verstellter Stimme - man konnte ja nie wissen, ob sich unter ihnen ein Fan von Partymusik befand.

Die Leute schienen sich zu beruhigen und schlenderten weiter, aber Sophie nahm sofort meine Hand und sah mich fragend an. „Geht es dir wirklich gut?"

„Ja", zischte ich durch meine zusammengebissenen Zähne. Es war mir peinlich, hier vor ihr der bemitleidenswerte Typ zu sein, der sich kaum gegen die Möwen wehren konnte.

„Das sah wirklich akrobatisch aus", meinte sie lächelnd. „Fast wie ein Stunt oder so. Schade, dass ich das nicht filmen konnte."

„Um mich den Medien zum Fraß vorzuwerfen? Nein, danke", knurrte ich, denn meine Laune war dahin.

„Nein, um es privat immer wieder anzuschauen und deine schnelle Reaktion zu bewundern", entgegnete sie da zu meiner Verblüffung. „Ich hab es dir schon mal gesagt und stehe dazu: Niemals werde ich etwas von dir posten. Das alles hier", sie breitete die Arme aus, „ist privat, und so soll es auch bleiben."

So langsam glaubte ich ihr das sogar. Sie schien ein ehrlicher Mensch zu sein. „Also doch ein Engel – oder wohl eher eine Fee", sagte ich grinsend.

„Nein, beides nicht, aber ich habe meine Prinzipien."

Wieder etwas an dir, das mir verdammt gut gefällt, dachte ich. Wenn das so weiterging, wäre ich bis zum Ende der Woche Hals über Kopf in sie verliebt. Plötzlich kam mir eine Melodie in den Sinn.

„Warte mal kurz, ich muss was aufnehmen." Hastig zog ich mein Smartphone aus der Tasche und drückte auf die Aufnahmefunktion. Dann summte ich die Melodie vor mich hin und speicherte alles sorgfältig unter dem Namen Head over Heels ab, was allerdings nur ein Arbeitstitel war. Später würde ich den bestimmt noch einmal ändern.

„Wow, das hat gut geklungen." Sophie zeigte auf mein Handy. „So sammelst du die Ideen für deine Partyhits?"

„O nein, definitiv nicht. Die Songs werden von anderen geschrieben und ich singe sie bloß im Studio ein. Nein, das hier sind private Ideen. Manchmal klimpere ich etwas auf dem Klavier oder Keyboard herum und schaue mal, was dabei herauskommt."

„Du schreibst also deine eigenen Lieder? Warum nimmst du sie nicht in dein Repertoire auf?"

Ich lachte bitter auf. „Die Stücke, die ich schreibe, sind nicht für die Partybühnen dieser Welt geeignet. Es sind überwiegend nachdenkliche Lieder mit langsamen Rhythmen und eher traurigen oder tiefgründigen Texten. Kannst du dir vorstellen, wie ich damit am Ballermann auftrete?"

„Äh, nein, wahrscheinlich nicht." Sie lächelte. „Aber was machst du dann mit den Songs? Verkaufst du sie an andere Künstler?"

Und wieder musste ich lachen. „Nichts für ungut, aber du scheinst nicht viel Ahnung von dem Musikbusiness zu haben. Wer will schon Songs von einem Künstler kaufen, der übers Bierholen singt?" Plötzlich war mir das Ganze unglaublich peinlich. „Ich liebe den Geruch von Algen und Salzwasser. Du nicht auch?", versuchte ich abzulenken.

Für ein paar Sekunden schwieg sie. *Bitte, bitte, lass es sein und stochere nicht weiter im Dreck herum!*, flehte ich innerlich und ballte meine Hände zu Fäusten, um nichts mehr zu sagen.

„Ja", kam es schließlich zögerlich. „Und ein Blick auf die Dünen genügt, um sich wie im siebten Himmel zu fühlen. Ist das alles nur ein Traum? Mache ich wirklich Urlaub auf Sylt?"

„So würde ich es in deinem Fall nicht nennen, schließlich arbeitest du von Montag bis Freitag", warf ich ein.

„Ja, manchmal sogar samstags, aber nie bis spät abends. Das ist auch okay, denn so verdiene ich ein bisschen Geld und kann was sparen."

Wir gingen ein paar Meter, bevor sie weitersprach. Inzwischen wirkte sie wieder ruhig und gelassen, immer wieder glitt mein Blick zu ihr. Ich war wie verzaubert von diesen wunderschönen grünen Augen. Die Kombination mit ihren nachtschwarzen Haaren war tatsächlich äußerst selten - ich hatte es letzte Nacht extra gegoogelt, als ich nicht einschlafen konnte.

Mein Handy vibrierte. Zum Glück hatte ich es auf lautlos gestellt, denn Jessica nervte mich ständig mit ihren Sprachnachrichten. Also ignorierte ich es einfach und streckte ihr meine Handfläche entgegen. „Hand in Hand den Strand entlang? Wie wär‘s?“

Lächelnd griff sie nach meiner. „Sehr gerne.“ Kurz darauf sagte sie leise: „Es ist übrigens völlig in Ordnung, wenn du über etwas nicht reden möchtest. Du bist mir keine Rechenschaft schuldig. Das verstehe ich.“

„Danke. Nicht jeder reagiert so. Manchmal kann ich ziemlich verschlossen sein, das weiß ich. Aber ich vertraue nur wenigen Menschen von ganzem Herzen. Früher war das anders, aber in den letzten Jahren hat mich das Leben gelehrt, misstrauisch zu sein.“

„Das Leben? Oder vielleicht nur dumme Menschen?“, fragte sie lächelnd.

„Wahrscheinlich beides.“ Wir folgten der Beschilderung, wobei immer weniger Spaziergänger auf uns zukamen. Langsam ging die Sonne unter. Das Licht verwandelte sich vom hellen Tageslicht in goldene Strahlen. „Ich liebe diese Abendstunden, wenn die Sonne sich nach und nach verabschiedet und immer sanfter wird. Ihre Strahlen berühren uns wie zarte, gehauchte Küsse und verschwinden schließlich ganz. Später wird es einfach nur dunkel sein, aber jetzt ist alles magisch.“

Sie sah mich mit überraschtem Blick an. „Ich finde es schön, wie poetisch du mit Worten umgehen kannst. Das hat sich gerade richtig gut angehört, wie ein Gedicht oder so. Du solltest mal solche Texte schreiben, ich wette, die würden vielen Leuten gefallen.“

„Ha!“, ich verzog grimmig das Gesicht. „Ich wette, das würden sie nicht. Nein, solche Texte wären viel zu kitschig. Das will keiner meiner Fans hören, glaub mir.“

Sie ging etwas langsamer und sah mich von der Seite an. „Wenn das stimmt, hast du vielleicht die falsche Zielgruppe. Hast du es mal mit anderen Songs versucht?"

„Mann, das ist ein Geschäft. Ich kann nicht einfach von einem Genre zum anderen springen und meinen Fans einen bunten Obstsalat präsentieren. Sie wollen das hören, was sie von mir kennen - und nichts anderes. Ich könnte alles verlieren und es mir mit den Fans verderben, wenn ich zu viel riskiere."

„Mag sein. Aber versuchen könntest du es trotzdem. Übrigens mag ich Obstsalat", fügte sie grinsend hinzu.

Endlich kamen wir auf der Aussichtsplattform an und hatten eine herrliche Aussicht auf das imposante Kliff und das darunter liegende Wattenmeer. Die Plattform war mit gemütlichen Bänken ausgestattet, doch wir blieben einfach stehen.

„Wahnsinn", flüsterte Sophie. „Das hier sieht nicht nur nach Freiheit aus, die Luft schmeckt auch so. Wobei du das sicher besser ausdrücken könntest, ich bin schlecht darin, Gefühle in Worte zu fassen."

„Nein, ich finde, du machst das ganz wunderbar", sagte ich und wagte es, meinen Arm sanft um ihre Taille zu legen. „Ist das okay für dich?", fragte ich, weil ich sie nicht überrumpeln wollte.

„Mehr als okay." Sie blickte zu mir auf, und plötzlich war die herrliche Landschaft, so spektakulär sie auch schien, zur Nebensache geworden. Diese funkelnden, vor Wärme glühenden Augen bedeuteten die Welt für mich, und ich versank darin. Ich vergaß alles andere - die Arbeit, Jessica, die vielen Auftritte, die ich durch meine Auszeit verpasste - und alles Schlechte in meinem Leben. Jetzt zählte nur noch Sophie.

In diesem für mich magischen Moment, oben auf der Plattform, fühlte ich eine fast überwältigende Verbindung zu Sophie. Unsere Blicke trafen sich, als würden sie zu einer Einheit verschmelzen. Alle meine negativen Gedanken verblassten im Licht der untergehenden Sonne. Ich wollte ihr sagen, wie viel sie mir bedeutete, wie sehr ich mich zu ihr hingezogen fühlte, aber selbst mir fehlten die Worte. Es würde nicht annähernd die

Gefühle ausdrücken, die in diesem Augenblick in mir tobten. Also wählte ich die einzige Möglichkeit, die mir blieb, und zeigte es ihr, indem ich sie küsste.

Mein Herz klopfte wie wild, als ich mich langsam zu ihr hinunterbeugte. Es war nicht unser erster Kuss, aber ich spürte, dass er wichtig war und alles verändern konnte. Nichts schien mehr eine Bedeutung zu haben, denn wir schwebten über den Dingen - zumindest kam es mir in diesem Moment so vor.

Intensiv nahm ich ihre Wärme, ihren Atem und ihren süßen, unschuldigen Duft wahr. Sie war nicht wie die anderen Mädchen, die ich kannte. Nein, Sophie war fern von jeglicher Boshaftigkeit oder Fame-Geilheit. Sie wirkte so rein und voller Lebensfreude, dass ich ihr nicht widerstehen konnte.

Schon nach dieser kurzen Zeit war Sophie wie ein Tattoo auf meiner Seele - für immer in meinem Herzen. Unsere Lippen trafen sich nach schier endlos langer Zeit und mir war dabei, als würde etwas in meinem Inneren explodieren.

Eine bodenlose Sehnsucht erfüllte mich und löste bisher nie Gekanntes in mir aus. Unser Kuss schien all meine Narben zu heilen und es kam mir so vor, als würde ein Teil ihres inneren Strahlens auf mich übergehen. Hoffnung erfüllte mich und die schier unstillbare Lust nach mehr.

Das hier war nicht genug, ich musste sie ganz fühlen, Haut an Haut, Herz an Herz.

Doch ich hatte ihr versprochen, nichts zu überstürzen, verflucht noch mal, und das würde ich halten! Abrupt zog ich mich von ihr zurück und biss mir auf die Lippen, bis sie schmerzten und eine warme Flüssigkeit in meinen Mund tropfte. Blut, verdammt!

„Was ist los?“ Ihre Stimme klang noch ein wenig entrückt, als wäre sie gerade jäh aus einem schönen Traum gerissen worden. Dann öffnete sie die Augen und berührte mit einem Finger sanft meine Lippen. „Du blutest ja. Jonas, was ist passiert? Habe ich dich aus Versehen gebissen? O nein, das tut mir so leid!“

Ich fluchte leise, denn ich hatte es tatsächlich geschafft und den romantischsten Augenblick meines Lebens zerstört. *Toll, Jonas, das hast du super gemacht!,* schimpfte ich mit mir. Sophie hingegen wurde immer blasser und sah mich reumütig an.

„Nein, das war ich. Du hattest nichts damit zu tun. Es war ein dummes Missgeschick." Okay, das klang selbst in meinen Ohren lahm, aber wie sollte ich ihr mein verkorkstes Innenleben erklären? Die Wahrheit war, dass ich Angst hatte, mich in ihrer Gegenwart zu verlieren ... und mich nicht mehr beherrschen zu können. Also deutete ich auf das Wattenmeer. „Lass uns nicht mehr darüber reden, sondern die schöne Aussicht genießen."

„Nun, ich habe gerade etwas ganz anderes genossen", sagte sie mit dieser unnachahmlichen Offenheit, für die ich sie von Minute zu Minute mehr mochte.

Warum konnte ich nicht wie Sophie sein und einfach sagen, was mir durch den Kopf ging? Wahrscheinlich, weil ich es nie gelernt hatte. *Man muss vor anderen immer stark sein, vergesst das nie!,* hatte Vater uns so oft gepredigt, dass ich sogar seinen Tonfall mühelos imitieren konnte. „Meine Mutter würde dich bestimmt mögen", platzte ich plötzlich heraus. „Sie würde deine Ehrlichkeit lieben, sie erfrischend finden."

„Und dein Vater?", hakte sie nach, als wüsste sie genau, woran ich gerade dachte. „Wie hätte er wohl auf jemanden wie mich reagiert?"

„Wahrscheinlich hätte er bei jedem zweiten deiner Sätze nach Luft geschnappt", sagte ich schmunzelnd. „Vater war extrem auf seinen Ruf bedacht. Für ihn war es eine Katastrophe, dass ich Sänger geworden bin. Das passte nicht zu seinem Wunsch, einen Arzt oder Anwalt als Sohn zu haben."

„Bist du eng mit deiner Mutter, habt ihr viel Kontakt?" Wissende Augen, tief wie das Meer, doch grün wie Smaragde, schienen direkt in mein Herz zu blicken.

„Nein", gestand ich. „Ab und zu mailen wir uns, ganz selten telefonieren wir, aber das war's auch schon. Sie hat nichts gegen meinen Beruf, aber sie mag meinen Lebensstil nicht. Und sie findet es furchtbar, dass Martin für mich arbeitet und mich quasi unterstützt. Deshalb ist sie übrigens auch sauer auf ihn."

„Manchmal finde ich es schlimm, dass man sich seine Eltern nicht aussuchen kann", sagte sie und erzählte mir dann von ihrem Vater, der seit dem Tod der Mutter kaum für sie da war. „Materiell hat es mir an nichts gefehlt, er verdient gut. Aber seine Aufmerksamkeit habe ich nie bekommen, geschweige denn die Liebe, die Eltern ihren Kindern schenken sollten." Sie zuckte die Schultern. „Ich glaube fest daran, dass Familie nicht unbedingt das ist, wo man hineingeboren wird. Vielmehr sind es die Menschen, die einem am nächsten stehen und immer für einen da sind."

„Das ist eine schöne Vorstellung. Mein Bruder gehört wirklich zur Familie. Er ist mein Fels in der Brandung und springt immer ein, wenn ich mal wieder einen Feuerlöscher brauche, weil ich Mist gebaut habe."

Langsam gingen wir zurück zum Parkplatz, denn es wurde immer dunkler um uns herum. Die Nacht schien schon an die Tür zu klopfen und um Einlass zu bitten.

„Inwiefern?", wollte Sophie wissen, und ich dachte an die unzähligen Male, in denen ich morgens völlig orientierungslos in einem fremden Bett aufgewacht war, mit einer – oder auch mehreren – nackten Frauen an meiner Seite, die mir komplett unbekannt vorkamen. Immer war es Martin gewesen, der sofort ins Auto gesprungen war, um mich zu retten, indem er den Frauen genug Geld anbot, damit sie die ganze Sache für sich behielten. Es hatte nicht immer geklappt, aber er hatte es wenigstens versucht.

„Nun ja. Mein Bruder war stets da, wenn was nicht nach außen dringen sollte. Manchmal habe ich mich ein bisschen mitreißen lassen von dem ganzen Partytrubel. Es ist schwer, so etwas ohne Alkohol oder so durchzustehen. Und ein paar Mal habe ich die Kontrolle verloren."

„Auch Drogen?", fragte sie stirnrunzelnd.

Warum sollte ich lügen? Ich wollte ehrlich zu ihr sein. „Ja, manchmal schon. Aber ich versuche immer, im Rahmen zu bleiben."

„Ich glaube nicht, dass man Drogen kontrollieren kann. Ist es nicht eher so, dass sie dich kontrollieren und alles an sich reißen, bis du dich selbst dabei verlierst?"

Ich lachte leise. „Hey, jetzt erzähl mir nicht, dass du noch nie was probiert hast. Bestimmt hast du schon mal was geraucht oder bei einer langen Clubnacht was reingeworfen. Das macht doch jeder, oder?"

Jetzt warf sie mir einen deutlich missbilligenden Blick zu. „In deiner Welt vielleicht, Jonas. Aber normale Menschen, die arbeiten und sich noch nicht den Verstand weggesoffen haben, kommen auch gut ohne das Zeug aus."

Holy Shit! Wenn das kein direkter Angriff auf meine Person war. „Sophie, das ist mein Leben. Du musst es nicht gut finden, aber vielleicht versuchst du wenigstens, ein bisschen nachsichtig mit mir zu sein? Solche Dinge gehören einfach dazu."

„Nein, ganz sicher nicht, Jonas, und tut mir leid, aber bei Drogen habe ich null Toleranz. Das Teufelszeug macht einen nur kaputt. Ich lasse die Finger davon, und das solltest du ebenso machen. Dazu gehören auch Medikamente, die man eigentlich gar nicht braucht. So etwas will und kann ich nicht akzeptieren. Das ist nicht meine Welt und wird es auch nie sein. Tut mir leid, aber das ist mir echt zu viel, so gern ich dich mag: Hier ziehe ich die Grenze."

„Wie bitte?", fragte ich verblüfft. „Und jetzt? Willst du etwa nichts mehr mit mir zu tun haben? Trotz des sensationellen Kusses und allem, was zwischen uns ist?" Ich fühlte mich, als wäre ich im freien Fall von meiner rosa Wolke hoch oben am Himmel auf die Erde gestürzt. So schmerzhaft war es also, von einer Frau enttäuscht zu werden? Ich hatte ja keine Ahnung gehabt.

Endlich waren wir auf dem Parkplatz angekommen. Ich schloss den Wagen auf und wollte zuerst einfach einsteigen und die Tür hinter mir zuschlagen. Doch dann überlegte ich es mir anders, schüttelte den Kopf, um zur Vernunft zu kommen, und hielt stattdessen Sophie die Tür auf. Ich mochte wütend und zutiefst enttäuscht sein, aber ich besaß immer noch Anstand und gute Manieren. Aber es wurmte mich, dass ich ihr das nicht von Anfang an gezeigt hatte. Bei unserer ersten Verabredung hatte ich ihr nur aus dem Auto zugewunken, was völlig untypisch für mich war – aber meine Nervosität zeigte.

„Bitte, steig ein“, sagte ich.

Sie nickte nur und ließ sich auf den Sitz fallen, erschöpft ... oder eher frustriert? Ich wusste es nicht, denn auf der ganzen Fahrt zurück zum Hotel sagte sie kein Wort. Erst bei der Verabschiedung sagte sie: „Ich muss in Ruhe über alles nachdenken und ruf dich morgen an. Tut mir leid, aber das hat mich jetzt wirklich umgehauen. Ich hasse Drogen und will nichts damit zu tun haben, auch nicht mit Leuten, die Drogen nehmen. Tschüss und danke trotzdem für den Tag.“ Sie wartete meine Antwort gar nicht erst ab, sondern stürmte regelrecht in Richtung Hoteleingang. Ich hatte den Eindruck, sie konnte gar nicht schnell genug von mir weg.

Na prima. Das war es dann wohl mit meinen Schmetterlingen im Bauch. Sie wurden einfach totgetrampelt.

* * *

Auf der Rückfahrt zum Ferienhaus fluchte ich immer wieder laut vor mich hin. So hatte ich mir den Tag mit Sophie wirklich nicht vorgestellt.

Wütend riss ich die Haustür auf und stürmte ins Wohnzimmer, wo Martin gerade wie ein Verrückter auf den Controller der Spielkonsole einhämmerte.

„Das verdammte Ding reagiert einfach nicht. Kein Wunder, dass ich ständig von Zombies gefressen werde. Komm, schnapp dir den anderen Controller und steig mit ein, Bruder. Sonst werde ich noch verrückt, ich brauche hier Unterstützung." Er sah nicht einmal auf, sondern klopfte neben sich auf die Couch.

Wortlos schlüpfte ich aus den Schuhen, pfefferte sie in die Ecke und warf die Jacke über die Sofalehne. Sie rutschte sofort herunter und fiel zu Boden. Wieder entfuhr mir ein Fluch, der garantiert nicht jugendfrei war. „Auch egal", dachte ich. „Wen kümmert's?"

Ein Blick in mein Gesicht genügte und Martin schien zu merken, dass etwas ganz und gar nicht stimmte. „Shit. Willst du darüber reden? Nein, deiner finsteren Miene nach zu urteilen wohl eher nicht. Okay, dann lass uns auf die Untoten ballern. Das ist super, um Dampf abzulassen, glaub mir."

Eigentlich war ich eher ein Fan von Autorennen und Strategiespielen, aber heute könnte Martin recht haben. Ich war in der perfekten Stimmung, um wild durch die Gegend zu ballern und nicht mehr an den Nachmittag zu denken.

Eine halbe Stunde später hatte ich mich etwas beruhigt. Wir spielten zu Ende und ich erzählte meinem Bruder alles.

„Junge, Junge," meinte er. „Ich sag's ja ungern, aber sie hat recht, und ich kann sie verstehen."

„Hä? Du jetzt auch noch?" Ich runzelte die Stirn. „Solltest du nicht auf meiner Seite sein, anstatt den Moralapostel zu spielen? Ich weiß, dass du keine Drogen anrührst, aber ich bin kein kranker Abhängiger oder so. Ich habe das im Griff und nehme nicht ständig Drogen, sondern nur, wenn ich im Partymodus bin, und dann auch nur für den Job."

„Jonas, mal ehrlich: Wenn du Medikamente oder Drogen brauchst, um deine eigene Musik und die Fans ertragen zu können, dann stimmt doch was nicht. Außerdem ist ‚nicht ständig' ein ziemlich dehnbarer Begriff. Seit wir auf Sylt sind, sehe ich dich zum ersten Mal seit Monaten clean und nicht irgendwie high. Du musst mir nichts vormachen, ich bin dein Bruder. Denk mal darüber nach, ob jetzt nicht der richtige Zeitpunkt ist, den Mist hinter dir zu lassen."

Zum Teufel, sogar mein eigener Bruder wandte sich gegen mich? Wütend warf ich ihm den Controller auf den Schoß und knurrte: „Du kannst dein dämliches Spiel alleine weiterspielen, ich bin raus.“

Dann verschwand ich in meinem Zimmer, natürlich nicht ohne die Tür lautstark zuzuknallen.

Sophie: Chance oder Traumschloss?

Ich schaffte es gerade noch, in mein Zimmer zu stürmen, mich aufs Bett zu werfen und mein Gesicht ins Kissen zu pressen, bevor die ersten Tränen herausflossen. Kurz darauf brach die Flut über mich herein und ich schluchzte, fluchte und weinte im Wechsel.

Und immer wieder fragte ich mich, ob ich mit meinem Urteil und meinen Worten nicht zu hart gewesen war. Warum musste ich immer so direkt sein und alles, was mir durch den Kopf ging, sofort rauslassen? Nur weil Jonas ab und zu Drogen nahm, war er doch noch lange nicht abhängig, oder? Wer war ich, ihn so zu verurteilen, ohne die ganze Geschichte dahinter zu kennen? Andererseits wusste doch jedes Kind, wie schädlich solche Substanzen sind. Ich meinte, was ich gesagt hatte: Ich wollte mit all dem nichts zu tun haben. Aber Jonas war mir bereits unter die Haut gegangen. Ich liebte die Gespräche mit ihm und genoss jede Sekunde in seiner Gegenwart.

Egal, wie kompliziert alles war und wie unwahrscheinlich eine gemeinsame Zukunft schien: Irgendein idiotisches Bauchgefühl sagte mir, dass es sich lohnte, für Jonas zu kämpfen. Er war nicht der oberflächliche Player, als den ihn die Medien darstellten. Ich lernte ihn als nachdenklichen, tiefgründigen und aufmerksamen

Menschen kennen. Zwischen uns hat es regelrecht geblitzt, so groß war die Anziehungskraft – zumindest von meiner Seite aus. Und ich hatte immer mehr das Gefühl, dass es ihm ähnlich ging. Wollte ich das alles wirklich ignorieren, nur wegen ein paar unbedachter Worte von ihm?

Wieder kam mir das Bild von den unzähligen Medikamentenschachteln und Plastikdöschen im Badezimmer in den Sinn. Das hatte ich mir nicht eingebildet, und ich konnte es mir nicht schönreden. Wie ich es auch drehte und wendete, ich kam einfach zu keiner Entscheidung – zumindest nicht heute. Morgen war schließlich auch noch ein Tag und vielleicht würde ich nach ein paar Stunden Schlaf endlich klar sehen und eine vernünftige Entscheidung treffen können. Wollte ich ihn wiedersehen? Oder das Kapitel mit ihm beenden und das Buch zuschlagen, bevor ich es richtig angefangen hatte?

Leider hatte ich das Gefühl, schon mittendrin zu sein und wollte, nein, musste unbedingt wissen, wie es weiterging.

* * *

Ich erwachte mit einem dumpfen Schmerz hinter der Stirn und hatte das Gefühl, keine Minute geschlafen zu haben, obwohl es neun Stunden gewesen waren. Mein Mund war staubtrocken, sodass ich erst einmal nach der vollen Wasserflasche auf dem Nachttisch griff und sie halb austrank. Aber ich fühlte mich keinen Deut besser.

Seufzend stand ich schließlich auf und schleppte mich ins Bad, doch auch nach einer ausgiebigen, heißen Dusche fühlte ich mich immer noch völlig fertig. Irgendwie verkatert, als hätte ich drei Nächte durchzecht. So antriebslos war ich sonst nur, wenn ich heftigen Liebeskummer hatte. Aber da ich Jonas erst seit ein paar Tagen kannte, konnte das wohl kaum der Fall sein, oder?

Mürrisch zog ich meinem Spiegelbild eine Grimasse. Ich sah mindestens so mies aus, wie ich mich fühlte. Na toll! „Warum sieht man dir immer genau an, wie es dir geht? Das ist unfair!", stöhnte ich laut vor mich hin. Manche Frauen sahen immer frisch aus, wie aus dem Ei gepellt. Bei mir war das anders: Mein Äußeres spiegelte leider mein Seelenleben wider, sodass ich nichts verbergen konnte. Meine dunklen Augenringe konnten es mit denen eines Pandabären aufnehmen, und meine Haare hingen strähnig und kraftlos herunter. Genau so sieht jemand aus, der einen Star datet, dachte ich ironisch.

Etwas später saß ich mit Onkel Javier beim Frühstück und er erzählte mir, dass er das Hotel in der nächsten Zeit etwas aufpeppen wolle.

„Es ist ziemlich in die Jahre gekommen und ich möchte etwas Modernes, das trotzdem gemütlich ist und zum Stil der Insel passt. Verstehst du, was ich meine?"

Ich nickte, und sofort schossen mir Ideen durch den Kopf. Ich sah weiße Stoffe, kombiniert mit ein paar marineblauen Farbtupfern und sandfarbenen Böden. Neulich hatte ich in einem Café in München große Steinfliesen in Holzoptik gesehen, die perfekt dazu passen würden. „Da fällt mir schon was ein. Soll ich dir ein paar Sachen aufschreiben, so als Ideensammlung?", fragte ich ihn.

So etwas hatte ich schon immer gerne gemacht, denn ich hatte ein Händchen für Design. Vor ein paar Jahren hatte ich einige Räume in Vaters Haus umgestaltet. Zuvor war es wirklich hässlich gewesen mit seinen dunkelbraunen, abgewetzten Ledermöbeln und den ebenso dunklen Schränken. Sogar seine damalige Freundin, von der er inzwischen getrennt lebte, hatte sich über die stickigen und muffigen Räume beschwert.

Aber da er nie Zeit hatte und ich damals knapp bei Kasse war, hat er mich beauftragt. Er wusste, dass ich alle Wohnungen meiner Freundin eingerichtet hatte, auch meine eigene. Es machte mir Spaß, die Persönlichkeit eines Menschen in die Gestaltung von Räumen einfließen zu lassen.

„Dein Vater hat einmal erwähnt, dass du Talent in dieser Richtung hast, und ehrlich gesagt hatte ich gehofft, dass du mir helfen würdest. Oder hast du wirklich gedacht, dass ich dich nur auf die Insel geholt habe, um die Zimmer zu putzen?"

„Ähm, eigentlich ja", antwortete ich verblüfft.

„Nein, in erster Linie wollte ich dich kennenlernen. Dein Vater hat schon so viel von dir erzählt und spricht nur in den höchsten Tönen von dir. Er liebt dich sehr."

Verwirrt sah ich ihn an. Hatte er das gerade nur gesagt oder glaubte er es wirklich? „Na ja, im Alltag merkt man das nicht. Wir telefonieren höchstens einmal in der Woche, ansonsten ist er immer im Stress und hat nie Zeit für mich. Die Arbeit geht bei Vater stets vor."

„Hm, das erklärt, warum du so selten von deinem Vater sprichst." Javier sah mich mit einem traurigen Ausdruck in den Augen an, dann seufzte er. „Mein Bruder hat den Tod deiner Mutter nie verwunden. Als sie viel zu jung an einem Herzinfarkt starb, ist auch etwas in ihm gestorben, fürchte ich. Sie war seine große Liebe, das musst du wissen. Die beiden waren seit ihrer Kindheit unzertrennlich."

„Aber er hat nie von ihr gesprochen und alle alten Fotoalben in einer Kiste auf dem Dachboden verstaut, nur wenige Monate nach ihrem Tod. Ich weiß das noch genau, denn ich habe damals nächtelang darüber geweint. Ich hatte das Gefühl, er wollte sie so schnell wie möglich vergessen, als hätte es Mama nie gegeben."

Javier runzelte die Stirn. „Mein Bruder ist ein guter Kerl, aber anders als der Rest unserer Familie trägt er sein Herz nicht auf der Zunge. Wenn er leidet, verschließt er sich vor der Welt, selbst vor seinem einzigen Kind. Das tut mir sehr leid für dich, denn ich habe den Eindruck, dass er für dich als Vater nicht wirklich präsent war. Aber eines musst du mir glauben: Er liebt dich."

„Na, dann kann er es ja gut verbergen." Ich kämpfte gegen die aufsteigenden Tränen an und war sehr erleichtert, als ich gewonnen hatte.

„Sophie", sagte Javier, streckte seine Hand über den Tisch und legte sie beruhigend auf meine. „Wir haben nur dieses eine Leben, und wir müssen das Gute schätzen - und die Familie respektieren. Also versuche, dich nicht zu sehr auf das Negative zu konzentrieren, das macht nur bitter. Du bist jetzt hier auf Sylt. Glaub mir, von jetzt an wird alles besser. Du bist nicht mehr allein, du hast ja mich. Und so, wie ich dich einschätze, wirst du im Nu auch die Herzen der anderen Insulaner erobern und Freundschaften schließen."

„Danke, das ist lieb von dir", brachte ich schließlich hervor und schluckte den Kloß in meinem Hals hinunter. „Aber ich bin nur sechs Wochen hier, vergiss das nicht."

Mein Onkel lächelte auf diese allwissende Art, die ich seit dem ersten Tag an ihm mochte. „Das haben schon viele gedacht und sich dann so in Sylt verliebt, dass sie nie wieder weggegangen sind."

Jetzt musste ich leise lachen. „Aber ich werde wieder weggehen, glaub mir. Mein Job ist mir wichtig und mein Leben ist in München."

„Ja, das war es bisher." Wieder lächelte er geheimnisvoll.

Schon klar, ich würde ihn heute nicht mehr vom Gegenteil überzeugen können. Wir plauderten noch eine Weile über dies und das und Javier gab mir ein paar Tipps, was ich auf Sylt unbedingt unternehmen sollte. Dabei bekam ich so ein komisches, warmes Gefühl im Bauch. Er schien sich wirklich für mich zu interessieren und zeigte mir das jeden Tag - das war ich nicht gewohnt, aber es war eine schöne Abwechslung. Warum konnte mein Vater nicht ein bisschen mehr wie er sein?

Plötzlich hob Javier den Finger. „Weg mit den düsteren Gedanken, Sophie. Genieße jeden Tag und erkenne das Gute in den kleinen Dingen. Das ist der wahre Schlüssel zum Glück."

Ups, anscheinend kannte er mich bereits ziemlich gut und hatte mir die erneuten Grübeleien angesehen. Andererseits war das bei mir wohl nicht schwer. Nini sagte immer, sie könne mir alles vom Gesicht ablesen und ich könne nie ein Gefühl vor ihr verbergen, womit sie eigentlich recht hatte.

Eines hatte mein Onkel auf jeden Fall erreicht, denn meine

Laune war deutlich besser als beim Aufstehen. Fröhlich ging ich an die Arbeit und unterhielt mich in den Pausen angeregt mit den anderen Mitarbeiterinnen. Nach Schichtende ging ich auf die Sonnenterrasse und setzte mich auf einen der hübschen blau-weiß gestreiften Liegestühle. Ich zog mein Handy aus der Tasche und starrte es an. Sollte ich Jonas anrufen? Aber was genau wollte ich ihm überhaupt sagen? Hatte ich mich entschieden, ob ich ihn weiterhin sehen wollte?

Der begehrteste junge Partysänger Deutschlands interessierte sich für mich, eine unbedeutende Erzieherin. Und mir fiel nichts Besseres ein, als ihn abzuweisen?

Ich schaute auf den einige hundert Meter entfernten Strand und ließ meinen Blick ratlos über die unendliche Weite schweifen. In meiner Verzweiflung begann ich, die sanften Wellen zu zählen, die rhythmisch den Sand berührten, als wollten sie ihn küssen.

Plötzlich ertappte ich mich dabei, wie ich mir mit dem Finger über die Lippen fuhr und an den Kuss dachte. Aber es war auch unglaublich unfair! Wie konnte dieser Kerl so gefühlvoll und zärtlich küssen und mir damit Hoffnung machen? Denn das war nicht nur irgendein Kuss, nein, es war die Andeutung, dass aus Jonas und mir mehr werden könnte als nur ein harmloser Sommerflirt.

Sollte ich das wirklich im Keim ersticken? In mir erwachte die Angst, dass ich diese Entscheidung, egal wie sie ausfiel, mein Leben lang bereuen würde. Wenn ich alles beendete, bevor es richtig begonnen hatte, war ich dann nicht ein echter Hasenfuß und hatte mir die Chance auf das große Glück verbaut? Noch nie hatte ein Mann in mir solche Gefühle ausgelöst wie Jonas. Noch nie hatte mich ein anderer Mensch so fasziniert. Und trotzdem, oder vielleicht gerade deswegen, könnte das mein Untergang sein. Ein gebrochenes Herz heilte nur langsam und schmerzhaft - und die Chance, dass es gebrochen wurde, war hundertmal größer als die Chance auf ein echtes Happy End.

Gute zwanzig Minuten später saß ich immer noch da und starrte ratlos auf mein Smartphone. Heilige Makkaroni, was sollte ich tun? Nicht einmal mit Nini wollte ich jetzt darüber reden, abgesehen davon, dass sie sowieso gerade arbeiten musste und bestimmt keine Zeit hatte.

Weitere fünf Minuten später hielt ich das Grübeln nicht mehr aus, sprang auf und eilte in mein Zimmer, um meine Badehose zu holen. Schließlich war ich hier im Urlaub und sollte meine Zeit genießen. Onkel Javier hatte recht: Man lebt nur einmal, eine zweite Chance gibt es nicht. Als ich ankam, wartete schon das Mädchen auf mich, das ich neulich kennengelernt hatte. Fröhlich winkte sie mir zu. „Hey Sophie, willst du dich zu mir legen?"

Zuerst zögerte ich, aber dann sah ich, dass sie nicht auf einer der teuren Liegen lag, sondern auf ihrem Handtuch direkt auf dem Sand. Das fand ich unheimlich sympathisch, es zeigte, wie unkompliziert sie war. Also ging ich lächelnd auf sie zu und breitete mein Strandlaken neben ihr aus. „Hallo Mia, schön, dich wiederzusehen."

Ich zog meine schwarzen Jeansshorts und mein mintgrünes Top aus und legte mich neben Mia. Nach einer Weile siegte meine Neugier. „Darf ich dich was fragen?"

Sie schob ihre Sonnenbrille mit dem Finger etwas höher auf die Nase und spähte darunter hervor. „Das war schon eine Frage, jetzt hast du keine mehr frei."

Ich riss die Augen auf und starrte sie an, aber da fing sie auch schon an zu kichern.

„Hihi, Scherz! Du brauchst mich nicht zu fragen, ob du etwas fragen darfst."

Erleichtert strich ich mir die Haare zurück und begann sie zu flechten, damit das Meerwasser sie später nicht zu sehr austrocknen konnte. „Der Strandabschnitt hier gehört zum Hotel. Aber ich habe dich dort noch nie gesehen. Bist du woanders untergebracht?"

Mia nickte und band sich ebenfalls die Haare zusammen. Es war ein warmes Goldblond, das wunderschön in der Sonne schimmerte. „Ja, ich komme von der Insel und mache hier mit meiner

Mutter Urlaub. Sie arbeitet im Hotel, deshalb darf ich auch den Strand benutzen, das dürfen alle Familien der Angestellten."

Jetzt war ich neugierig. „Wie heißt denn deine Mutter? Und in welcher Abteilung arbeitet sie?"

Mia verzog das Gesicht. „Na ja, wir stehen uns nicht besonders nahe. Seit ich weggezogen bin, sehen wir uns nur noch selten und streiten uns meistens. Vielleicht hast du schon mal von ihr gehört: Gertrud Hinrichs. Sie ist die Hauswirtschaftsleiterin im Hotel und hat manchmal echt Haare auf den Zähnen."

„Gertrud?" Verwirrt schnappte ich nach Luft. Die eher rundliche, oft mürrische Gertrud, die ständig irgendetwas schimpfte, war Mias Mutter? „Ja. Deiner Reaktion entnehme ich, dass du sie kennst ... und vielleicht schon fürchtest." Sie verzog das Gesicht. „Sie ist wirklich streng, zu Hause übrigens auch. Und sie weigert sich krampfhaft, einigermaßen verständlich zu sprechen, weil sie total am Dialekt festhält. Das ist einer von vielen Gründen, warum sie sauer auf mich ist: Ich spreche kaum noch Söl'ring, seit ich in Berlin wohne."

„Söl... was?" Das Wort war mir unbekannt.

„Söl'ring, so nennen wir unseren Dialekt auf Sylt", erklärte Mia.

„Äh, ich dachte immer, das heißt Platt oder norddeutsch", warf ich ein.

„Ha, lass das mal bloß keinen Insulaner hören, die sind da nämlich eigen." Mia lachte. „Außer mir natürlich, aber ich lebe auch schon seit vielen Jahren nicht mehr hier und sehe mich daher nicht als Einheimische."

„Ach so", meinte ich. „Aber ist es nicht so, dass man die alte Heimat immer liebt – egal wo man später lebt?"

„O nein, ganz bestimmt nicht, das kann ich dir mit Sicherheit sagen", rief sie aufgebracht. „So schön die Landschaft hier auch ist, ich war froh, endlich von Sylt wegzukommen. Das alles hier", sie breitete die Arme aus, „kann furchtbar beengend sein. Diese Kleinstadtmentalität ist echt erdrückend. Jedenfalls habe ich das damals so empfunden. Inzwischen habe ich aber furchtbares Heimweh nach der Landschaft."

Ich blickte aufs Meer und konnte nicht glauben, was ich da hörte. Natürlich war Sylt schließlich nur eine Insel und nicht mit einer Großstadt zu vergleichen. Aber Mia klang, als wäre es früher die Hölle für sie gewesen. Das konnte ich gar nicht glauben. Es sei denn ... jemand hatte ihr wahnsinnig wehgetan. Was auch immer damals passiert war, so war ich schließlich eine Wildfremde für sie, der sie garantiert nicht gleich ihr Herz ausschütten wollte. Und so wie sie gerade aufstand und sich den Sand von den Armen rieb, war das Thema für sie wohl endgültig erledigt.

„Was ist denn heute mit dir los?", fragte sie nach einer Weile. „Du wirkst irgendwie bedrückt, als würde dich etwas belasten."

Statt zu antworten, zeichnete ich mit dem Finger Linien und Kurven in den Sand, um mich zu beruhigen. Sollte ich ihr wirklich erzählen, was mich bedrückte? Andererseits ... ich würde Mia nach diesem Sommer wahrscheinlich nie wiedersehen, also konnte ich ihr genauso gut mein Herz ausschütten. Möglicherweise half mir das, die Dinge klarer zu sehen und eine Entscheidung zu treffen. Und vielleicht könnte Mia mir daraufhin auch ihre Probleme anvertrauen. Nur die Sache mit Jonas' Berühmtheit bzw. seinem Beruf sollte ich wohl besser nicht erwähnen. Immerhin ging es hier um seine Karriere und ich wollte nicht, dass wegen mir etwas von seinen Schwierigkeiten an die Öffentlichkeit gelangte.

Also schüttete ich ihr mein Herz aus, sagte aber nur, dass Jonas einen sehr stressigen Beruf hatte. Außerdem gab ich ihm in der Geschichte einen anderen Namen. „Ben hat einen extrem anstrengenden Job, den er nicht einmal gerne macht, glaube ich. Aber er verdient sehr gut, deshalb will er nicht alles hinschmeißen. Er meint, sein Beruf verlange von ihm, dass er mit ... äh ... seinen Kunden feiert. Jedenfalls scheint er einen sehr lockeren Umgang mit Alkohol, Medikamenten und wohl auch Drogen zu haben", berichtete ich ihr. „Und damit kann ich nicht umgehen, mit diesem zerstörerischen Zeug will ich nichts zu tun haben. Früher oder später macht es nicht nur den Konsumenten kaputt, sondern zieht auch sein Umfeld mit hinein. Jo... sorry, Ben würde lieber in einer, äh, anderen Abteilung arbeiten, wo er mit ruhigeren Themen zu tun hat." Ach du Schande, ich merkte selbst, wie sehr ich stammelte und konnte nur hoffen, dass Mia keinen Verdacht schöpfte.

Sie schaute mich über den Rand ihrer Sonnenbrille an. „Aber dann ist ja alles klar. Ich meine, der Typ ist Gift für dich und wahrscheinlich für alle Frauen. Lass die Finger von ihm, das kann gefährlich werden. Stell dir vor, der rutscht immer tiefer in den Sumpf und baut Scheiße oder verkehrt mit kriminellen Leuten. Davon solltest du dich wirklich fernhalten."

Ich nickte, war aber nur halb so entschlossen, wie ich klang. Schließlich ging es hier um Jonas, den ersten Mann, der so intensive Gefühle in mir wecken konnte. Und doch hatte sie wohl recht, hier sollte mein Verstand entscheiden, nicht mein Herz. „Ich glaube, ich brauche jetzt dringend eine Abkühlung", rief ich und sprang auf. „Wer als Letzte im Wasser ist, spendiert der anderen nachher ein Eis."

Mia grinste. „Super Idee. Auf die Plätze, fertig, los!"

Wir rannten beide, als wollten wir einen Geschwindigkeitsrekord aufstellen, aber ich konnte einen Vorsprung herauslaufen. Kurz vor dem Wasser warf ich einen triumphierenden Blick über die Schulter zurück, stolperte und landete der Länge nach im Sand. Igitt, mein Mund war jetzt voll davon und ich hustete, schnaufte und spuckte, um die Sandladung loszuwerden. Mia hingegen eilte davon. Na toll, ich bot also einen so furchterregenden Anblick, dass sie das Weite suchte? Zu allem Überfluss begannen meine Augen zu brennen.

„Hier, nimm das", hörte ich Mia plötzlich sagen und spürte etwas Feuchtes und Kühles auf meinen Augen. Vorsichtig wischte sie mir den Sand aus dem Gesicht und drückte mir eine Plastikflasche in die Hand. „Nimm ein paar Schlucke in den Mund und spuck alles wieder aus. Danach spülst du deine Augen mit dem

Wasser aus. Bald wird es dir besser gehen“, sagte sie mitfühlend. Zum Glück half es und ich konnte meine Augen wenigstens wieder einen Spalt weit öffnen, ohne dass sie wie Feuer brannten. „Komm, ich bring dich zur Stranddusche, die ist nur hundert Meter entfernt“, flüsterte sie mir zu und hakte sich bei mir unter.

Tatsächlich kamen wir bald an und erleichtert konnte ich mir all den störenden Sand abduschen und meine Augen gründlich auswaschen. „Danke, Mia. Du warst echt meine Rettung.“ Herzlich lächelte ich sie an. „Hast du immer noch Lust zu schwimmen?“

„Klar, und wie.“ Mia lächelte mich an.

Ich war unendlich erleichtert, wieder klar sehen zu können und freute mich auf ein kühles Bad im Meer. „Aber dieses Mal gehen wir es langsamer an, okay? Sonst weiß ich nicht, ob ich dir nachher noch das wohlverdiente Eis spendieren kann.“

„In Ordnung. Dann lassen wir den Wettkampfgedanken beiseite und schlendern gemütlich rein. Mein Eis ist mir nämlich heilig“, sagte Mia und zwinkerte mir zu.

Nach ausgiebigem Schwimmen und Herumalbern aßen wir später noch gemütlich unser Eis. Dabei hatte ich so viel Spaß, dass ich endlich auf andere Gedanken kam und nicht mehr ständig Jonas vor Augen hatte. Mia und ich tauschten unsere Handynummern aus, damit wir uns bald mal wieder treffen konnten.

Doch kaum hatte ich mich von ihr verabschiedet und mich auf den Weg zum Hotel gemacht, war plötzlich alles wieder da und meine Laune sank in den Keller - nein, eher bis zur Erdmitte. Ich hatte versprochen, Jonas anzurufen. Aber ... was zum Geier sollte ich ihm sagen, wenn ich mir selbst über nichts mehr im Klaren war?

Jonas: Im Sinkflug

Seit Stunden versuchte ich mich abzulenken, aber ich starrte wie hypnotisiert auf mein Smartphone. Mehrmals hatte ich schon kontrolliert, ob ich es nicht versehentlich auf lautlos gestellt hatte ... oder ob der Akku leer war. Aber nein, mit dem Gerät war alles in Ordnung - im Gegensatz zu mir. Langsam musste ich mir eingestehen, dass ich es total versaut hatte ... und dieses Mal endgültig.

Sophie würde nicht anrufen.

Meine Gedanken drehten sich wie ein Karussell in Hypergeschwindigkeit. Mal dachte ich, dass sie das alles zu eng sah, schließlich war ich ja nicht süchtig oder so, dann wieder gab ein Teil von mir ihr recht. Ja, das ganze synthetische Zeug war Mist und hatte in meinem Körper nichts zu suchen. Aber hey, seit ich auf der Insel war, hatte ich nichts mehr genommen, bis auf die Schlaftabletten gestern Abend. Und die brauchte ich wirklich, sonst hätte ich heute Nacht kein Auge zugetan.

Leider fühlte ich mich ziemlich schlapp. Aber nahm ich deshalb etwas ein, um mich wieder aufzumuntern? Nein! Das zeigte mir, dass ich auf dem richtigen Weg war. Wieder zappte ich mich durch die unzähligen Streaming-Plattformen und fand einfach nichts, was meine Aufmerksamkeit fesselte. Sophie war die Hauptdarstellerin in meinem Kopfkino und keine noch so gute Schauspielerin konnte sie ersetzen.

Zwei Stunden später gab ich die Hoffnung auf. Sie wollte nicht anrufen, sie hatte kein Interesse mehr an mir. Schließlich hielt es mich nicht mehr auf dem Sofa. Ich sprang auf und ging zu meinem Keyboard, das in der Ecke stand. Tja, mit Sophies Unterricht würde es wohl nichts mehr werden, oder? Zuerst klimperte ich nur ein bisschen darauf herum, aber dann schoss mir eine Melodie in den Kopf. Ich spielte sie immer wieder und nahm schließlich ein Notenblatt zur Hand, um sie aufzuschreiben. Es klang wirklich schön. Hm, vielleicht könnte ich etwas daraus machen, denn das hörte sich nach einer tollen Choruszeile an.

Eine halbe Stunde später hatte ich sogar die perfekte Melodie für die Strophen gefunden und summte den Refrain laut vor mich hin.

Eine Bridge wollte ich auch noch einfügen, doch dafür fehlte es mir jetzt an Geduld. Immerhin schwebten mir bereits einige englische Textzeilen im Kopf herum, die ich rasch auf ein separates Blatt kritzelte. Dann summte ich noch einmal alles, was ich bisher geschrieben hatte, in die Diktierapp meines Handys und seufzte erleichtert auf. Musik war Balsam für mein Gefühlsleben. Schon ging es mir ein wenig besser.

Dennoch blieb dieser Schatten auf meiner Seele. Sophie wollte nichts mehr mit mir zu tun haben, weil ich es nicht wert war. Ich war nur der lustige Typ, der Gute-Laune-Lieder trällerte und in die Kamera lächelte, mehr nicht. Einer meiner unzähligen One-Night-Stands hatte mir mal gesagt, ich sei eben kein Boyfriend-Material und unzuverlässig. Gut möglich, dass sie nur sauer auf mich war, weil ich sie nicht zu einem Date ausführen wollte, aber irgendetwas in mir sagte mir, dass viele das Gleiche dachten. Wieder spielte ich das unfertige Lied auf dem Keyboard und sang diesmal sogar ein paar Zeilen.

Will I ever be enough for anyone?
Or am I just the guy with the cute smile and funny
songs
But way too many wrongs?
My smile is just a show, 'cause I can't let you go.
Common sense tells me to leave you forever behind
But my heart still wants to kiss you one more time.

Genau in diesem Moment klingelte es an unserer Haustür. Was war das? Hatte Martin den Schlüssel vergessen? Nein, das sah ihm gar nicht ähnlich, er war sonst nicht so nachlässig, sondern der Strukturierte unter uns Brüdern.

Merkwürdig.

Also stand ich auf und öffnete die Tür einen Spalt. Doch vor mir stand nicht Martin, sondern eine wunderschöne Frau mit langen dunklen Haaren und seegrünen Augen. Verlegen lächelte sie mich an. „Hey Jonas, können wir reden? Hast du Zeit?"

Verwirrt hielt ich für ein paar Sekunden den Atem an. Gab es doch noch Hoffnung für uns? War sie deswegen gekommen? Ein Anruf hätte wohl auch ausgereicht, um mir einen Korb zu geben, oder? Sie hätte sich bestimmt nicht extra die Mühe gemacht, persönlich vorbeizukommen.

Sophie schien meine Verblüffung missverstanden zu haben, denn sie schüttelte den Kopf und machte auf dem Absatz kehrt. „Tut mir leid, ich komme wohl ungelegen. Ich hätte vorher anrufen sollen, sorry."

„Nein, nein", rief ich viel zu laut und griff nach ihrem Arm wie ein Ertrinkender nach dem Rettungsring. „Bleib, bitte! Du kommst nicht ungelegen, ich habe immer Zeit für dich."

Ich öffnete die Tür weit und trat zur Seite, um Sophie hereinzulassen. „Bitte komm rein, setz dich. Möchtest du etwas trinken?

Kaffee oder Tee? Oder lieber Wasser ... oder Saft. Vielleicht einen heißen ...?“

Sie unterbrach meinen Redeschwall: „Ein Glas Wasser wäre schön. Danke.“

O nein, ich stellte mich an wie ein unsicherer Teenager. *Reiß dich zusammen, Jonas*, befahl ich mir innerlich. „Dann eben ein Wasser. Kommt sofort“, stieß ich schließlich hervor und stürmte in die Küche. Mit zitternden Händen öffnete ich den Schraubverschluss der Flasche und goss den Inhalt bis zum Rand in ein Glas. Dann brachte ich es ihr und stellte es auf den Wohnzimmertisch.

Sie kniff die Augen zusammen, dann sah sie erst zum Tisch, danach wieder zu mir und wirkte seltsam unschlüssig. „Äh, könnten wir auch draußen auf der Terrasse sitzen? Etwas frische Luft wäre gut, denke ich.“

„Klar, kein Problem“, sagte ich schnell und öffnete die Schiebetür zur Sitzecke draußen. Dort stellte ich ihr Glas ab.

Wir setzten uns, sie nahm einen Schluck und verzog sofort das Gesicht. Irritiert starrte ich auf ihr Glas. „Was ist denn los? Stimmt etwas nicht mit dem Mineralwasser?“

„Äh, doch, es ist in Ordnung. Aber das ist kein Wasser, das ist klare Limo. Ich habe nur nicht erwartet, dass es so süß schmeckt.“

Meine Güte, ich schien wirklich ein nervliches Wrack zu sein. Was machte ihre Anwesenheit mit mir? „O Mann, tut mir leid, ich bin ein schlechter Gastgeber.“ Ich versuchte es mit der Wahrheit: „Tut mir leid, aber ich bin so nervös, weil du hier bist, dass ich wohl aus Versehen die Flaschen verwechselt habe. Ich selbst mag das süße Zeug nicht, aber Martin ist regelrecht verrückt danach.“

Sophie zuckte bei meinen letzten Worten zusammen, erst da wurde mir klar, was ich gesagt hatte. Mist, das war total daneben gewesen. Ich sollte wirklich meine Wortwahl überdenken, denn „süchtig“ hatte sie wohl an den Grund unseres Streits erinnert. Ich schüttelte den Kopf über mich selbst. „Ich bin gleich wieder da“, sagte ich und griff nach ihrem Glas, doch sie legte ihre Hand auf meine.

„Nein, das ist nicht nötig. Ich bin deinetwegen gekommen. Trinken kann ich später. Lass uns lieber reden, das ist viel wichtiger."

O Mann, das klang nicht gut. Eher so, als wollte sie mir in mitleidigem Ton sagen, dass wir nicht zusammenpassen ... oder so ähnlich. „Ähm, ja, okay. Was wolltest du mir denn sagen, Sophie?" Ich sprach leise und hörte selbst, wie zittrig ich klang. So viel zum Thema Star, am Ende waren wir doch nur Menschen voller Komplexe und Unsicherheiten.

Sie schwieg eine Weile, dann deutete sie ins Wohnzimmer. „Was war das vorhin für ein Lied? Entschuldige, ich wollte dich nicht belauschen, aber dein Fenster war offen. Ich glaube nicht, dass ich den Song kenne."

„Ach den", winkte ich ab. „Nein, ich habe nur ein bisschen was ausprobiert."

Mit offenem Mund starrte sie mich an. „Der ... ist von dir? Das kann doch nicht dein Ernst sein!"

Okay, Begeisterung klang anders. War das Lied wirklich so schlecht? „Ähm, das war nur ein erster Versuch, ich weiß, dass es besser geht. Das war nur ein bisschen Geklimper, mehr nicht."

Jetzt machte sie große Augen. „Du willst mich doch auf den Arm nehmen, oder? Hast du wirklich keine Ahnung, wie schön das klingt? Das Lied ist wunderschön, richtig toll. Und deine Stimme klang so gefühlvoll und hatte so viel Tiefe, das war einfach unglaublich. Warum zum Teufel singst du nicht deine eigenen Songs? Das klang echt hundertmal besser als die Songs, die man sonst von dir kennt."

Ich räusperte mich. Mit so viel überschwänglicher Begeisterung hatte ich wirklich nicht gerechnet. „Tja, das will keiner von mir hören, das ist nicht mein üblicher Stil."

„Dann solltest du dringend darüber nachdenken, das zu ändern. Was ich gerade gehört habe, klingt viel mehr nach dir als Partymusik. Das hat unheimlich viel Tiefe und Gefühl. Ehrlich, wenn das eine Single wäre, würde ich sie hundertmal am Tag streamen, nein, was soll ich sagen, ich würde mir sofort das ganze Album kaufen. Hast du noch mehr Songs wie diesen?“, fragte sie.

„Na ja, ein paar schon, aber die sind nur persönlich, nichts für die Öffentlichkeit. Niemand will etwas über mein Seelenleben wissen, noch dazu auf Englisch - von einem deutschen Schlagersänger.“

„Direkt Schlager ist es ja nicht, was du machst. Da denke ich an andere, nein, das ist eher Partymusik, oder?“

Verlegen nickte ich. „Ja, schon, aber man kann es auch als Schlager bezeichnen.“

„Dann lade doch mal einen kurzen Clip deiner englischen Songs auf Social Media hoch und warte ab, wie die Reaktionen sind.“

Ich schüttelte vehement den Kopf. „Nein. So funktioniert das nicht. Das Label würde mich lynchen, weil das meinem Ruf schaden könnte. Außerdem ist das rechtlich sicher kompliziert. Ich kann nicht einfach mit etwas ganz anderem kommen, wenn ich bei ihnen unter Vertrag stehe. Sonst kündigen sie mir oder verklagen mich. So was würde bestimmt passieren.“

Sie runzelte die Stirn. „Hm, dann erkundige dich zumindest mal. Frag jemanden, der sich damit auskennt. Der Song, den ich gerade gehört habe, ist jedenfalls wunderschön und nichts für die Schublade. Die Leute müssen es hören. Sie werden ihn lieben.“

Argh, ich widersprach ihr zwar nicht, dachte mir aber meinen Teil. Sicherlich war das keine Option. Oder etwa doch? Wen könnte ich denn fragen? Bisher hatte Jessica alles Rechtliche mit meinem Label geklärt, ich selbst spielte nur brav meine Rolle, kannte mich aber mit Vertraglichem null aus. War das ein weiterer Fehler? „Vielleicht gibt es da jemanden, den ich fragen kann. Mal sehen.“ Ich lächelte, obwohl mir nicht danach zumute war. Wieso fühlte es sich derart gut und schlecht zugleich an, über neue Wege nachzudenken?

„Es ist normal, Angst vor Veränderungen zu haben", sagte sie leise und drückte meine Hand. „Wichtig ist, dass man es trotzdem versucht. Nichts bleibt für immer gleich, alles wandelt sich. Wenn du stehen bleibst, wirst du eines Tages überrollt – und sei es nur von deinen eigenen Gefühlen."

„Wie verdammt noch mal kannst du nur so jung und gleichzeitig derart weise sein?", fragte ich sie.

„Ich mag zwar jung sein, aber garantiert nicht annähernd so weise wie mein Onkel Javier", platzte sie heraus. „Manchmal kommt er mir vor wie einer dieser uralten, sehr weisen Zauberer, die dem jungen Märchenhelden mit Rat und Tat zur Seite stehen."

„Das klingt spannend, ich würde ihn gerne kennenlernen", sagte ich, bevor ich darüber nachdenken konnte.

„Also, was das angeht …" Plötzlich zog sie die Hand zurück und versteifte sich merklich. „Deswegen bin ich eigentlich gekommen, um mit dir über uns zu reden und ob es Sinn macht, dass wir uns weiter treffen."

Nein, nein, nein, ich wollte es einfach nicht hören, denn ich wusste, was jetzt kommen würde: eine Abfuhr.

„Warte, bevor wir weiterreden, muss ich dir etwas zeigen. Kommst du bitte kurz mit nach oben?" Ich sprang auf und streckte ihr meine Hand entgegen.

Sie zögerte kurz, ergriff sie dann aber zu meiner Erleichterung. „Ja. Wenn es nicht zu lange dauert. Ich muss dir nämlich etwas Wichtiges sagen."

„Ich weiß", murmelte ich. „Aber es geht schnell, versprochen." Mir war eine spontane Eingebung gekommen, wie ich Sophie doch noch davon überzeugen konnte, mir eine Chance zu geben. Ich eilte in die Küche, zog etwas aus einer Küchenschublade und steckte es in meine Hosentasche. Sophie folgte mir die Treppe hinauf ins Badezimmer.

Ich blieb vor dem Spiegelschrank stehen. „Du hast ja schon gesehen, was sich in meiner kleinen Hausapotheke angesammelt hat. Nun, es ist so: Seit ich dich kenne, brauche ich das alles nicht mehr. Du hattest recht, Sophie. Das Zeug ist Gift für mich und ich will nichts mehr davon nehmen. Von jetzt an ist Schluss damit!" Theatralisch öffnete ich die beiden Klapptüren des Hängeschranks und zog eine Mülltüte aus meiner Hosentasche. Nun begann ich, das ganze Sammelsurium an Schachteln und Dosen mit der Hand vom Regal zu wischen, sodass es direkt in der Tüte landete. „Ich werfe das alles weg. Ich brauche es nicht mehr. Du bist die einzige Droge, die ich will, Sophie."

Ungläubig schaute sie mich mit weit aufgerissenen Augen an. „Du willst das wirklich alles wegwerfen? Einfach so? Bist du dir da sicher?"

„Hundertprozentig. Ich würde alles für dich tun, Sophie, wenn du mir nur noch eine Chance gibst. Bitte! Da ist etwas zwischen uns, das wichtiger ist als alles andere. Du und ich, wir wären ein tolles Team, meinst du nicht?" Inzwischen hatte ich den Schrank ausgeräumt, den Müllsack zugeknotet und ihr in die Hand gedrückt. „Hier, den kannst du wegwerfen. Dann weißt du, wie ernst ich es meine. Ich werde so etwas nie wieder anrühren, das verspreche ich dir." Sie schaute auf den Beutel in ihrer Hand und dann zu mir. „Ist das wirklich alles? Mehr hast du nicht im Haus?"

„Äh, doch, noch eine Packung Schlaftabletten im Schlafzimmer und Aspirin in der Küchenschublade. Warte, ich hole sie, kein Problem."

Jetzt lächelte sie: „Nein, ich glaube, das brauchst du nicht. Jeder nimmt ab und zu Schmerztabletten, das ist doch nicht schlimm. Und Schlaftabletten für den Notfall sind auch in Ordnung, denke ich." Ihre Augen begannen zu strahlen und mit einem Mal wirkte sie wie ausgewechselt. Fröhlich und hoffnungsvoll - genau wie ich. „Kannst du mir vielleicht das Lied vorspielen, das ich vorhin gehört habe, als ich vor deiner Tür stand? Das musst du natürlich nicht, aber es würde mir sehr viel Spaß machen, dir dabei zuzusehen, wie du es spielst und dazu singst."

In diesem Moment wusste ich, dass wir eine echte Chance hatten. Drogen waren für mich von nun an tabu. Dann würde ich meine Nerven vor den Auftritten von nun an eben anders beruhigen. Und es wäre doch gelacht, wenn ich nicht auch mit Cola feiern könnte. Das mussten die Fans akzeptieren. Sophie hatte recht. Es war meine Entscheidung.

Und um sie für mich zu gewinnen, würde ich alles tun.

Sophie: Rosa Wolken

Ich weiß nicht, welches Gefühl in diesem Moment überwog: unbändige Freude, Erleichterung oder Hoffnung. Von nun an konnte alles gut werden, das spürte ich. Ich beschloss, den Müllsack später mitzunehmen, wenn mich Onkel Javier abholen würde. Er war wirklich nett und hatte mich hierher gefahren, ohne eine einzige Frage zu stellen.

Er sagte nur: „Sophie, wann immer du mich brauchst, ich bin für dich da." Das beeindruckte mich noch mehr als die Tatsache, dass er alles stehen und liegen gelassen hatte, um für mich den Chauffeur zu spielen. Außerdem bot er an, mich jederzeit wieder abzuholen, egal zu welcher Uhrzeit.

Ich glaube, er hatte einfach gespürt, wie verzweifelt ich war. Nach dem Gespräch mit Mia hatte ich beschlossen, die Sache mit Jonas zu beenden. Ich war so verrückt nach ihm, dass ich Angst hatte, durch ihn in etwas hineingezogen zu werden, aus dem ich nicht mehr heil herauskommen würde. Er hatte das Potenzial, mir das Herz zu brechen - und zwar so endgültig, dass ich Angst hatte, mich nie wieder davon zu erholen.

Aber jetzt hatte er mir gezeigt, dass all meine Ängste und Befürchtungen umsonst gewesen waren. Wer sich so schnell von diesen Substanzen trennen konnte, war unmöglich abhängig davon, oder? Es wäre ihm sonst nie so leicht gefallen. Außerdem tat er es für uns, damit wir eine gemeinsame Zukunft hatten - oder zumindest die Chance, uns besser kennenzulernen. Für mich war das ein echtes Liebesgeständnis ... nein, eigentlich war es sogar mehr als das. Er sagte nicht nur Worte, sondern zeigte mir durch seine Taten, wie wichtig ich ihm war. Was konnte ich von einem Mann mehr erwarten?

Gerade waren wir auf dem Weg nach unten ins Wohnzimmer, wobei er mich aber an der Hand hielt, immer wieder stehen blieb und mich mit so viel Wärme im Blick ansah, dass mein Herz bis zum Anschlag klopfte. Verflixt, diese braunen Augen hielten mich gefangen, sahen tief in mich hinein und schienen mich für immer an Jonas zu fesseln. Ich konnte ihm nicht widerstehen und musste es nun auch nicht – darüber war ich unheimlich froh.

Er zog einen Stuhl neben seinen Keyboardhocker und fuhr sich ein paar Mal mit der Hand durch seine zerzausten Locken. Dann bedeutete er mir, mich zu ihm zu setzen. „Es ist noch lange nicht perfekt und nur eine grobe Version des Songs, der es einmal werden wird, aber ich habe es für dich geschrieben“, sagte er. „Wobei, nein, das ist nicht ganz richtig, es ist auch ein Lied über meine Gefühle und darüber, was du in mir auslöst.“

Sein Brustkorb hob und senkte sich mehrmals deutlich, dann schloss er für einige Sekunden die Augen und blickte auf die Seiten seines Notenheftes. Als er die ersten Töne anschlug, konnte ich förmlich sehen, wie ein Ruck durch ihn ging und er sich entspannte. Sein Blick war plötzlich hellwach, seine Finger glitten mühelos über die Tastatur des Keyboards und als er leise zu singen begann, war ich völlig gefesselt. Es war, als würde er mir mit diesem Lied einen Blick in sein Innerstes gewähren. Es waren nicht seine Worte, die mich so berührten, sondern die Kombination aus gefühlvollen Melodien, wunderschönen Akkorden und sanft gehauchten Tönen, die sich immer mehr steigerten und in einem hochemotionalen Refrain gipfelten. Hingebungsvoll lauschte ich, beobachtete abwechselnd die Bewegungen seiner Finger und den verletzlichen Ausdruck seines Gesichtes.

Das zwischen uns war längst mehr als nur Spaß oder ein lässiger Sommerflirt. Wenn es sich so anfühlte, mit dem Feuer zu spielen, dann wollte ich das nie wieder missen.

Als die letzten Töne verklungen waren, drehte er langsam sein Gesicht zu mir und sah mich an, während er heftig an seiner Unterlippe nagte. Jonas war unsicher, und das machte mich noch verliebter in ihn, als ich es ohnehin schon war.

Hals über Kopf ... *full heart, full stopp.*

War es nicht genau das, wovor Nini mich gewarnt hatte? Wieder einmal machte ich mich angreifbar, indem ich alle Vorsicht über Bord warf und mich auf einen Mann einließ, den ich noch nicht lange kannte. Aber andererseits gab es wohl keinen größeren Liebesbeweis, als das, was er mir heute gezeigt hatte.

„Wie gefällt dir der Song?", fragte er leise und musterte konzentriert mein Gesicht. „Ich muss noch ein paar Sachen ändern und viele Passagen komplett austauschen, der Text ist auch nicht ganz rund, aber ... gefällt er dir?"

Ich atmete tief durch, schloss kurz die Augen und beschloss, keine Angst mehr zu haben. „Ich liebe dieses Lied. Er ist perfekt für mich - genau wie du."

Seine Augen wurden groß, blitzten kurz auf, dann verdunkelten sie sich, und ich sah eine Sehnsucht darin, die ich auch tief in mir spürte. Ich legte meine Hand auf die Stelle, unter der sein Herz lag, und fühlte es schlagen. Mit zitternden Fingern strich er über meine Wange, zärtlich und leicht wie die weichste Feder, die ich mir vorstellen konnte. Als er sich zu mir herab beugte, tat er es bewusst und ohne Hast. Nach einer gefühlten Ewigkeit trafen seine Lippen die meinen, und von diesem Moment an spielten meine Gefühle verrückt. Kein Nerv in mir blieb unberührt, jede Zelle in meinem Körper reagierte auf seine Berührung - zumindest kam es mir so vor. Es war kein Kuss, sondern ein zärtliches Versprechen, das er mir gab.

„Du bist alles, wovon ich je geträumt habe", flüsterte er mir ins Ohr, bevor wir uns weiter diesem himmlischen Traum hingaben, der Wirklichkeit geworden war. Immer wieder sog er geräuschvoll die Luft ein und stieß sie leise stöhnend aus. Ich schloss die Augen und ließ mich von seinen zärtlichen Berührungen treiben, jede Faser meines Seins wurde von dieser liebevollen Intimität ergriffen. Seine Finger hinterließen eine Spur von Wärme auf meiner Haut, die bis in mein Herz ausstrahlte. Ich wagte einen weiteren Blick in seine schokoladenbraunen Augen und war verloren, denn sie zeugten von einer unfassbaren Tiefe, die alle Nerven in mir zum Vibrieren brachte und mich nach Luft schnappen ließ. Nach einer Weile hob er mich scheinbar mühelos hoch, als wöge ich kaum mehr als eine Feder, und legte mich sanft auf dem riesigen Sofa ab. Er beugte sich zu mir, malte mit den Fingern Kreise auf meinen Bauch, die mir immer wieder einen wohligen Schauer über den Rücken jagten, und begann leise zu sprechen.

Jonas erzählte mir von seiner Angst, nicht gut genug zu sein, nicht für die Bühne, nicht für mich, nicht für irgendjemanden auf der Welt. Er hatte ständig Versagensängste und in den letzten Jahren sogar regelrechte Panikattacken, bei denen er kaum noch Luft bekam. Bisher hatte er sich aber immer geweigert, sich deshalb behandeln zu lassen. Er erzählte mir auch von seiner Tendenz, wegzulaufen, wenn ihm etwas nahe ging oder er Probleme hatte.

„Dann kann ich nicht mehr denken", sagte er, „und will nur noch weg. Bei mir ist es so, dass ich manchmal glaube, viel zu viel zu fühlen und dann wieder gar nichts. Ich verstehe mich oft selbst nicht. Zum Beispiel habe ich ab und zu Kontakt zu meiner Mutter, wir telefonieren und skypen, aber ich habe sie schon lange nicht mehr besucht und weiß nicht genau, warum. Der Nachbar und ehemalige Freund meines Vaters war mir immer näher als meine Eltern. Ich vertraue ihm auf eine seltsame Art und Weise. Denn manchmal macht mir diese Nähe auch Angst, *er* macht mir Angst – und ich weiß nicht, warum. Weißt du, stellenweise habe ich regelrecht Panik, dass ich verrückt werde. Ich traue mich nicht, mit jemandem darüber zu reden, weil er vielleicht genauso denkt. Aber mit dir ist das anders. Bei dir kann ich ganz ich selbst sein und muss nicht den ewig Lächelnden spielen, der sein Leben fest im Griff hat. Denn wenn ich allein bin, weit weg von meinen Fans und dem ganzen Social-Media-Kram, ist von dem Glamour und der aufgesetzten Fröhlichkeit nichts mehr übrig. Dann bekomme ich richtig Panik."

Meine Brust wurde eng und ich spürte, wie meine Augen feucht wurden. Wer hätte gedacht, dass er so viel Kummer und Leid in sich trug, so viele Ängste ertragen musste und sie nur selten aussprach? Es war sehr wichtig, wie ich jetzt reagierte, aber ich fühlte mich seltsam verloren. Mach nichts, schlag ihn nicht vor den Kopf, schärfte ich mir ein, während ich mir die nächsten Worte gut überlegte.

„Du bist nicht verrückt, Jonas, und es tut mir in der Seele weh, dass du Angst davor hast, wie andere reagieren. Ich glaube, du hast in deinem Leben schon viel durchgemacht und konntest es nie verarbeiten. Ninis Cousine Vicky zum Beispiel hatte eine schreckliche Kindheit. Es ging ihr lange Zeit richtig schlecht, ohne dass sie wusste, warum. Seit einem Jahr ist sie bei einer tollen Therapeutin in Behandlung. Sie sagt, dass diese Frau ihr Leben nicht nur verändert, sondern sogar gerettet hat. Vielleicht wäre das auch etwas für dich? Du könntest mit jemandem über alles reden, ohne Angst haben zu müssen, verurteilt zu werden."

Eine Weile schwieg er, dann sagte er: „Ich weiß nicht, das habe ich vor Jahren schon einmal versucht, aber nach ein paar Sitzungen wieder aufgegeben. Der Typ ging mir mit seinen ständigen Fragen auf die Nerven. Und danach ging es mir jedes Mal mieser als vorher."

„Manchmal geht es einem erst schlechter, bevor es besser wird", sagte ich. „Alte Wunden müssen bisweilen aufbrechen, damit sie endlich richtig heilen können. Aber was weiß ich schon davon? Ich bin keine Psychologin. Vielleicht war er einfach nicht der richtige Therapeut für dich. Es gibt bestimmt andere, bei denen du ein besseres Gefühl hast. Warum versuchst du es nicht noch einmal und suchst dir jemanden, bei dem du dich wohlfühlst und dem du vertraust?“

„Dir vertraue ich. Und dir habe ich gerade viel mehr erzählt als jedem anderen auf der Welt. Nicht einmal mein Bruder weiß alles. Aber das liegt daran, dass du etwas ganz Besonderes bist. Du bist das, was mir immer gefehlt hat. Immer war da diese nachtschwarze, bodenlose Leere in mir, die mich von innen auffrisst. Aber seit ich dich kenne, wird sie jeden Tag kleiner. Du strahlst so viel Licht und Lebensfreude aus, dass es auf mich abfärbt.“

Jonas bedeckte meinen Bauch mit zärtlichen Küssen, dann die Rippen, bevor er schließlich zu meinen Brüsten kam. Seine Bewegungen wurden fordernder und ich spürte seinen schnellen Atem an meinem Ohr.

„Sophie, ich habe mich in dich verliebt. Von dem Moment an, als ich dich blass unter dem Leuchtturm liegen sah, kamst du mir wie eine zauberhafte Erscheinung vor. Eine wunderschöne, märchenhafte Fee, die mir plötzlich zu Füßen lag. Ich glaube, das war kein Zufall, das war Schicksal. Meinst du nicht auch?“

Ich kicherte leise, froh, dass er nicht mehr so traurig aussah. „Du meinst, der Leuchtturm hat Magie, er hat uns zusammengeführt? Sozusagen eine Partnervermittlung in Leuchtturmform? Tut mir leid, Jonas, aber ich glaube, deine Fantasie spielt mit dir.“

„Meine Fantasie nicht, aber etwas anderes schon“, flüsterte er in mein Ohr und jagte mir damit einen Schauer nach dem anderen über den Rücken. Noch nie hatte ich jemanden so sehr gewollt oder mich so intensiv zu einem Mann hingezogen gefühlt. Das Ausmaß machte mir ein wenig Angst, andererseits genoss ich es.

Ich wollte ihn – mit allem, was er zu geben bereit war. Seinen Körper, seine Zuneigung und vor allem sein Herz. Aber etwas störte mich. Nachdenklich blickte ich auf das riesige, bis zum Boden reichende Fenster. Was, wenn sich ein Spaziergänger hierher verirrte oder sein Bruder Martin plötzlich im Wohnzimmer stand?

„Gibt es hier irgendwo einen Platz, wo wir unbeobachtet sein können?“, fragte ich und deutete schüchtern auf das Fenster.

Ein Lächeln umspielte seine Lippen. „Ja, natürlich, mein Schlafzimmer im ersten Stock. Aber du solltest wissen, dass ich dort garantiert nicht die Finger von dir lassen kann. Ich bin verrückt nach dir und würde dir das liebend gerne zeigen.“

Uuh, ein extrem intensives Verlangen kroch meinen Rücken hoch, zog und zerrte an meinen Nerven. Ich wollte Jonas nicht nur spüren, ich musste es - jetzt, ich konnte nicht länger warten. „Okay, zeig es mir. Jetzt gleich.“ Lächelnd stand ich auf und zog ihn hinter mir her die Treppe hinauf. Wo sich unsere Hände berührten, glühte meine Haut förmlich.

Ich war kurz davor, mich zu verbrennen. Und es machte mir nichts aus. Jo Beck mochte ein Star sein. Aber für mich war Jonas der Einzige, dem ich meinen Körper gab ... und meine Seele ... und mein Herz. Ich war ihm hilflos ausgeliefert und konnte nur hoffen, dass er mich nicht eines Tages satthatte und mir den Todesstoß versetzte.

Denn mit ihm konnte ich Hunderte Meter hoch fliegen, das wusste ich - aber noch viel, viel tiefer fallen.

Als wir am Fußende des Bettes standen, wurde ich plötzlich nervös, und er schien es zu merken.

„Bist du wirklich bereit dafür? Willst du das, Sophie?“

Ich ging zu ihm und legte meine Hand auf seine Wange. „Ich will es mehr, als ich jemals etwas anderes gewollt habe, Jonas. Ich habe nur ein bisschen Angst vor dem, was danach kommt. Du bist nicht irgendein Typ von nebenan, das habe ich inzwischen begriffen. Deine Fans werden mich in Stücke reißen, wenn sie von uns erfahren.“

Er zog mich an sich und legte beide Arme fest um meine Taille. „Das müssen sie nicht, wir können es als unser kleines Geheimnis bewahren – wenn du das willst. Was zwischen uns ist, geht da draußen niemanden etwas an. Nur du bist mir wichtig."

Wieder versank ich in der Verheißung seiner leuchtenden Augen und atmete hastig ein und aus. Ich wusste, was jetzt kommen würde. Und ich war bereit.

Und dann ... küsste er mich.

Hart.

Diesmal hielt er nichts zurück, aber ich wankte nicht und fühlte mich auch nicht unwohl. Ich wollte, dass er alles gab, und genau das tat er. Seine Lippen trafen aggressiv auf meine, und ich erwiderte die Küsse mit noch größerer Intensität. Unsere Zungen rieben wild aneinander, drehten sich umeinander, pressten sich aneinander. Hungrig, getrieben und voller brennender Leidenschaft vergaßen wir alles um uns herum. Plötzlich biss Jonas mir sanft in die Lippe, was mich noch verrückter machte und mich vor Lust aufstöhnen ließ.

Wir ließen uns aufs Bett fallen und ehe ich mich versah, hatte er mir schon die Kleider vom Leib gerissen. Nun lag ich nackt und schutzlos vor ihm.

„Bitte tu mir nicht weh", flüsterte ich und meinte damit keine körperlichen Schmerzen.

„Niemals", versprach er mit rauer Stimme und küsste mich wieder wie ein Verhungernder. Die Energie zwischen uns hatte sich gewandelt. Aus purer, reiner Zärtlichkeit war ein brennendes Verlangen geworden, das mich mehr und mehr verzehrte. „Sieh mich an", befahl er plötzlich, und seine Augen wirkten schwarz wie die Nacht, als er mich fixierte. Ich schluckte. Unsicher, verlegen, nicht wissend, was nun kommen würde.

„Du bist das faszinierendste Wesen, das mir je begegnet ist. Schöner als ein Hollywoodstar, strahlender als jede Supernova und mit einem reineren Herzen als jeder Marvel-Superheld. Lass dich also niemals von Zweifeln leiten. Für mich bist du die Einzige, die zählt. Ich weiß, dass du Angst hast, dass es kein Happy End gibt, aber vielleicht gibt es eins. Vielleicht sind wir füreinander bestimmt, und wenn wir das hier richtig machen, wird alles gut. Vertraust du mir?"

Ich nickte. „Ja, das tue ich." *Wahrscheinlich mehr, als gut für mich ist*, fügte ich in Gedanken hinzu.

„Wenn ich liebe, kleine Leuchtturmfee, dann tue ich es von ganzem Herzen. Ohne Zögern, ohne Plan B, ohne Umkehr. Jetzt kannst du noch gehen. Also frage ich dich ein letztes Mal: Willst du das wirklich?"

Mir war plötzlich seltsam mulmig zumute, aber in dem Moment regierte nicht mein Kopf, sondern ganz allein mein Herz, ohne sich all der Konsequenzen bewusst zu sein, die auf mich zukamen. Ich wollte ihn. Punkt. Alles andere war mir jetzt egal. Bezüglich Jonas hatte ich schon so viele meiner Grenzen überschritten, dass es nun sowieso einerlei war. Nini würde mich anbrüllen, wenn sie wüsste, was ich hier tat. Doch es kümmerte mich nicht. Nur noch Jonas zählte.

„Gut. Dann schließ die Augen und genieß es!"

Und in diesem Moment wusste ich, dass ich fallen würde, aber ich verdrängte den Gedanken an den Aufprall einfach aus meinem Kopf. Es war zu schön, um wahr zu sein, aber ich wollte es trotzdem in vollen Zügen genießen.

Mit vollem Herzen - ohne Pause. *Full heart - no stop.*

Ich bekam kaum Schlaf in dieser Nacht, was mich jedoch nicht, oder eher – ganz und gar nicht – störte.

Als der Morgen graute und die ersten Strahlen des Tageslichts durch den Vorhang drangen, verliehen sie seinem Gesicht einen fast surrealen Glanz. Schön wie ein Gemälde, mit feinen Linien, vollen Lippen, einer geraden Nase und schelmisch funkelnden Augen erinnerte mich Jonas an den Prinzen aus einem alten

Märchenbuch, das ich den Kindern oft vorlas. Ich konnte nicht anders, als ihn anzustarren und jeden Millimeter seines Gesichts für immer in meinem Gedächtnis zu speichern.

„Guten Morgen“, flüsterte er. Seine Stimme klang rau und sein Lächeln ließ mich förmlich dahinschmelzen.

„Guten Morgen“, antwortete ich ebenfalls und hatte Mühe, das aufgeregte Kribbeln in meinem Körper einigermaßen unter Kontrolle zu halten, bevor es auch mein Gehirn übernahm. Dennoch konnte ich das zufriedene Grinsen nicht verhindern, das sich gnadenlos auf meinem Gesicht ausbreitete, als wäre ich ein Kind, das gerade die größte Eistüte der Welt vor sich hatte.

„Hast du gut geschlafen?“, fragte er jetzt mit einer Stimme wie Karamell.

Ich grinste breit. „Nein, überhaupt nicht. Ich hatte Besseres zu tun, als zu schlafen.“

Jonas lachte und es klang so hell und fröhlich, dass mir augenblicklich warm ums Herz wurde. „Ja, ich finde auch, dass man in deiner Gegenwart nicht schlafen muss.“

„Na ja, ewig können wir das Tempo nicht durchhalten“, kicherte ich.

„Ewig interessiert mich nicht“, antwortete er zu meiner Verblüffung. „Nur du zählst, hier und jetzt.“

„Hey“, sagte ich leise. „Was ist aus dem Grübler geworden, der ständig alles und vor allem sich selbst infrage stellt?“

„Ach, der muss sich hinten anstellen.“ Jonas grinste breit. „Mit dir hier, so nah bei mir, fühlt sich alles richtig an.“ Und dann, nach einer kleinen Pause: „Mit dir wird alles anders, von jetzt an wird alles gut.“

Ich wünschte mir von ganzem Herzen, dass seine Worte wahr würden. Doch tief in mir stach ein kleiner spitzer Dorn in meine Glücksblase. *Ich kann nicht alles in Ordnung bringen,* dachte ich. *Ich bin nicht sein Wundermittel gegen Schmerz, Wut und Trauer. Ich bin nur … ich.*

Und obwohl mir dieser Gedanke unheimlich war, schluckte

ich mehrmals und lächelte dann breit. „Ja, alles wird gut. Ganz bestimmt."

„Lass uns heute den ganzen Tag zusammen verbringen", schlug er plötzlich vor. „Wir kuscheln uns aufs Sofa, machen Musik und gehen stundenlang am Strand spazieren - Arm in Arm."

„Aber ich muss arbeiten", protestierte ich.

„Nein, dir geht es nicht gut. Du hast heute kaum geschlafen und wirkst irgendwie ... abgelenkt, verwirrt ... ehrlich, du solltest dich wirklich krankmelden", sagte er mit einem schelmischen Grinsen.

Mich krankmelden und meinen Onkel anlügen? Nein, das kam mir falsch vor, so ein Mensch war ich nicht.

„Ach, vergiss die Skrupel", sagte er. „Ich melde mich schon seit Wochen krank, um Luft zu bekommen. Meine Managerin glaubt, dass ich eine schwere Lungenentzündung auskuriere."

„Aber das ist doch gelogen", warf ich ein, und plötzlich fühlte sich mein Mund an, als hätte gerade eine Wüste darin ihr neues Zuhause gefunden.

„Manchmal braucht man kleine Notlügen, du kleiner Moralapostel", entgegnete er und kniff mich neckisch in die Nase. „Komm schon, tu es mir zuliebe. Dein Onkel kommt auch mal einen Tag ohne dich aus."

„Ja, aber darum geht es nicht. Er und ich haben eine Abmachung und er kommt mir sowieso immer entgegen."

„Sophie, willst du denn gar keine Zeit mit mir verbringen? War diese Nacht auch nichts Besonderes für dich?" Plötzlich wirkte er geknickt, richtig enttäuscht.

Sofort überkam mich ein schlechtes Gewissen. Ich wollte nicht, dass er sich meinetwegen mies fühlte oder dachte, er sei mir nicht wichtig. „Natürlich möchte ich bei dir bleiben. Gib mir eine Minute, dann kläre ich das, okay?"

„Alles, was du willst. Solange du nicht wie ein One-Night-Stand abhaust, ist mir das recht." Er zog sich die Decke bis zur

Nasenspitze hoch und sah dabei so süß aus, dass ich am liebsten da weitergemacht hätte, wo wir vor einer Stunde aufgehört hatten. Trotzdem quälte ich mich aus dem Bett, schnappte mir frech sein T-Shirt und schlüpfte hinein. Es endete knapp über meinen Knien und sah aus wie ein lässiges Sommerkleid.

„Nicht bewegen", ermahnte ich ihn. „Ich bin gleich wieder da, und dann will ich eine Zugabe, *Piano Man*."

„Piano Man? Ist das jetzt dein Spitzname für mich?" Er lachte herzlich, und sein Lachen klang wie eine wunderbare Melodie in meinen Ohren.

„Klar, passt doch wie der Deckel zum Topf." Ich schnappte mir mein Handy und ging langsam rückwärts zur Tür, ohne den Blick von ihm abzuwenden. Bei allen Göttern, er sah derart happy und knuffig aus, dass es mir den Atem raubte, wenn ich ihn nur ansah.

„Du weißt aber schon, dass ich dir auf dem Keyboard vorgespielt habe? Das Ding mit dem Ständer darunter und dem Stromstecker?"

„Klar weiß ich das. Aber ich finde Piano Man irgendwie heißer", sagte ich, warf ihm einen Kuss zu und eilte ins Bad, wo ich die Tür hinter mir schloss. Mein Herz hämmerte laut in meiner Brust und ich musste erst einmal tief durchatmen und mir die Haare richten. Ich sah so aus, wie ich mich fühlte: irgendwie erwachsener … und unglaublich glücklich.

Verwundert blickte ich in den Spiegel: Was war das für ein Funkeln in meinen Augen und warum hatte meine Haut diesen besonderen Glanz? Hm, man könnte fast meinen, ich hätte heute Nacht meine Unschuld verloren, aber in Wirklichkeit war das schon viele Jahre her. Trotzdem fühlte ich mich anders. Die Nacht mit ihm hatte etwas in mir verändert, das ich nur schwer in Worte fassen konnte. Selbst jetzt, wo ich nicht mehr im selben Raum mit ihm war, sah ich sein Lächeln deutlich vor mir und dachte an all die Dinge, die er heute Nacht mit mir gemacht hatte.

Seine Hände schienen überall gleichzeitig gewesen zu sein …

seine Lippen hatten jeden Zentimeter meines Körpers erforscht und er hatte mein Herz vollkommen erobert. Es war nicht einfach nur Sex gewesen, nein. Vielmehr fühlte es sich an wie eine Verschmelzung, als wären wir von nun an für immer miteinander verbunden. O weh, das klang echt kitschig, aber es traf genau das, was ich fühlte.

Seufzend spritzte ich mir etwas kaltes Wasser ins Gesicht und versuchte verzweifelt, mich zusammenzureißen, was nur ansatzweise gelang. Meine Knie fühlten sich nach dieser Nacht wackelig an und überhaupt hatte ich das Gefühl, mich nicht mehr auf meine Beine verlassen zu können. Jeden Moment könnten sie nachgeben und ich würde unsanft auf dem Boden landen. Also setzte ich mich auf einen Badezimmerhocker und tippte auf Onkel Javiers Kontaktnummer. Es war erst sieben Uhr morgens, aber er nahm sofort ab.

„Sophie, ist alles in Ordnung? Geht es dir gut?“, ertönte seine besorgte Stimme. „Ich habe vorhin bei dir geklopft, aber ich glaube, du hast mich nicht gehört.“

„Ähm, ich bin gar nicht nach Hause gekommen. Genau darüber wollte ich mit dir reden.“

„Sophie, du musst mir keine Rechenschaft ablegen. Genieß dein Leben, du bist jung und frei und kannst machen, was du willst. Hattest du denn“, er kicherte leise in sich hinein, „eine angenehme Nacht?“

Mann, ich mochte diesen Mann jeden Tag mehr. Inzwischen war er wirklich so etwas wie eine Vaterfigur für mich. „Danke, ja, meine Nacht war sehr kurz, aber wunderschön.“ Hatte ich das tatsächlich gerade meinem Onkel gesagt? O weh, bei meinem Vater hätte ich mich das niemals getraut.

„Das freut mich sehr, mi querida niña.“

Zwar verstand ich kaum Spanisch, aber immerhin wusste ich, dass es so etwas wie *Mein liebes Mädchen* hieß.

„Möchtest du dir heute freinehmen, Sophie?“, fragte er zu meiner Überraschung. „Ich habe zwar ein Treffen geplant, um ein bisschen über die Renovierung des Zimmers nachzudenken, aber das können wir auch auf morgen verschieben."

„Nein", beeilte ich mich zu sagen. „Aber wäre es okay, wenn ich erst um 13 Uhr komme? Würde das passen? Ich arbeite dann am Wochenende länger."

„Nein, das musst du nicht. Aber klar, es reicht auch, wenn du um 14 Uhr kommst, davor habe ich sowieso genug zu tun und unser neues Personal ist endlich eingetroffen. Du kannst es in den nächsten Tagen also ruhiger angehen lassen und dich voll und ganz auf deine Ideenfindung zur Renovierung konzentrieren."

„Danke, Onkel Javier, du bist echt ein Schatz."

Wieder lachte er. „Ich glaube, das Wort Onkel können wir ab jetzt weglassen, ich komme mir sonst so alt vor. Und ich stehe doch noch in der Blüte meines Lebens und bin dabei, mich selbst neu zu entdecken."

Oha, das klang spannend. „Von deiner Selbstfindung musst du mir nachher unbedingt mehr erzählen – nach der Arbeit natürlich." Wieder dachte ich daran, was für ein Glück ich hatte, ihn als Onkel zu haben und ihn jetzt näher kennenzulernen. Ich wünschte nur, das wäre schon vor Jahren passiert - wer weiß, vielleicht wäre unser Verhältnis dann wirklich so eng wie das einer Tochter zu ihrem Vater.

Wir beendeten das Gespräch und mir fiel ein, dass ich Vater noch kurz schreiben sollte. Schnell öffnete ich WhatsApp und tippte:

> Hey Papa, mir geht es gut und Onkel Javier ist superlieb zu mir. Ich hoffe, es geht dir auch gut? Liebe Grüße, Sophie.

Okay, das klang vielleicht etwas steif, aber so war es zwischen uns schon immer gewesen. Wir hatten diese Distanz zwischen uns, die meist wie ein riesiger Elefant im Raum stand. Sollte ich kurz duschen oder erst zu Jonas zurückgehen? Ich entschied mich für Letzteres, denn unter die Dusche konnten wir auch später noch zusammen springen.

Als ich zurückkam, flog ich sofort in seine ausgebreiteten Arme und wir erkundeten uns weiter. Erst Stunden später duschten wir gemeinsam und konnten auch da kaum die Finger voneinander lassen. Jonas besaß eine regelrechte Duschgel-Kollektion und wir probierten alle Sorten aus, was nicht nur Spaß machte, sondern auch zu viel Körperkontakt führte. Ich konnte diesem Mann und seinem umwerfenden Lausbubencharme einfach nicht widerstehen.

Jonas: Erwachen

Als sie kurz zum Telefonieren wegging, hatte ich ein komisches Gefühl in der Magengegend. Was, wenn sie gleich wieder ins Hotel wollte und nicht so viel Lust auf Nähe hatte wie ich? Ach, was sagte ich, Lust war das falsche Wort. Ich musste sie jetzt unbedingt bei mir haben. Diese Nacht war anders gewesen als alles, was ich kannte. Sophie war ehrlich, direkt, witzig und gleichzeitig sensibel. Ich musste ihr nichts vorspielen, ich konnte ganz ich selbst sein. Und ich war so verrückt nach ihr, dass es wie eine Sucht war. Wenn sie jetzt gegangen wäre, weiß ich nicht, wie ich das ausgehalten hätte.

Aber zum Glück war sie in meine Arme zurückgekehrt und jetzt wieder bei mir - na ja, zumindest bis 14 Uhr, denn dann musste sie zurück ins Hotel. Aber bis dahin war noch genug Zeit, um das Gefühl der Vertrautheit in vollen Zügen zu genießen. Nach ein paar Stunden würde mir die Trennung von ihr sicher nicht mehr so viel ausmachen. Und später würden wir uns vielleicht wiedersehen, das war jedenfalls meine große Hoffnung.

Nachdem wir die Kissen und Decken wieder zum Erröten gebracht hatten, seiften wir uns unter der Dusche gegenseitig ein und konnten auch dort kaum eine Sekunde die Finger voneinander lassen. Bildete ich mir das alles nur ein, oder beruhte diese unglaubliche Anziehungskraft auf Gegenseitigkeit? Als Sophie gerade die frisch gewaschene Kleidung anzog, die sie nach dem Regenpicknick neulich bei mir gelassen hatte, erschien ein breit grinsender Martin in der Küche.

„Bruderherz, die Kleine scheint dir ganz schön den Kopf verdreht zu haben. Vielleicht solltest du deine Auszeit hier auf Sylt verlängern und mehr Zeit mit ihr verbringen. Ich habe das Gefühl, dass sie dir guttut. Jedenfalls hab ich dich schon lange nicht mehr so glücklich gesehen, du strahlst breiter als der Junge auf der Kinderschokoladenpackung."

Wie gut mein Bruder mich doch kannte! „Ja, die geht mir unter die Haut, Mann."

„Was ist in dem Müllsack da drüben?", fragte er und deutete in die Ecke, wo der schwarze, zugeknotete Plastiksack lag.

„Das sind meine ganzen Medikamente. Die brauche ich jetzt nicht mehr."

„Einfach so?" Stirnrunzelnd sah er mich an. „Ich meine, versteh mich nicht falsch, ich fände es toll, wenn du von dem Scheiß wegkommst. Aber mal ehrlich, du wirfst dir das Zeug doch schon seit Jahren ein. Bekommst du keine Entzugserscheinungen, wenn du plötzlich gar nichts mehr nimmst?"

„Quatsch, ich bin nicht süchtig. Jetzt, wo ich Sophie habe, komme ich locker ohne die Tabletten aus."

Martin murmelte nur etwas vor sich hin und nickte. Trotzdem hatte ich das Gefühl, dass er mir nicht ganz glaubte. Ha, als ob es so schwer wäre, ohne Tabletten auszukommen! Schließlich hatte ich meinen Konsum schon vor ein paar Tagen extrem heruntergeschraubt, da konnte ich auch gleich ganz darauf verzichten. „Du hast heute Morgen nicht zufällig ein paar Brötchen mehr mitgebracht?", fragte ich und deutete auf die Bäckertüte in seiner Hand.

„Aber natürlich habe ich das. Da es nicht zu überhören war, dass du seit gestern Abend Besuch hast, habe ich gleich noch ein paar Sylter Seelen mitgebracht. Ich weiß doch, wie sehr du die

Hefestangen liebst. Und dein Besuch“, sagte er mit einem breiten Grinsen, „muss nach der anstrengenden Nacht ja ziemlich erschöpft sein. Deshalb habe ich noch ein paar friesische Brötchen gekauft.“

„Super. Danke, Mann!“ Ich strahlte ihn an. „Du kannst dich gerne zu uns setzen, ich habe schon Kaffee gemacht.“

Martin verzog das Gesicht. „Und euch zwei Turteltauben beim Knutschen zusehen? Nein, danke. Ich bin zurzeit Single, da ist die Gefahr groß, eifersüchtig zu werden. Aber ich wünsche euch ein schönes Frühstück!“ Beim letzten Wort machte er mit den Fingern Gänsefüßchen in der Luft.

„Raus hier, du bist unmöglich!“, rief ich lachend und drohte ihm spielerisch mit dem Buttermesser.

„O ja, ich habe solche Angst. Ich bin schon weg.“ Martin eilte glucksend aus der Küche.

Kaum war er gegangen, kam eine verschlafen aussehende Sophie herein. Ihr Lächeln war so umwerfend, dass mir fast die Kaffeetasse aus der Hand fiel, die ich gerade auf den Tisch stellen wollte.

„Es riecht himmlisch hier.“ Sie hielt ihre niedliche Stupsnase hoch und schnupperte. „Kaffee könnte ich gut gebrauchen. Gerne literweise oder auch intravenös.“ Sie kam auf mich zu, legte ihre Arme um mich und vergrub ihr Gesicht in meinem Hemd. „Du riechst aber noch tausendmal besser, Jonas.“

„Mich gibt es leider nicht in flüssiger Form, also solltest du vielleicht etwas essen und trinken, um deine Reserven wieder aufzufüllen.“

„Hör mal, so erschöpft bin ich auch nicht.“ Sie rümpfte die Nase. „Ich bin jung und dynamisch, eine durchgemachte Nacht zwingt mich noch lange nicht in die Knie.“

„Wenn es bei den Küssen geblieben wäre, vielleicht. Aber das war Hochleistungssport pur, den wir heute Nacht betrieben haben“, gab ich lächelnd zu. „Ja, aber auch der schönste Sport der Welt. Von mir aus können wir uns jeden Abend so auspowern“, lachte sie, gähnte aber gleich darauf hinter vorgehaltener Hand. „Sorry, ich bin ein bisschen müde. Aber es hat sich auf jeden Fall gelohnt."

Glücklich lächelte ich und bemerkte das Gefühl von Düsenjets, die in meinem Inneren zu schwirren schienen. „Wollen wir uns nachher noch mal hinlegen?", fragte ich. Wir setzten uns beide hin und nahmen gleichzeitig etwas aus dem Brotkorb, wobei sich unsere Hände berührten. Plötzlich wurde mir heiß und kalt zugleich. „Mädchen, was machst du mit mir?", flüsterte ich und sah ihr tief in die Augen.

„Das fragst du ausgerechnet mich?" Sie gab mir einen leichten Stups auf die Nase. „Tut mir leid, aber vor der Arbeit lege ich mich nicht mehr hin. Ich weiß nicht, ob ich dann überhaupt noch von dir loskomme. Du bist wie ein Klebstoff für mich. Aber wie wär's mit einem Spaziergang am Strand? Muscheln suchen und so, eng umschlungen natürlich, anders geht es nicht. Du weißt schon, wegen der Klebstoffsache."

„Liebend gern", antwortete ich, beugte mich über den Tisch und gab ihr einen sanften Kuss.

Heute war es ziemlich kühl und windig, deshalb hatte ich zu meiner dunklen Jeans und dem weißen Hemd noch eine schwarze Lederjacke angezogen. Sophie bekam meine kuscheligste Jacke und sah richtig süß darin aus, weil sie ihr natürlich viel zu groß war und bis zu den Knien reichte.

Mit strahlenden Augen sah sie mich an. „Weißt du, dass ich dich jetzt wieder anmachen könnte? Der Geruch deiner Lederjacke, deine wilden Locken und dein umwerfendes Lächeln machen es mir unmöglich, auch nur einen Zentimeter Abstand von dir zu halten."

Ich grinste sie breit an und verließ eng umschlungen mit ihr das Strandhaus. „Gut zu wissen, dass Lederjacken diese Wirkung auf dich haben. Hm, vielleicht sollte ich ab jetzt immer eine tragen."

„Ich hätte zwar absolut nichts dagegen, fürchte aber, dass es nicht nur an der Jacke liegt – auch wenn ich die echt heiß an dir finde. Du bist einfach voll mein Typ, ohne dass ich bisher davon wusste."

Hm, was sollte das denn bedeuten? „Wie, du bist keiner meiner Fans? Sei ehrlich, hast du nicht ein einziges Mal meinen Insta-Account besucht und meine Fotos durchstöbert?"

„Ja, aber erst, nachdem ich dich kennengelernt habe. Zu Jo Beck habe ich keinen Bezug. Ich meine, ich hab natürlich ein paar deiner Songs im Radio gehört, mehr aber nicht."

„Du magst die Musik nicht. Das kann ich dir nicht mal verübeln. Ich mag sie ja auch nicht." Trotzdem machte sich ein schales Gefühl in meinem Mund breit. Es gab viele Frauen, die verrückt nach mir und meiner Musik waren, jedoch nicht die Eine, die mich ernsthaft interessierte? Das kratzte gewaltig an meinem Ego.

„Ich stehe nicht so auf deutsche Lieder, vor allem nicht auf Partymukke. Aber das Lied, das du mir vorgespielt hast, gefällt mir. Und ich mag dich, Jonas Beckmann. Der Typ mit der Duschgelsammlung und der verletzlichen Seite." Ich hielt kurz inne und sah sie an. Dann wurde mir endlich klar, dass das genau das war, was ich mir im Stillen immer gewünscht hatte: Jemand, der mich mochte und nicht den Schlagerstar. Sanft küsste ich sie auf die Stirn, dann strich ich mit dem Finger über ihre Stirn. „O doch, Sophie, das ist perfekt. Du bist perfekt."

„Och, glaub mir, das bin ich bei Weitem nicht", protestierte sie.

„Ach nein? Dann nenne mir ein paar deiner Fehler, damit ich mich neben dir nicht so unzulänglich fühle."

Erstaunt sah sie mich an. „Ich bin nur ein ganz normales Mädchen, das noch seinen Platz im Leben sucht. Du bist hier der Superstar, vergiss das nicht. Aber gut, du willst Fehler? Kein Problem, damit kann ich dienen."

Wir erreichten den Sandstrand, zogen in stillem Einverständnis die Schuhe aus und stellten sie auf einen der großen

Steine, die am Wegrand lagen. Von nun an hatten wir nur noch Sand vor uns und den Blick auf das Meer. Die Wellen waren heute stürmischer als sonst und klatschten förmlich ans Ufer. Die Sicht war leicht getrübt, alles wirkte irgendwie wild und die Luft roch nach Freiheit und Abenteuer, was gut zu meiner Stimmung passte.

„Ich warte immer noch auf deine angeblichen Fehler", zog ich sie auf.

„Nummer eins: Ich kann auf der Arbeit ziemlich herrisch sein. Ein Kindergartenkind hat mal zu seiner Mutter gesagt, dass ich der Chef von allen sein muss, weil ich immer die Befehle gebe. Und das war im ersten Semester meiner Ausbildung."

Ich grinste und nahm meinen Arm von ihrer Taille. Stattdessen liefen wir nun Händchen haltend durch den kühlen Sand. „Okay, gut, dass du gerne Chef bist, habe ich schon gemerkt. Aber das stört mich nicht, ich mag deine forsche Art, also zählt das nicht als Fehler. Da musst du dir schon was Besseres einfallen lassen."

Immer wieder strich sie mit ihren Fingern sanft über meinen Handrücken, was sich für mich wie ganz leichte Stromschläge anfühlte. Nicht zu stark, aber so, dass meine Haut aufregend prickelte. „Ich bin so hyperordentlich, dass niemand mit mir zusammenleben will. Nicht einmal meine beste Freundin Nini, die mich abgöttisch liebt. Sie kann meinen Ordnungszwang nicht jeden Tag ertragen, sagt sie."

Jetzt musste ich leise lachen. „Na, das passt ja. Ich nehme mir zwar immer vor, um mich herum Ordnung zu halten, aber nach ein paar Tagen bricht immer das absolute Chaos aus - und ich habe weder Zeit noch Lust, mich stundenlang damit zu beschäftigen. Die einzigen Dinge, die immer an ihrem Platz sind, sind meine Instrumente."

Mit großen Augen schaute sie mich an. „Nicht nur das Keyboard? Spielst du mehrere Instrumente?"

Nachdenklich nickte ich. „Ich habe meine erste Gitarre bekommen, als ich vier Jahre alt war. Mittlerweile spiele ich auch

E-Gitarre und Bass, Klavier und Keyboard und zum Leidwesen meiner armen Nachbarn Schlagzeug."

„Ich kann nicht mal richtig Flöte spielen", gestand sie. „Aber das bewundere ich an dir. Wie hast du es geschafft, so viele Instrumente zu lernen?"

„Ach, das fällt mir ganz leicht, das ist keine große Sache", gab ich schulterzuckend zu. „Ich habe mich schon als Kind für Musik begeistert. So wie manche Menschen problemlos Dutzende von Sprachen lernen können, geht es mir mit den Instrumenten. Musik ist mein Leben. Es gibt kaum einen Tag, an dem ich nicht singe oder spiele. Ich brauche es und ich liebe es. Was mich wieder daran erinnert, dass ich dir unbedingt Keyboardunterricht geben muss. Warum zum Teufel haben wir das vergessen?"

Sie kicherte leise in sich hinein. „Wahrscheinlich sind wir einfach zu sehr mit anderen Dingen beschäftigt." Sie zog eine Augenbraue hoch. „Und das ist schließlich wichtig für unsere Fitness."

Ich mochte ihren Humor. „Du meinst Matratzensport? Das klingt mir zu nüchtern. Für mich ist das Liebemachen und hat nichts mit Sport zu tun, sondern mit Gefühl."

Sie nickte. „O ja, das kann ich voll und ganz unterschreiben. Womit wir schon beim nächsten meiner Fehler wären. Meine romantische Seite ist viel zu ausgeprägt. Nini schimpft immer, dass ich mit dem Kopf in den Wolken lebe. Aber mal ehrlich: Wie kann ich so viele schöne Liebesromane lesen und mir nicht dasselbe für mich selbst wünschen?"

Oha, das klang interessant. „Dann stehst du auf Kerzen am Badewannenrand und Sonnenuntergänge? Wie sieht es mit Blumen aus? Freust du dich darüber?"

„Ich liebe Blumen, je bunter, desto besser. Ansonsten finde ich Schokolade in allen Variationen als Geschenk gut, oder eine besonders edle Kaffeesorte."

Okay, das war ja kein Problem. Ich überlegte laut weiter:

„Magst du dann vielleicht Schmuck? Ketten, Ringe oder Armbänder?“

„Lieber keine Ringe, die stören mich nur bei der Arbeit. Man bleibt beim Wickeln daran hängen oder noch schlimmer an den Haaren des Kindes. Ketten trage ich nur unter der Kleidung, wenn sie eine besondere Bedeutung haben. Armbänder trage ich selten, die stören auch, weil man daran hängen bleibt. Schmuck ist also eher unpraktisch. Am meisten freue ich mich deshalb auf die Zeit mit dir.“

„Du bist wirklich anders als alle Frauen, die ich bisher kannte. Bitte nimm das als Kompliment!“ Lächelnd bückte ich mich und hob eine besonders schöne Muschel auf. Ich tauchte sie ins Meerwasser, um sie vom Sand zu befreien, und drückte sie Sophie in die Hand. „Hier, damit du diesen Tag nie vergisst.“

„Das ist lieb und sehr romantisch, danke.“ Der Blick ihrer tiefgrünen Augen war noch wärmer als sonst. „Ehrlich, wie könnte ich jemals an etwas anderes denken als an diesen wunderschönen Tag? Ich verspreche dir, ich werde ihn nie vergessen. Noch als Großmutter werde ich meinen Enkeln davon erzählen.“

„Dann lass die Sexphase von heute Morgen lieber weg“, sagte ich mit einem breiten Grinsen. „Wir wollen ja deine zukünftigen Enkel nicht erschrecken.“

Die Zeit verging viel zu schnell und mit Grauen dachte ich daran, dass ich sie in etwa 45 Minuten zurück zum Hotel bringen musste.

„Aber morgen fangen wir mit deinem Unterricht an, okay? Ich glaube, dass Musik jedem viel geben kann. Du hast wahrscheinlich nur Berührungsängste, aber sobald du anfängst, ein Instrument zu lernen, wird es dich fesseln, das verspreche ich dir.“

„Das mag sein, aber ich hätte wahrscheinlich schon als Kind damit anfangen sollen und nicht erst jetzt.“

„Es ist nie zu spät, sich weiterzuentwickeln. Und es ist nie zu spät, ein Instrument zu lernen, glaub mir.“

Den Rest der Zeit saßen wir im Sand, küssten uns und redeten über alles, was uns in den Sinn kam. Es entstand eine solche Vertrautheit, dass ich mir nicht vorstellen konnte, wie es ohne sie war. Und wie es ohne sie sein würde.

Als es Zeit war, sie nach Hause zu bringen, war ich richtig traurig. Vor allem, weil wir uns heute Abend nicht mehr sehen konnten. Sophie brauchte dringend Schlaf. Sie war so weiß wie mein Bettlaken und gähnte die ganze Zeit. Trotzdem schlug sie vor, dass wir uns heute Abend noch einmal treffen sollten. „Nein, du musst morgen früh wieder arbeiten und brauchst Ruhe."

„Wir könnten uns doch gemütlich aufs Sofa kuscheln", schlug sie vor.

„Ha, glaubst du wirklich, dass wir dabei die Hände voneinander lassen können?" Meine Mundwinkel verzogen sich zu einem Lächeln, das wahrscheinlich ziemlich anzüglich aussah. „Nein. Heute Abend ruhst du dich aus, sonst würde ich mir zu viele Sorgen um dich machen. Aber morgen sehen wir uns wieder, ja?"

„Darauf kannst du wetten", erwiderte sie und bedeckte meine Lippen mit einem so leidenschaftlichen Kuss, dass sich in mir wieder alles regte. Diese Frau durfte mich niemals verlassen, denn das wäre mein Untergang, so viel war sicher.

* * *

Nachdem ich sie ins Hotel gebracht hatte, setzte ich mich ans Keyboard und spielte stundenlang neue Melodien, die mir durch den Kopf gingen. Zum Glück verging der Nachmittag so schnell, dass ich die Zeit ohne Sophie ganz gut überbrücken konnte. Ein paar Mal dachte ich noch an den Inhalt des Müllsacks, den sie vorhin mitgenommen hatte, um ihn zu entsorgen. Aber nein, das brauchte ich nicht mehr - jetzt hatte ich meine Traumfrau an meiner Seite. Wenn das nicht der schönste Rausch des Lebens war...

Am nächsten Tag kam Sophie gleich nach der Arbeit mit dem Auto ihres Onkels zu mir. Wir fielen uns zur Begrüßung in die

Arme, als hätten wir uns wochenlang nicht gesehen. Heute hatte ich mich vorbereitet und gab Sophie ihre erste Keyboardstunde und war überrascht, wie musikalisch sie war. Natürlich hatte sie anfangs Probleme, sich die Tasten zu merken bzw. sie den entsprechenden Noten zuzuordnen. Aber am Ende der Übungsstunde konnte sie schon eine erste einfache Melodie mit der rechten Hand spielen und war total begeistert.

Danach wollte ich ihr unser Lied vorspielen, woran ich gestern Abend noch weitergeschrieben hatte. Allerdings blieb es bei dem Versuch, denn wir kamen nicht über die erste Strophe hinaus und landeten schon wieder in meinem Schlafzimmer – wo wir dann auch die nächsten Stunden bis zum Morgen verbrachten. Anscheinend fand sie es überaus anregend, wenn ich ihr etwas am Keyboard vorspielte, das würde ich mir definitiv merken.

Die Woche verging wie im Flug und wir versuchten, auch außerhalb des Zimmers etwas zu unternehmen. Mein absolutes Highlight war, als wir einen Tag später abends wieder an den Strand gingen, um die Sterne zu beobachten. Mit mehreren warmen Decken bewaffnet, legten wir uns nebeneinander und schauten in den Himmel. Je länger wir hinaufschauten, desto mehr Sterne und Sternbilder erkannten wir. Wir hatten beide keine Ahnung von Astronomie, aber wir hatten viel Fantasie. Wir dachten, wir sähen Tiere, einen Jahrmarkt und sogar eine Bibliothek. Es stellte sich heraus, dass sie Bücher liebte und verschlang. Lesen war für sie wie das Musikmachen für mich - Entspannung und Inspiration zugleich. Sie liebte Geschichten aller Art, also auch stundenlanges Streaming von Serien und Filmen.

Das versuchten wir auch am nächsten Nachmittag, aber wir verstanden so wenig vom Inhalt, dass wir es nach einer Stunde aufgaben und uns wieder eifrig um unsere Fitness kümmerten. So erging es uns auch an den folgenden Nachmittagen. Einmal schafften wir es, in einem netten Restaurant essen zu gehen. Aber wegen meiner Verkleidung kicherte sie die ganze Zeit und es war unmöglich, sich vernünftig zu unterhalten. Ich kam mir echt blöd vor mit der schwarzen Kurzhaarperücke, zumal sie mich ständig Pedro nannte und mir spanische Ausdrücke an den Kopf warf, die sie von ihrem Onkel gelernt hatte.

* * *

Dann, während ich auf meinen rosa Wolken schwebte, passierte es: Sie sagte mir zwei Tage hintereinander ab. Am Mittwoch wollte sie noch länger mit ihrem Onkel arbeiten, um ihm ihre Entwürfe für die Neugestaltung der Gästezimmer zu präsentieren, und am nächsten Tag gähnte sie am Telefon und bat mich mehrmals um Entschuldigung. „Ich bin einfach völlig fertig, Jonas, es tut mir so leid. Javier und ich haben bis spät in die Nacht immer wieder die Pläne umgeschrieben. Außerdem haben sich heute Morgen drei Zimmermädchen krankgemeldet und ich musste ihre Arbeit mit übernehmen. Mir tut alles weh, morgen habe ich bestimmt Muskelkater. Können wir nicht einfach später telefonieren und dabei vielleicht einen neuen Film streamen oder so? Bitte sei nicht böse, ja?"

„Nein, ist schon okay", log ich. Denn in Wahrheit vermisste ich sie so sehr, dass ich das Gefühl hatte, kaum noch atmen zu können. Außerdem nagten die ersten Zweifel an mir. Wenn sie mich jetzt schon nicht mehr sehen wollte oder wir es zumindest aus Zeitgründen nicht schafften, wie sollte es dann sein, wenn ich wieder meine Auftritte hatte? All die Verpflichtungen, die ich als Sänger hatte, Fernsehauftritte, Radiointerviews, Bühnenengagements auf Mallorca und Ibiza ... würde uns da genug Freiraum bleiben, um uns regelmäßig zu sehen?

Außerdem schoss mir immer wieder eine Frage durch den Kopf: Hatte Sophie etwa schon genug von mir?

Vielleicht klammerte ich zu sehr, oder sie hatte inzwischen herausgefunden, dass ich im Grunde genommen ein stinklangweiliger Typ war.

Aber nein, ich durfte nicht wie der eifersüchtige Kerl wirken, der ich in Wirklichkeit war, und so unterdrückte ich jeden negativen Kommentar. „Ruh dich aus und geh früh schlafen, das ist sicher das Beste. Morgen holen wir nach, was wir heute versäumt haben."

Sie schien sehr erleichtert zu sein, als hätte sie eine ganz andere Reaktion erwartet. Nachdem sie sich gefühlte hundert Mal entschuldigt hatte, versprach sie, sich später bei mir zu melden.

Genau diesem Augenblick fieberte ich entgegen und vertrieb mir wieder einmal die Zeit mit dem Schreiben neuer Songs. Schon seit gestern arbeitete ich an einem Lied, das von meiner Angst handelte, jemanden zu verlieren, der mir über alles wichtig war. Dabei meinte ich hauptsächlich Sophie, aber auch bei Martin hatte ich panische Angst, dass er eines Tages nicht mehr an meiner Seite sein könnte. In der letzten Woche hatten wir kaum ein paar Worte miteinander gewechselt. Tagsüber war er stets unterwegs und da ich abends mit Sophie zusammen war, sahen wir uns nur selten.

Heute Abend war er jedoch bei einer Beachparty, zu der ihn ein Mädchen am Strand eingeladen hatte. Manchmal wünschte ich, ich hätte sein Leben. Er musste sich nie verkleiden und keine Angst haben, erkannt zu werden. Trotzdem verdiente er als meine rechte Hand genug Geld, um sich Annehmlichkeiten leisten zu können. Immer mal wieder war ich sehr eifersüchtig auf ihn, doch dann wiederum gönnte ich ihm sein Glück. Wahrscheinlich war es nicht leicht für ihn, mein Babysitter zu sein. Denn im Grunde hatte er mich jahrelang „auf Kurs" gehalten. Ohne ihn wäre mein Leben noch chaotischer, als es ohnehin schon war."

Der Song war so gut wie fertig, doch Sophie hatte immer noch nicht angerufen. Ich starrte das Handy an, als könnte ich es mit meinen mentalen Kräften zum Klingeln zwingen – was natürlich völliger Bullshit war. Es blieb stumm.

Gegen 21 Uhr begann ich, ein Glas Whisky zu trinken, um meine Nerven zu beruhigen. Alkohol war schließlich keine illegale Droge und daher erlaubt.

Um 22 Uhr waren es schon mehrere Gläser, da kam es auf ein

weiteres nicht mehr an. Aber dann stellte ich die Flasche wieder zurück in den Schrank. Wenn Sophie noch anrief, wollte ich auf keinen Fall betrunken wirken.

Sie rief nicht an.

Kurz vor 23 Uhr klingelte es endlich an der Haustür, und ich schwebte berauscht auf die Tür zu und versuchte, nicht zu stolpern. Leider war ich inzwischen ziemlich benebelt und fühlte mich seltsam.

Enttäuscht, weil sie sich noch nicht gemeldet hatte, und absolut erleichtert, da sie endlich vor meiner Tür stand.

Doch als ich öffnete, stand nicht mein Mädchen vor mir, sondern Jessica, meine Managerin.

Verdammt, sie hatte mich gefunden!

„Hey Jo", hauchte sie, weil sie mich immer mit meinem Künstlernamen ansprach, obwohl ich sie schon hundertmal gebeten hatte, das nicht zu tun. „Ich bin hier, um dich zu retten, Babe." Hm, wusste sie von Sophie und dass sie mich versetzt hatte? Nein, das konnte nicht sein. Martin würde ihr das nie erzählen, außerdem war er nicht hier. „Wovor willst du mich denn retten?", fragte ich und merkte, dass ich schon ziemlich nuschelte. Für heute keinen Alkohol mehr für mich, das war klar.

„Na, vor der Lungenentzündung, du Dummerchen. Wobei du gar nicht so krank aussiehst, eher erholt, wenn du mich fragst." Jessica schlang ihre Arme um mich und drückte mir mit spitzen Lippen einen Kuss auf die Wange. Ihr Parfüm stieg mir unangenehm in die Nase. Wie immer roch es viel zu intensiv. Sophies zarter Duft erinnerte mich an eine blühende Sommerwiese.

Sophie ... wie sehr ich sie vermisste. Der Gedanke an sie machte mir einen dicken Kloß im Magen und ich spürte, wie meine Augen feucht wurden. Verdammt. Auf keinen Fall durfte Jessica mich so sehen. Sie würde mich sofort auf die nächste Party schleifen, um mich auf andere Gedanken zu bringen - und das war das Letzte, was ich wollte.

„Jo, was ist los?" Sie sah mich besorgt an und zog mich hinter sich her ins Haus, als wäre es ihr Haus und nicht meins. „Ich mache uns erst mal einen anständigen Drink und dann erzählst du mir alles, ja? Keine Sorge, jetzt bin ich ja da und kümmere mich um dich. Ich wusste von Anfang an, dass es eine blöde Idee war, ohne mich eine Auszeit zu nehmen. Zuerst diese schlimme Lungenentzündung und jetzt dein emotionaler Zustand. Komm, setz dich, dann kannst du mir alles in Ruhe erzählen."

Sie wirbelte durch die Küche, öffnete sämtliche Schränke und hatte nach kurzer Zeit alles gefunden, was sie brauchte, um uns Drinks zu mixen, die es in sich hatten.

Ich wusste, dass ich schon genug hatte, konnte aber trotzdem nicht widerstehen. Der Alkohol stieg mir schnell in den ohnehin schon viel zu benebelten Kopf.

Jessica setzte sich in ihrem engen Minirock neben mich auf die Couch und drapierte ihre langen, schlanken Beine über meine. Irgendwie beruhigte mich ihre Nähe, vielleicht war es aber auch das Glas, das sich wie von Zauberhand immer wieder füllte, nachdem ich es gierig ausgetrunken hatte.

Jedenfalls lockerte es meine Zunge. Ich redete und redete und erzählte ihr einfach alles, was mir auf dem Herzen lag.

Am Ende meiner Erzählung zog sie scharf die Luft ein. „Junge, Junge, da hast du dir aber den Kopf verdrehen lassen, du Armer. Solltest du nicht inzwischen klug genug sein, keinem Fan zu trauen?"

„Sie ist kein Fan, sie mag meine Musik überhaupt nicht", brachte ich schleppend hervor und nahm einen weiteren Schluck von dem harten Mixgetränk, das deutlich nach Gin und Zitrone schmeckte. Eigentlich mochte ich Gin nicht, aber jetzt wärmte er mir angenehm die Kehle und eine sanfte Nebelwolke dämpfte meinen Herzschmerz.

„Das sagen sie alle", sagte Jessica und verzog das Gesicht. „Aber glaub mir, die meisten tun nur so. In Wirklichkeit wollen sie ein bisschen Ruhm abschöpfen und sich an deiner Sonne wärmen. Dann erzählen sie ihren Freundinnen großspurig von ihrer Nacht mit dem Schlagerstar Jo Beck. Deine Kleine ist bestimmt nicht anders. Sie nutzt dich nur für ihre Zwecke aus. Auf mich und Martin kannst du dich verlassen, auf sonst niemanden ... schon vergessen? Sei nicht so naiv, Babe."

Nein, so war Sophie nicht, das wusste ich. Lautstark wollte ich protestieren, aber meine Zunge gehorchte mir nur langsam und Jessica sprach schon weiter. „Wie heißt sie denn? Lass mich mal ihr Instagram-Profil checken. Ist sie hübsch?"

„Nicht nur hübsch, sondern wunderschön und einzigartig", brachte ich hervor, doch selbst das klang verwaschen und undeutlich. Schnell nahm ich noch einen Schluck, denn jetzt war es sowieso egal. Sophie würde sich heute bestimmt nicht mehr bei mir melden. Morgen vielleicht, dann könnten wir über alles reden und lachen. Vielleicht war sie auch einfach eingeschlafen. Müde genug hatte sie vorhin gewirkt. Ich nannte Jessica den Namen und sie tippte ihn blitzschnell in die Suchleiste der App ein.

„Da haben wir's, Treffer!", jubelte sie. „Okay, sie ist wirklich hübsch, wenn man auf so einen natürlichen Typ ohne Make-up und Styling steht. Aber auf den meisten Fotos sieht sie etwas unscheinbar aus, findest du nicht?"

Nein, das fand ich überhaupt nicht. Ich schaute Jessica über die Schulter und betrachtete die wenigen Fotos, die ich schon so oft bewundert und sogar auf meinem Handy gespeichert hatte. Für mich gab es keine schönere Frau auf der Welt.

„Oh, wir haben Glück, sie hat gerade ein Video hochgeladen. Warte, ich schaue es mir kurz an." Jessica erbleichte und drehte das Display weg, offensichtlich damit ich es nicht sehen konnte.

Was zur Hölle?! „Was ist da drauf? Zeig her!", befahl ich grob.

Jessica musterte mich. War das etwa Mitleid in ihrem Blick? „Äh, nein, das solltest du besser nicht sehen, glaub mir. Ich fürchte, deine Kleine ist alles andere als ein Unschuldslamm."

Jetzt wollte ich unbedingt wissen, was hier los war. Ich riss ihr das Handy aus der Hand und öffnete Sophies Reel.

Mein Herz raste, meine Handflächen wurden urplötzlich schweißnass und ich rang nach Luft.

Nein! Nein! Nein!

Wie konnte sie mir das antun?

Jessicas tröstende Umarmung nahm ich kaum wahr. Sie war mir egal. Alles war mir egal. Ich keuchte, rang nach Luft und hustete mir die Seele aus dem Leib.

Mit Jessicas Hilfe schaffte ich es gerade noch rechtzeitig ins Bad, bevor ich mich übergeben musste.

Wieder und wieder und wieder.

Dann wurde mir schwarz vor Augen.

Sophie: Freunde

Früh am Morgen desselben Tages:

Ich war hundemüde und merkte von Tag zu Tag mehr, wie die vielen schlaflosen Nächte an meinen Nerven zehrten. Die Zeit mit Jonas war so unglaublich schön und wir waren so verrückt nacheinander, dass wir jede Sekunde miteinander genießen wollten - leider ging das langsam auf Kosten meiner Gesundheit.

Nachdem ich gestern Abend mit Onkel Javier stundenlang Pläne gezeichnet hatte, kam er schließlich mit der Idee einer hauseigenen Kinderbetreuung. Er wollte mehr Familien ansprechen und tagsüber Aktivitäten für die Kinder anbieten, die die Hotelgäste entweder stundenweise oder als eine Art Rundum-Sorglos-Paket bezahlen könnten. Dazu würde er pädagogisch geschultes Personal einstellen und das gesamte Hotelkonzept auf Familien ausrichten. Er hatte jahrelang kaum in das Hotel investiert und war nun bereit, vieles umzukrempeln. Und er hoffte auf meine Hilfe.

Ich musste zugeben, dass mich das Thema unheimlich reizte, schließlich kam ich aus diesem Bereich und außerdem machte es Spaß, eigene Ideen umsetzen zu können.

Aber es war wieder eine Nacht mit wenig Schlaf und wenig Ruhe, und ich war inzwischen am Ende meiner Kräfte.

Also sagte ich Jonas schweren Herzens für den Nachmittag und Abend ab. Ich wollte mich nur noch hinlegen und schlafen. Wieder war ich überrascht von seiner Sensibilität und seinem Verständnis. Er merkte genau, wie erschöpft ich war und machte mir keinen Vorwurf, dass ich das Treffen lieber verschieben wollte - er hatte mir sogar dazu geraten.

Einen besseren Mann konnte ich mir wirklich nicht an meiner Seite vorstellen. Ich hatte mich bis über beide Ohren in Jonas verliebt, das ließ sich nicht leugnen. Doch je tiefer unsere Beziehung wurde, desto mehr machte ich mir auch Sorgen. Wie würde es nach diesem wunderschönen Urlaub für uns beide weitergehen und vor allem: Wollte er das überhaupt?

Im Moment war er verrückt nach mir und zeigte mir das jeden Tag mit wunderbaren kleinen Gesten, Worten und vor allem mit seinem Lied für mich, das er mir immer wieder vorspielte. So etwas hatte noch nie jemand für mich getan. Außerdem besaß ich dank ihm inzwischen eine so große Schokoladensammlung, dass ich wahrscheinlich kugelrund würde, wenn ich sie alle essen würde. Edle Schokoladentafeln in den Geschmacksrichtungen Karamell, Lakritz, Cappuccino, Zitrone und noch vielen mehr türmten sich auf meinem Nachttisch. Jede einzelne erinnerte mich daran, wie glücklich ich war, Jonas getroffen zu haben.

Oft dachte ich an unsere erste Begegnung am Leuchtturm zurück und wünschte mir, der Turm hätte tatsächlich magische Kräfte, die Jonas und mir Glück bringen könnten. Eine gemeinsame Zukunft, ein erfülltes Berufsleben - all das erhoffte ich mir und es schien mir greifbarer denn je.

Seit dem letzten Gespräch mit Javier spielte ich sogar mit dem Gedanken, meine Zelte in München abzubrechen und ganz auf die Insel zu ziehen. Onkel Javier bot mir an, in seinem Haus zu wohnen. Im Dachgeschoss war genug Platz für eine kleine Zwei-

Zimmer-Wohnung. Mit ein paar kleinen Umbauten wäre sie fertig und ich könnte einziehen.

Aber all das konnte ich nicht entscheiden, wenn ich nicht wusste, wie es mit Jonas und mir weitergehen würde. Denn im Moment konnte ich mir nicht vorstellen, länger als ein paar Tage am Stück von ihm getrennt zu sein. Aber ich war realistisch genug, um zu wissen, dass es nicht so rosig weitergehen würde, sobald er wieder arbeiten ging.

Nach der Arbeit legte ich mich müde aufs Bett und schloss die Augen. Plötzlich drang ein penetrantes Klingeln an mein Ohr. Ich brauchte einen Moment, um zu realisieren, dass es mein Handy war, das mich so unsanft aus dem Schlaf gerissen hatte. Sofort schlug mein Herz schneller ... rief Jonas an?

Ich öffnete die Augen und starrte auf das Display. Dort stand Mia als Anrufername. Sofort überkam mich ein schlechtes Gewissen, weil ich sie in der letzten Woche weder angerufen noch am Strand getroffen hatte. Jonas und ich waren uns wirklich sehr ans Herz gewachsen und ich wollte, nein, ich musste einfach jede freie Minute mit ihm verbringen - solange es irgendwie ging.

Stöhnend setzte ich mich auf und griff mir an den brummenden Kopf, während ich mit der anderen Hand den Anruf entgegennahm. „Hey Mia", sagte ich mit verschlafen klingender Stimme.

„Du klingst nicht gut, Sophie", begrüßte sie mich. „Störe ich dich, bist du krank?"

„Nein, nein", wiegelte ich ab. „Ich habe nur etwas Schlafmangel, aber sonst geht es mir gut."

„Du Arme." Plötzlich zögerte sie und es entstand eine Pause. „Dann hast du wahrscheinlich auch nichts dagegen, wenn ich kurz bei dir vorbeikomme, oder? Ich stehe nämlich gerade vor dem Hotel und hatte die Idee, dich zu besuchen. Du warst ja in letzter Zeit ziemlich untergetaucht und ich ... ähm, ich wollte mal sehen, wie es dir geht. Aber jetzt komme ich mir irgendwie blöd vor. Ich will ja nicht aufdringlich sein."

„Bist du auch nicht“, beeilte ich mich zu sagen und unterdrückte ein Gähnen. „Ich wollte mich sowieso bei dir melden. Tut mir leid, dass ich nicht am Strand war, aber es ist so viel passiert.“

„Klingt mega spannend. Willst du darüber reden? Hat es etwas mit deinem geheimnisvollen Date von neulich zu tun? Dieser Typ, den du mir gegenüber ständig anders nennst?“

Huch, sie hatte es also doch mitbekommen, Mist! „Ja, um den geht es. Aber ich bin heute total kaputt. Können wir uns vielleicht morgen gleich nach der Arbeit für eine Stunde am Strand treffen und über alles reden?“ Ich hatte ein richtig schlechtes Gewissen, sie abzuwimmeln, aber ich brauchte dringend Schlaf, deshalb hatte ich Jonas schon abgesagt.

„Ach, kein Problem“, tönt es nach ein paar bangen Sekunden aus dem Lautsprecher. „Es ist nichts Besonderes heute, ich will dich nicht stören.“ Hm, sie klang komisch. Als müsste sie ein Schluchzen unterdrücken.

„Es geht dir nicht gut, oder?“, fragte ich leise und schalt mich innerlich dafür, dass ich sie in letzter Zeit so im Stich gelassen hatte. Sie schien kaum noch Freunde auf Sylt zu haben. Sie hatte mir erzählt, dass die meisten Leute in ihrem Alter weggezogen waren und jetzt auf dem Festland lebten, oft, um eine gute Ausbildung zu bekommen.

„Doch, alles in Ordnung“, kam es zurück, diesmal gefolgt von einem leisen Schluchzen.

Obwohl ich Mia kaum kannte, betrachtete ich sie als meine Freundin. Und Freunde waren füreinander da, wenn es einem schlecht ging. „Ich glaube dir kein Wort. Hör zu, ich bin in Zimmer 11. Komm hoch, ich habe auch Trostschokolade.“

„Danke“, murmelte sie gepresst. Jetzt war ich mir sicher, dass sie weinte. Als ich ihr ein paar Minuten später die Tür öffnete, schmolz ich vor Mitleid dahin und all meine Müdigkeit war bei ihrem Anblick wie weggeblasen. „Du Arme! Komm doch erst mal rein und setz dich. Möchtest du Tee oder Kaffee? Ich habe sogar eine Kapselmaschine hier.“

„Tee wäre toll. Du hast nicht zufällig Ostfriesentee und Kandiszucker? Den hat mir meine Mutter früher immer gemacht."

„Nein, sorry. Nur Kräuter- und Früchtetee. Tut mir leid, Mia." Verflucht, sie sah wirklich aus wie ein Häufchen Elend. Also nahm ich sie instinktiv in den Arm. Sofort begann sie laut aufzuschluchzen und alle Dämme brachen. Sie weinte und weinte, bis mein Hemd nass war und ihre Tränen langsam versiegten.

Ich führte sie zu meinem Bett und legte schnell die cremefarbene Tagesdecke darüber. Wir setzten uns nebeneinander und ich nahm den Stapel Schokoladentafeln auf meinen Schoß. „Schau mal, ich habe eine große Auswahl und Schokolade soll gut für die Seele sein. Also such dir eine aus. Etwas Süßes hilft bestimmt gegen deinen Kummer. Und dann erzähl mir, was dich bedrückt."

Mia wählte die weiße Schokolade mit Smarties-Streuseln und biss zaghaft ab. „Die ist echt lecker", sagte sie und ein Lächeln huschte über ihr Gesicht. „Danke für die Schoki und dafür, dass ich vorbeikommen durfte. Ich fühle mich heute einfach superschlecht und einsam."

Ich drängte sie nicht, sondern wartete, bis sie von selbst anfing zu erzählen. Anscheinend hatte sie einen wirklich heftigen Streit mit ihrer Mutter gehabt und war nun am Boden zerstört.

„Mama macht Druck, dass ich wieder nach Sylt ziehe. Dabei fühle ich mich hier so eingeengt. Aber in Berlin kann ich mich auch nicht einleben. Es ist alles so groß und ich vermisse das Meer. Manchmal habe ich das Gefühl, nirgendwo dazuzugehören. Ich bin immer die Außenseiterin und werde es auch mein Leben lang bleiben."

„Nein, ganz bestimmt nicht. Du hast wahrscheinlich nur noch nicht den richtigen Ort für dich gefunden."

„Oder die richtige Person", fügte sie hinzu und schluchzte wieder leise. „Vom richtigen Beruf ganz zu schweigen. Nach meiner abgebrochenen Fotografenlehre habe ich jetzt auch noch mein Studium geschmissen. Hey, ich bin 22 und meine längste

Beziehung hat gerade mal vier Monate gehalten. Ich bin in allem eine Niete."

„Das ist Unsinn", widersprach ich, nahm ihre Hände in meine und sah sie fest an. „Du bist wunderschön, humorvoll und ein toller Mensch. Wer das nicht sieht, hat Tomaten auf den Augen."

Mia schüttelte den Kopf. „Nein. Ich bin eine Niete. Weißt du, wie mir meine Mutter heute gratuliert hat? Mit einer SMS. Und darin stand, ich solle endlich mein Leben in den Griff bekommen. Sie hat mich nicht einmal besucht oder mir wenigstens Blumen vor die Tür gelegt, obwohl ich gerade im selben Ort bin wie sie. Ich glaube, sie liebt mich einfach nicht mehr. Ich habe sie zu oft enttäuscht."

Moment mal, war das ... „Du hast heute Geburtstag?" Völlig geschockt sah ich sie an. „Und du bist ganz allein?"

Zaghaft nickte sie und sah dabei so verzweifelt aus, dass es mir einen Stich ins Herz versetzte. So konnte ihr Geburtstag nicht enden. Ich musste etwas unternehmen. „Hör zu, wir lassen es jetzt krachen und machen alles, was zu einem richtigen Geburtstag gehört. Zuerst lade ich dich zum Essen ein."

„Ich habe keinen Hunger. Ich habe vorhin in der Imbissbude schon ein Fischbrötchen verdrückt", widersprach sie.

Okay, hm ... „Dann gehen wir feiern. Gibt es hier so etwas wie einen Club, wo man tanzen kann?", wollte ich wissen.

„In Hörnum nicht, aber Kampen hat da einiges zu bieten. Ich mag den Club Rotes Kliff", antwortete sie und schien endlich ein wenig aufzutauen. „Aber ich habe kein Auto. Wie sollen wir da hinkommen? Das sind bestimmt 25 Kilometer von hier. Ein Taxi zu nehmen wäre sehr teuer."

„Ich wette, Onkel Javier leiht mir sein Auto, wenn ich ihm sage, dass es ein Notfall ist. Hör zu, du springst jetzt mit mir unter die Dusche und darfst alle meine Schminkutensilien benutzen, um dich schön zu machen. Und such dir etwas aus meinem Kleiderschrank aus, das dir passen könnte. Ich glaube, die Hosen sind dir alle zu lang, aber bei den Oberteilen ist es nicht so schlimm, wenn sie etwas lockerer sind. Nimm, was dir gefällt. Ich gehe kurz zu Javier ins Büro, wenn ich mich beeil, erwische ich ihn noch, bevor er Feierabend macht."

Mia widersprach nicht, sondern wirkte jetzt richtig aufgeregt. „Wir gehen wirklich feiern?", fragte sie ungläubig.

„Ja, und du bist eingeladen. Da ich deine Chauffeurin bin, bleibe ich bei Cola, aber du kannst für mich mittrinken. Dann tanzen wir, bis wir vor Erschöpfung umfallen und haben einfach Spaß. Hast du Lust?"

„So was von", rief sie und klatschte in die Hände, die Wangen noch feucht von Tränen. „Das werde ich dir nie vergessen, Sophie."

„Falsch. Diesen Abend wirst du nie vergessen", korrigierte ich sie, nicht ahnend, dass das auch für mich galt.

Doch im Gegensatz zu Sophie würde ich diese Nacht noch bitter bereuen.

Dort angekommen stellten wir fest, dass der Club voll war. Aber die Musik war wirklich gut und die Stimmung bombastisch. Wir tanzten und Mia schien immer glücklicher zu werden, obwohl sie schon ein paar Drinks intus hatte. Mir machte es nichts aus, bei den alkoholfreien Getränken zu bleiben, aber ich wurde langsam sehr müde. Verflixt, ich musste dringend nach Hause ins Bett. Außerdem fiel mir plötzlich ein, dass ich mich noch nicht bei Jonas gemeldet hatte.

Schnell holte ich mein Handy aus der Tasche und öffnete mein Instagram, über das wir uns schon ein paar Mal Nachrichten geschickt hatten. Er benutzte einen speziellen Account, damit seine Fans nicht sehen konnten, wem er privat folgte. Aber was sollte ich ihm schreiben? Dass ich nicht wie geplant im Bett lag und Serien streamte, sondern mich ins Partyleben gestürzt hatte? Hm, vielleicht sollte ich es lieber bleiben lassen und mich erst morgen wieder bei ihm melden. Er würde bestimmt sowieso denken, ich sei eingeschlafen.

Wir waren mitten im Getümmel auf der Tanzfläche und Mia hatte so viel Spaß beim Flirten, dass sich sogar zwei Männer an ihre Seite drängten und mit ihr tanzten.

Sie lachte und zeigte auf mein Handy, das ich gerade aus der Tasche gezogen hatte. „Soll ich ein Foto von dir machen? Dann kannst du es dem Süßen schicken, der dir den Kopf verdreht hat. Oder noch besser gleich ein kurzes Video."

Kichernd riss sie mir das entsperrte Smartphone aus der Hand und hielt es hoch. „Bitte lächeln!" Sie runzelte die Stirn. „Nein, das ist viel zu lahm. Gebt Gas, Jungs!" Sie flüsterte einem der Jungs etwas ins Ohr, woraufhin er sofort zu mir kam und mich mitten auf den Mund küsste.

Ich war so überrascht, dass ich ein paar Sekunden in Schockstarre verharrte. Dann stieß ich ihn unsanft von mir. „Sag mal, bist du verrückt? Du kannst mich nicht einfach so küssen. Finger weg oder ich rufe die Security."

Sofort hob er beschwichtigend die Hände und wich zurück. „Entschuldige, ich wollte dich nicht beleidigen, tut mir leid. Mia hat gesagt, ich soll dich für das Video küssen, weil es lustig aussieht."

„Mann, David, ich meinte auf die Wange", rief Mia und verdrehte die Augen. „Aber egal, der Clip ist trotzdem süß geworden." Mia schwankte etwas und grinste schief.

O weh, sie war inzwischen ziemlich betrunken. Warum sollte ich ein Video wollen, auf dem mich ein Fremder küsste? „Bitte lösch es, Mia, du weißt doch, dass ich einen Freund habe."

„Ja klar, kein Problem", rief sie und tippte grinsend auf meinem Smartphone herum.

Nachdem sie es mir gereicht hatte, überprüfte ich noch einmal die Aufnahmen. Sie hatte das Video tatsächlich gelöscht, was mich erleichtert aufatmen ließ.

Ich steckte mein Handy wieder ein und nahm mir vor, Jonas

gleich morgen früh anzurufen und ihm alles zu erklären. Er würde sicher verstehen, dass man für seine Freunde da sein musste, wenn sie einen dringend brauchten. Ich konnte Mia an ihrem Geburtstag nicht allein lassen.

Außerdem hatte ich in letzter Zeit jede freie Minute mit Jonas verbracht und Mia vernachlässigt. Wir blieben noch etwa eine Stunde, dann brachte ich Mia zurück in ihre Wohnung und war unglaublich erleichtert, als ich mich endlich auf mein Bett fallen lassen konnte. Ich schlief sofort ein.

Jonas: Am Abgrund

Nachdem ich so lange gekotzt hatte, bis nichts mehr in meinem Magen war, half mir Jessica zurück ins Wohnzimmer auf die Couch. Sie brachte mir ein Glas Wasser und holte eine kleine weiße Tablette aus ihrer Handtasche. „Hier, nimm das. Du musst dich beruhigen, Jonas."

Ich lehnte die Tablette ab, trank aber ein paar Schlucke Wasser. Immer wieder fuhr ich mir frustriert durchs Haar. Wie konnte Sophie mir das nur antun? Sie hatte mir wegen Erschöpfung abgesagt und knutschte stattdessen mit einem Wildfremden in einem der angesagtesten Clubs auf Sylt herum? Und dann hatte sie das Ganze auch noch wortlos auf Instagram gepostet?

Wollte sie, dass ich das Video sehe? Wollte sie mir damit zeigen, dass ich nicht mehr als ein Sommerflirt für sie war - und dass sie meiner überdrüssig geworden war? Nein, das konnte nicht sein, so war Sophie nicht. Ich hatte sie als ehrlichen Menschen kennengelernt. Weder würde sie mich hintergehen, noch würde sie mir so etwas unter die Nase reiben. Es musste sich also um ein Missverständnis handeln.

Mein Schädel brummte und mir war immer noch schwindelig und benommen, ich konnte einfach nicht klar denken, dank des vielen Alkohols in meinem System. Scheiße, ich hätte wirklich nicht so viel trinken sollen - andererseits könnte ich diesen Abend ohne Benebelung nicht durchstehen, ohne laut loszubrüllen. Am liebsten würde ich auf irgendetwas einschlagen, Möbel zertrümmern oder sonst wie meine ganze Wut, Frustration und Enttäuschung rauslassen. Aber ich hatte noch die Hoffnung, dass Sophie gleich auftauchen und alles aufklären würde.

Jessica saß ganz nah bei mir, vielleicht zu nah, und strich mir immer wieder beruhigend über den Arm. „Hör mal, das war gemein von ihr, aber schick sie weg. Du kannst so viele tolle Frauen haben, was willst du mit so einer? Sie hat dich nicht verdient, Jo. Beziehungen sind Mist, die bringen dir nur Kummer und Stress. Also genieß dein Leben, kümmere dich um deine Karriere und vergiss die Kleine. Lass uns zurück nach Berlin fahren, da kannst du dich ausruhen und dich mit Arbeit ablenken. Oder ...“, sie schaute auf ihre sündhaft teure Armbanduhr, „wir nehmen den nächsten Flieger nach Ibiza und du kannst noch ein paar Auftritte machen. Das erspart uns den Ärger mit den Veranstaltern und du kommst auf andere Gedanken.“

„Nein“, winkte ich halbherzig ab. „Sie wird sich melden, ganz sicher. Warten wir noch ein bisschen.“ Inzwischen glaubte ich selbst nicht mehr daran, aber ich klammerte mich an den letzten Strohhalm. Sophie würde sich melden und alles würde gut werden.

Als der Morgen graute, gab ich auf. Martin packte unsere Taschen und wir drei fuhren zum Flughafen nach Westerland. Von dort aus flogen wir nach Berlin. Martin holte noch ein paar Sachen aus meiner Wohnung, während Jessica mir auf meinen Wunsch Schlaftabletten für den Weiterflug besorgte – und ein paar Muntermacher, damit ich bei den Auftritten auf Ibiza besser drauf war. Ich brauchte diese Pillen jetzt dringend. Jessica war eine gute Managerin und ich konnte froh sein, sie an meiner Seite zu haben. Außerdem war sie ziemlich sexy, und es machte mir nichts aus, dass sie in den nächsten Stunden immer wieder Körperkontakt mit mir suchte.

Ihre Küsse waren eine angenehme Ablenkung. Außerdem wirkten die ganzen Tabletten und ich fühlte mich wie auf rosa Watte. Martin flüsterte mir zwar mehrmals zu, dass ich dringend wieder nüchtern werden müsse, aber dafür war ja morgen noch Zeit … oder übermorgen. Sophie hatte ich sowieso verloren, für sie musste ich nicht mehr clean werden. Sylt hatte mir nur Unglück gebracht, von nun an würde ich die Insel meiden wie die Pest.

* * *

Bereits am Tag meiner Ankunft auf Ibiza trat ich in einem der Megaclubs auf. Alles war wie im Nebel und ich wusste hinterher nicht einmal mehr, welche Songs ich gesungen hatte.

Jessica war sehr bemüht um mich. Sie löschte sofort Sophies Nummer, blockierte sie auf Whats App und entfolgte ihr auf Instagram. Von nun an übernahm sie alle meine Social-Media-Kanäle, damit ich mich mehr ausruhen konnte. Es war mir egal, was sie dort in meinem Namen postete, Hauptsache ich hatte meine Ruhe, konnte tagsüber im Bett bleiben und nachts durchfeiern. Nur so konnte ich überleben.

Inzwischen hatte ich mich wieder an den Zustand der permanenten Benommenheit gewöhnt. Alles war besser, als zu spüren, wie es mir wirklich ging.

Sophie war meine Hoffnung auf Glück gewesen – aber jetzt war alles wieder wie vorher, nur schlimmer. Ich hatte den Überblick verloren, was ich jeden Tag zu mir nahm und was nicht. Ich warf einfach alles in mich hinein, was mir in die Hände kam, in der Hoffnung, möglichst wenig zu fühlen und nur irgendwie zu funktionieren. Das war mein Leben.

Sophie: Sylt und ich

Am Morgen nach Mias Geburtstag hatte ich immer wieder versucht, Jonas zu erreichen, aber sein Handy war ausgeschaltet.

In der Mittagspause fuhr ich dann zu ihm, weil ich mir Sorgen machte, doch das Ferienhaus war leer. Die Rollläden waren heruntergelassen und kein Wagen stand in der Einfahrt.

Abends erwartete mich dasselbe Bild und weiterhin ging keiner meiner Anrufe durch.

Was zum Geier war hier los? Ich hinterließ ihm unzählige Nachrichten auf seiner Mailbox, bekam aber nie eine Antwort.

Auch auf seinem Instagram-Profil war nichts über seinen Aufenthaltsort zu finden, nur eine Nachricht, dass er im Urlaub sei.

Völlig verzweifelt rief ich abends Mia an, die trotz ihres Katers sofort zu mir ins Hotel kam. Schnell erzählte ich ihr alles, woraufhin sie die Augen zusammenkniff und sich eine tiefe Falte auf ihrer Stirn bildete. „Sag mal, hat das vielleicht etwas mit dem Video zu tun, das ich im Club von dir und diesem David gemacht habe?“

Irritiert sah ich sie an. „Nein. Warum? Ich habe es ihm nie gezeigt und du hast es sofort gelöscht.“

Jetzt riss sie die Augen auf. „O nein, ich habe ein schlechtes Gefühl. Hast du mal auf deinen Insta-Account geschaut? Vielleicht habe ich es dort schon hochgeladen."

Mir wurde heiß und Panik stieg in mir auf. Mit zitternden Fingern tippte ich auf meinem Display herum und erstarrte, als ich das Reel mit den dutzenden Likes darunter sah. Auf dem Video war eindeutig ich zu sehen - tief versunken in einen Kuss mit diesem Typen aus dem Club. Jedoch hatte Mia vor meiner Abwehr die Aufnahme beendet, sodass dieser David und ich nun wie ein Liebespaar wirkten. O Mann! Erschrocken stöhnte ich auf. „Das darf doch nicht wahr sein. Du hast das hochgeladen? Mia, warum?"

Verlegen sah sie mich an. „Äh, in dem Moment habe ich mir nichts dabei gedacht. Die App war noch geöffnet und ich musste nur auf das Pluszeichen drücken. Ehrlich gesagt, ich weiß nicht, warum ich das gemacht habe, aber es kam mir lustig vor und ich war schon ziemlich betrunken. Sorry, Sophie, ich mach's wieder gut. Soll ich deinen Ben oder wie er heißt anrufen und ihm alles erklären?"

Ich griff mir an die Stirn, hinter der es plötzlich wie verrückt zu pochen begann. „Wenn er nur rangehen oder eine meiner Nachrichten lesen würde, könnte ich ihm alles selbst erklären. Aber verflucht, Mia, er ist einfach abgehauen, hat sich nicht mal verabschiedet. Und jetzt ghostet er mich. Mann, das ist ein Albtraum, das darf alles nicht wahr sein!"

Mia versuchte, mich zu beruhigen, und sagte, dass er sich bestimmt bald melden würde und ich nicht aufgeben solle. Ich hoffte so sehr, dass sie recht hatte.

* * *

Am nächsten Morgen hatte er mich auf WhatsApp blockiert, war mir auf Insta entfolgt und postete stattdessen ein Foto von sich selbst, wie er mit einer Augenmaske im Flieger schlief. Darunter stand:

Schnell unterwegs noch etwas Kraft tanken für die Partyinsel. Ibiza, ich komme! Macht euch bereit für ein paar endgeile Auftritte. Ich liebe euch alle.

Nun, es klang nicht so, als ob er mich vermisste oder in irgendeiner Weise verärgert war. Wow! Schockiert zog ich mir die Decke wieder über den Kopf und schluchzte bittere Tränen in die Kissen. Ich hatte einen einzigen Fehler gemacht und Jonas hatte mich sofort fallen gelassen. War alles eine Lüge gewesen? Das Lied über uns, die schönen Worte, all die Beteuerungen, wie wichtig ich ihm war?

* * *

Die Tage vergingen und ich hörte nichts mehr von ihm. Kein Wort. Stattdessen postete er jeden Tag Fotos von sich und - meist weiblichen - Fans. Jedes Mal schmiegte sich eine andere Frau an ihn, meistens hatte er sogar einen Arm um eine von ihnen gelegt.

Am dritten Tag fand ich mit Mias Hilfe und ihren guten Beziehungen seine Privatadresse in Berlin heraus. Ich schrieb ihm einen langen Brief, in dem ich ihm alles über Mias dumme Aktion erzählte und wie sehr ich ihn vermisste ... und wie schrecklich es wehtat, von ihm ignoriert zu werden. Ich schüttete ihm mein Herz aus und schickte den Brief dann ab. Er konnte ja nicht ewig auf Ibiza bleiben. Irgendwann würde er wenigstens übers Wochenende nach Hause kommen und den Brief lesen.

Doch ich bekam nie eine Antwort.

Die Tage vergingen, die Wochen, und irgendwann merkte ich, dass es vorbei war. Er hatte mich längst vergessen und feierte

Nacht für Nacht auf Ibiza. Ich sollte ihn abhaken, nicht mehr an ihn denken und endlich mein Leben weiterleben. Aber stattdessen verfolgte ich ihn in den sozialen Medien, las jeden Bericht, sah mir jedes Foto an, das ich finden konnte.

Mit den Wochen fiel mir auf, wie zugedröhnt er wirkte. Früher wäre mir so etwas nie aufgefallen, aber jetzt, wo ich seine Vorgeschichte kannte, erkannte ich die Anzeichen, die allerdings kaum zu übersehen waren. Es häuften sich die Berichte über seine scheinbar völlig überdrehten Auftritte oder – wie gestern Abend – das genaue Gegenteil. Seinen Tiefpunkt hatte er offenbar erreicht, als er mitten auf der Bühne heftig taumelte, zu Boden fiel und dann wild lallend um sich schlug, als der Bassist ihm wieder aufhelfen wollte.

Jonas war in einem üblen Zustand und alle Medien berichteten darüber. Eine Schlagzeile jagte die nächste, *Unser Golden Boy im freien Fall* war nur eine davon. Es gab auch Videos von ihm, wie er auf beiden Seiten gestützt zum Auto geschleppt, oder besser gesagt getragen wurde, und eine Nahaufnahme von ihm mit roten, blutunterlaufenen Augen und einem schiefen Grinsen.

Er war abgestürzt und völlig am Ende, das war nun auch dem treuesten Fan klar.

Aber ich war kein Fan, ich war die Frau, deren Herz er gebrochen hatte. Und es tat mir in der Seele weh, ihn so zu sehen. Ich weinte und weinte um ihn, aber ich konnte nichts tun. Er wollte meine Hilfe nicht, hatte mich noch immer nicht zurückgerufen oder mir auch nur eine Nachricht geschrieben.

Allmählich begann ich, mit diesem riesigen Trauerklumpen im Hals weiterzuleben. Jeden Abend und in jeder freien Minute sah ich sein Gesicht vor mir, sein dunkles, lockiges Haar, sein umwerfendes Lächeln und den intensiven Blick seiner schokoladenbraunen Augen. Ich hörte seine Stimme - und damit meine ich nicht die grausamen Partyschlager, die er herausbrachte, nein, die mied ich wie die Pest und schaltete sogar das Autoradio unter

Tränen aus, wenn einer dieser Songs lief. Sie erinnerten mich nur an das Leben, das er nicht wollte und nie geliebt hatte.

Am Anfang fuhr ich jeden Tag nach der Arbeit an seinem Ferienhaus vorbei, bis es neu vermietet war und ich eine Familie mit spielenden Kindern darin sah. Da wusste auch mein naives und dummes Herz, dass er nicht mehr zurückkommen würde.

Ich weinte in Mias Armen, stundenlang unter der Bettdecke, im Gespräch mit Nini am Telefon, unter Javiers traurigem Blick und konnte selbst nicht glauben, wie viele Tränen aus einem Menschen kommen können, ohne dass der Tränenstrom jemals versiegt.

Mein Urlaub war zu Ende und schweren Herzens verabschiedete ich mich von Javier, meinen Kollegen und Mia ... nur um nach einer Woche in München festzustellen, dass ich mich nirgendwo mehr zu Hause gefühlt hatte als auf Sylt.

Nach einem langen Gespräch mit meiner Chefin, die zum Glück sehr verständnisvoll war, einigten wir uns darauf, den Vertrag aufzulösen. Nini übernahm meine Wohnung und kündigte stattdessen ihre eigene, weil sie meine viel schöner fand. Sie hatte sich einfach toll verhalten, sie war meine Rettung.

* * *

„Du hast dir wirklich eine ganze Woche freigenommen, um mit mir nach Sylt zu fahren?“, fragte ich.

Nini schaute mich verständnisvoll an. „Natürlich habe ich das. Du hast doch nicht ernsthaft geglaubt, dass ich dich jetzt im Stich lasse? Sophie, du bist wie Familie für mich, meine beste Freundin. Und es tut mir so leid, was du mit diesem Mistkerl durchmachen musstest. Auch wenn ich dich sehr vermissen werde, verstehe ich deine Entscheidung, nach Sylt zu ziehen. Dein Onkel hat dir einen tollen Job angeboten und du hast die Chance, dort zu leben, wo andere Urlaub machen. Die salzige Meeresluft und die Sonne werden mit der Zeit deine Seele heilen, da bin ich mir sicher. Ein Neuanfang ist jetzt wichtig für dich."

„Ja, ich fürchte nur, die Erinnerung an Jonas überwältigt mich, wenn ich zur Insel zurückkehre."

Nini drückte meine Hand. „Und genau deshalb fahren wir zu deinem Leuchtturm und zu all den Orten, an denen du mit ihm warst. Wir werden dort eine tolle Zeit haben und neue, fröhliche Erinnerungen schaffen. Glaub mir, ich habe schon viele Ideen. Und ich freue mich auf diese Mia. Die scheint ja ganz lieb zu sein und ruft dich ständig an. Die Sache mit dem Video tut ihr auch wahnsinnig leid, wie du mir erzählt hast."

Nachdenklich nickte ich. „Ja. Sie war völlig am Boden zerstört darüber. Aber du wirst sie ja bald selbst kennenlernen und dir dann deine eigene Meinung bilden."

Plötzlich sah sie mich stirnrunzelnd an. „Sag mal, stimmt es eigentlich, was die Medien berichten? Dass Jo Beck, also Jonas, der Mistkerl, alle Verträge gekündigt bekommen hat und jetzt komplett untergetaucht ist? Gestern stand im InSight-Starlife-Magazin, dass niemand weiß, wo er sich aufhält. Er scheint von der Bildfläche verschwunden zu sein."

„Darüber weiß ich nicht mehr als du, Nini. Er will wohl einfach nicht mit mir reden." Ich seufzte und merkte, wie ich am ganzen Körper zu zittern begann, wie immer, wenn ich so schreckliche Dinge über Jonas hörte. Er war mir nicht gleichgültig und würde es auch nie sein. Allein der Gedanke an ihn tat mir so furchtbar weh, dass mir oft vor Schmerz die Luft wegblieb.

Dennoch erkämpfte ich mir tapfer, Schritt für Schritt, mein Leben zurück. Ich ließ mich nicht unterkriegen, niemals. Denn wie Onkel Javier immer zu mir sagte: „Du hast bloß ein Leben, *mi querida niña* ... mein liebes Mädchen. Verschwende es nicht."

Mit Ninis Hilfe biss ich also die Zähne zusammen, setzte alles auf eine Karte und zog auf die Insel Sylt. Mein Vater war zwar überrascht von meiner Entscheidung, doch er gab zu, dass so ein Neuanfang manchmal gut für einen wäre. Mehr noch, er buchte sogar die Flüge für Nini und mich und hatte uns für zwei Wochen eine Ferienwohnung gemietet. So lange würde Onkel Javier nämlich brauchen, um seine Dachgeschosswohnung für mich auf Vordermann zu bringen, hatte er gesagt.

In letzter Zeit hatte Vater anscheinend öfter mit seinem Bruder telefoniert und die beiden schienen sich langsam wieder näher zu kommen, was ich gut fand. Vielleicht gab es ja doch noch Hoffnung, dass mein Vater und ich uns eines Tages annähern würden. Die Zeit würde es zeigen.

Die Woche mit Nini und Mia war toll. Wir unternahmen viel zusammen und langsam fand ich mein Lachen wieder – zumindest in manchen Momenten. Heute hatten wir eine geführte Wattwanderung gemacht. Nini kicherte und quietschte oft vor Ekel, weil sie die ganzen Wattwürmer nicht so toll fand. Mia kannte das alles schon, sie war auf der Insel aufgewachsen. Ich war jeden Tag aufs Neue erstaunt, wie gut sie sich mit Nini verstand. Die beiden schienen eine Art Pakt geschlossen zu haben, um mich von meinem Liebeskummer zu heilen.

Nini nannte Jonas nur noch *den Mistkerl*, während Mia etwas milder in ihrer Wortwahl war. Sie schien genau zu spüren, dass er mir immer noch wichtig war und dass ich es nicht mochte, wenn Nini schlecht über ihn sprach. Natürlich wusste ich, dass sie es gut meinte, aber ich wünschte mir von ganzem Herzen, dass er wieder auf einen guten Weg kommen würde.

Mia war selbstverständlich zuerst völlig überrascht darüber gewesen, wer der Traummann war, von dem ich ihr so viel erzählt hatte. Aber sie reagierte entspannter, als ich befürchtet hatte. Überhaupt waren sie und Nini ziemlich gegensätzlich. Mia war eher sprunghaft und ließ sich von ihren momentanen Gefühlen leiten, während Nini eine richtige Powerfrau war, die haargenau wusste, was sie wollte.

Nachdem wir eine Woche lang gefühlt jede Eisdiele auf der Insel abgeklappert, einen Wellness- und einen Cocktailabend gemacht und mehrere Radtouren unternommen hatten, war ich fast froh, als Nini wieder zurück nach München musste. Ich liebte sie, sie war wie eine Schwester für mich, aber Mia und Nini im Doppelpack waren auf Dauer schwer zu ertragen. Ich wollte nicht ständig etwas unternehmen, sondern lieber heimlich weiter im Internet surfen und nach Lebenszeichen von Jonas suchen.

Beim Abschied sagte sie zu mir: „Untersteh dich, ihn weiter online zu belästigen!" Überrascht sah ich sie an, denn ich dachte immer noch, dass das mein kleines Geheimnis sei. „Hast du mir etwa nachspioniert?"

Sie verdrehte die Augen. „Sophie, ich muss nicht wissen, was du tust. Ich kenne dich schon mein halbes Leben. Außerdem habe ich oft genug deinen Gesichtsausdruck gesehen, wenn du Instagram geöffnet hast. Das ist nicht gut für dich, lass es sein, Süße."

Wieder kullerten ein paar Tränen und Nini nahm mich fest in den Arm. „Du wirst wieder jemanden lieben, und dieses Mal wird es kein gutaussehender Sänger mit einem Suchtproblem sein. Versprichst du mir das?"

Ich setzte ihr zuliebe ein Lächeln auf, fühlte mich aber immer noch schlecht. Trotzdem versuchte ich zu scherzen. „Nein, ich habe selbst genug davon. Vielleicht sollte ich mir einen Bauern suchen. So einen richtigen Landjungen mit goldenem Herzen und kräftigen Händen, die anpacken können." Leider fand ich Jonas' schlanke Finger, die flink über die Tasten huschten, tausendmal attraktiver.

„Egal, mit wem du ankommst, ob Bauer, Fitnesstrainer oder Arzt, an dem Tag, an dem du mir von einer neuen Liebe erzählst, müssen wir feiern gehen."

Innerlich stöhnte ich laut auf, denn ich konnte mir beim besten Willen nicht vorstellen, jemals wieder mein Herz zu verschenken. Wie denn auch, wenn Jonas es noch in seinen Händen hielt?

* * *

Nachdem Nini zurück in München war, konnte ich wieder durchatmen, stundenlang im Bett liegen und einsame Strandspaziergänge unternehmen.

Aber so viel Freizeit hatte ich nicht mehr, als ich wieder anfing zu arbeiten. Javier gab mir zunächst einen Job als persönliche Assistentin, was super war, denn die Arbeit war abwechslungsreich und gut bezahlt. Langfristig wollte ich aber wieder als Erzieherin arbeiten, sobald die ersten Räume für die Kinderbetreuung umgebaut waren. Mit den Bauvorschriften für Kindertagesstätten kannte ich mich auch recht gut aus, da meine Einrichtung in München gerade ein neues Kinderhaus geplant hatte – außerdem würde mir Onkel Javier einen Architekten zur Seite stellen.

Von außen sah also alles gut aus: Ich wohnte auf einer wunderschönen Insel, hatte einen tollen Job und zwei fantastische Freundinnen.

Aber tief drinnen war meine Seele schwarz wie die Nacht und es tat mir unendlich leid, dass Jonas dieses verdammte Video anscheinend gesehen hatte. Aber warum hatte er nicht einmal nachgefragt, geschweige denn auf eine meiner Nachrichten geantwortet? Er hatte einfach angenommen, dass ich die Art von Frau war, die ihn bei der ersten Gelegenheit betrügt. Karma war ein echter Verräter. Es hätte mir wenigstens die Chance geben können, es Jonas zu erklären.

Zuerst hatte mir das Schicksal etwas Wunderbares geschenkt, indem es mich zu diesem tollen Mann geführt hatte – und einen Wimpernschlag später hatte es gnadenlos zugeschlagen und ihn mir wieder weggenommen, während er jetzt mit seinen Dämonen kämpfte.

Zu meiner großen Erleichterung blieb wenigstens Mia bei mir. Sie hatte nämlich eine Lehrstelle als Schreinerin bekommen, die sie nach den Sommerferien antreten konnte. Und obwohl wir mehrmals in der Woche etwas zusammen unternahmen, ließ sie mir genug Luft zum Atmen ... damit ich mich in meinem Liebeskummer suhlen konnte.

Mia hatte mir neulich erzählt, dass ein gebrochenes Herz Zeit braucht, um zu heilen. Aber das Dumme war, dass meins nicht einmal angefangen hatte zu heilen. Jedes Mal, wenn ich an ihn dachte, brach die Wunde wieder auf und ich blutete wie an dem Tag, an dem er mich verlassen hatte.

Ich wollte nichts mit Drogen zu tun haben und ihn endlich aus meinen Gedanken verbannen, aber es ging einfach nicht. Und um ehrlich zu sein, ich würde es ganz genauso wieder machen. Jonas war es wert, alles auf eine Karte zu setzen und sich Hals über Kopf in eine Beziehung zu stürzen, die nicht viele Chancen hatte.

All der Schmerz war es dennoch wert, weil Jonas weit mehr war als der suchtkranke Sänger. Früher liebten ihn alle und hoben ihn auf ein Podest, jetzt schrieben sie nur noch übles Zeug über ihn.

Rise and Fall, Aufstieg und Fall – in der Medienwelt lag beides dicht beieinander.

Die kleine Dachgeschosswohnung war mein Rückzugsort. Onkel Javier hatte mir sogar eine eigene kleine Nasszelle einbauen lassen. Sie war winzig, aber für mich perfekt. So hatte ich meinen Freiraum und musste das Badezimmer nicht mit ihm teilen.

Eines Abends, etwa zwei Monate nach Jonas‘ Abreise, hörte ich von unten Männerstimmen und etwas später deutliche ... ähm ... Geräusche. Es war leider nicht zu überhören, auch wenn ich extra Kopfhörer aufsetzte und die Musik voll aufdrehte: Javier hatte Männerbesuch und die beiden waren gerade intim miteinander geworden. *So so, Onkelchen, das ist also dein kleines Geheimnis*, schoss es mir durch den Kopf.

Beim Frühstück am nächsten Morgen grinste ich ihn frech an. Sein Liebhaber hatte sich um zwei Uhr nachts aus dem Haus geschlichen, aber nicht leise genug, denn ich war aufgewacht, als er die Tür ins Schloss zog.

„Hattest du gestern einen schönen Abend?“, fragte ich ihn mit einem anzüglichen Grinsen, während ich mir eine dicke Schicht Schokoladencreme aufs Brot strich.

Sofort färbten sich seine Wangen dunkelrot. „Tut mir leid, wenn wir zu laut waren, Sophie. Ich wollte nicht, dass du was merkst. Das war nur ein alter Freund von früher."

„Aha, ein alter Freund also", sagte ich kichernd. Ich hielt das Streichmesser hoch und deutete auf ihn. „Wenn mich meine Ohren nicht täuschen, war er mehr als nur ein guter Freund. Warum hast du mir nie gesagt, dass du auf Männer stehst? Und in wen bist du verliebt?"

Seine Wangen glühten jetzt in einem hübschen Purpurrot. „Ach herrje, das tut mir so leid, wir wollten dich nicht stören. Und ich habe nichts gesagt, weil ich schlechte Erfahrungen damit gemacht habe, über meine Neigungen zu sprechen. Dein Vater hat deswegen sogar den Kontakt zu mir abgebrochen. Er hat sich für mich geschämt."

„Mein Vater ist ein noch größerer Idiot, als ich dachte, wenn er so reagiert. Onkel Javier, Liebe ist Liebe, ob Mann oder Frau. Sie schlägt ein wie der Blitz und endet manchmal leider in einem verheerenden Flächenbrand, aber das sucht sich niemand aus. Egal wen man liebt, niemand sollte einen jemals dafür verurteilen, das ist absoluter Neandertalerquatsch. Also, wer war es gestern? Liebst du ihn?"

Er seufzte. „Nein. Ja. Es ist kompliziert, Liebes."

„Ist es das nicht immer?", antwortete ich und verkniff mir weitere Nachfragen. „Wenn ihr bereit seid, würde ich ihn gerne mal kennenlernen. Aber bis dahin genieß es einfach, okay?" Ich stand auf, ging um den Tisch herum und umarmte ihn fest. „Wir halten ab jetzt zusammen, schon vergessen?"

Er lachte leise, dabei schimmerten Tränen in seinen Augen. „Ich bin es nicht gewohnt, eine Familie um mich zu haben, die mich unterstützt. Aber du, Sophie, bist das Beste, was mir seit Langem passiert ist."

Wir lösten uns wieder voneinander und er lächelte mich an. „Fühlst du dich etwas besser? Ich weiß, dass der junge Mann dir sehr wehgetan hat. Aber ich kann mir vorstellen, dass er auch leidet."

Ich hatte Javier gleich nach meiner Rückkehr alles über Jonas und mich erzählt. Er war also gut informiert.

„Das glaube ich nicht. Sein Absturz hat wohl nichts mit mir zu tun, sonst hätte er sich wenigstens einmal bei mir gemeldet."

Als wir später gemeinsam den Esstisch abräumten, entdeckte ich ein großes Paket, das in einer Ecke des Zimmers an der Wand lehnte. „Was ist das?", fragte ich neugierig. „Hast du etwas bestellt?"

Onkel Javier folgte meinem Blick und schlug sich mit der flachen Hand gegen die Stirn. „Das habe ich ganz vergessen, das ist gestern für dich im Hotel angekommen. Sieht nach etwas Schwerem aus. Vielleicht von deinem Papa."

„Im Hotel? Und an mich adressiert?", fragte ich. „Seltsam." Papa wusste, dass ich bei Javier wohnte. Warum sollte er also etwas ins Hotel schicken? Das ergab keinen Sinn.

Panik breitete sich in Wellen in mir aus, und wieder einmal hatte die Wüste ein neues Zuhause in meinem Mund gefunden - so fühlte es sich jedenfalls an. Ich eilte zu dem Paket und suchte nach einem Absender, aber da war keiner. Mir brach der Schweiß aus und mein Herz raste. Könnte es etwas von ihm sein? Meldet er sich jetzt, nach all der Zeit?

„Willst du es nicht gleich hier aufmachen?", fragte mein Onkel verwundert, als ich es mühsam die Treppe hochtrug.

Ich schüttelte nur den Kopf, nahm ein Messer aus der Küchenschublade und trug das Paket in meine Wohnung. Langsam ließ ich die Klinge durch das Klebeband gleiten und schnitt es an allen wichtigen Stellen durch. Dann wartete ich eine Weile, bevor ich das Paket öffnete.

Als ich schließlich den Deckel des Kartons anhob, blieb mir die Luft weg. Nein, das war sie nicht, oder? Ich wickelte die Luftpolsterfolie auf und legte sie beiseite. Dann versuchte ich verzweifelt, ruhig zu atmen, während meine Finger zärtlich über die weißen Tasten strichen.

Weiße Tasten für die schönen Momente, schwarze für all den Kummer und den Schmerz, dachte ich. Der Satz ergab keinen Sinn, aber ich flüsterte ihn trotzdem leise vor mich hin.

Jonas hatte mir sein Keyboard geschenkt. Nicht etwa irgendeines, sondern genau das, auf dem er mir im Ferienhaus seinen Song vorgespielt hatte. Erst als ich es aus dem Karton holte, entdeckte ich den weißen Zettel darunter.

> Sophie, ich weiß, dass du nichts von mir hören willst, deshalb mache ich es kurz: Das Keyboard ist für dich. Ich brauche es nicht mehr, meine Finger zittern zu sehr, mein Kopf hat alle Melodien vergessen und mein Herz kennt nur noch traurige Balladen. Ich bin kaputt.
>
> Aber du hast noch ein ganzes Leben vor dir, und ich hoffe, dass du bald viele schöne Melodien darauf spielen kannst. Du brauchst mir nicht zu danken und bitte wirf es nicht weg, nur weil es von mir ist. Du wolltest schon immer Keyboard spielen lernen, also mach es jetzt und erfülle dir deinen Traum. Ich wünsche dir ein Leben voller Glück, Musik und Liebe.
>
> Antworte mir nicht, ich würde es sowieso nicht lesen. Deine anderen Briefe habe ich alle verbrannt, ich will sie nicht. Es schmerzt zu sehr.
>
> Die Zeit mit dir werde ich nie vergessen. Du warst mein Licht, mein Leuchtturm der Hoffnung.
>
> Dein Jonas

Fassungslos starrte ich auf den Zettel in meiner Hand. Die Worte waren ziemlich krakelig geschrieben und die Tinte teilweise verschmiert. Dennoch war es der wichtigste Brief, den ich je erhalten hatte. Eine unfassbare Gefühlsexplosion brachte mein Innerstes in Aufruhr. Wie konnte er nur? Warum jetzt und nicht schon früher? Was gab ihm das Recht, mir erneut das Herz zu brechen, obwohl es noch nicht einmal verheilt war? Er schrieb mir das alles, schenkte mir sein Keyboard, und dann durfte ich ihm nicht antworten?

Das war nicht fair. Sein verfluchtes Keyboard wollte ich nicht, ich brauchte keine Almosen, keine Erinnerung an ihn. Er hatte meine Briefe verbrannt? Dann würde ich das Keyboard in den Müll werfen! Vorerst schob ich es allerdings unter mein Bett, ganz nach hinten an die Wand, wo ich es nicht sehen musste.

Drei Tage später hatte ich es wieder hervorgeholt, auf den Tisch gestellt und an den Strom angeschlossen. Zuerst klimperte ich nur ein wenig darauf herum, aber das klang schrecklich. Was konnte das arme Keyboard dafür, dass sein Besitzer es nicht mehr haben wollte? Es war fast neu und hatte es nicht verdient, auf dem Müll zu landen. Jetzt, wo ich es hatte, konnte ich auch lernen, darauf zu spielen.

* * *

Nach drei Wochen hatte ich eine tägliche Routine entwickelt und spielte so oft ich konnte. Ich hatte mir ein Lehrbuch gekauft, mit dem ich gut vorankam. Das Spielen beruhigte mich und auf eine seltsame Weise fühlte ich mich Jonas nahe. Es war verrückt, ich war unendlich wütend auf ihn, aber gleichzeitig vermisste ich ihn immer noch und hoffte, ihn eines Tages wiederzusehen und über alles reden zu können. Wenn er plötzlich vor meiner Tür stünde, würde ich sie ihm vor der Nase zuschlagen? Wahrscheinlich ja. Aber nur, um sie ihm gleich darauf erneut zu öffnen. Würden seine braunen Augen die gleichen bleiben, würden sie wieder funkeln und leuchten, wenn er mich ansah?

Ich würde es wohl nie erfahren.

Denn er tauchte nicht auf.

Stattdessen kam einige Wochen später der nächste Brief.

Jonas: Einfach nur Liebe

Meine Finger zitterten nicht mehr ganz so stark, doch in meinem Kopf drehte sich nach wie vor das Gedankenkarussell.

Heute Morgen in der Therapiestunde bat ich darum, Sophie anrufen zu dürfen. Ich war sogar kurz davor, meine Tasche zu packen und aus dieser verflixten Reha-Klinik für Suchtkranke zu fliehen.

Doch ich habe es nicht getan.

„Du musst dich erst selbst lieben, bevor du andere lieben kannst“, war das Lieblingsmotto meiner Therapeutin, und ich musste zugeben, dass da etwas Wahres dran war.

Im Grunde hatte ich mich immer selbst gehasst.

Ich mochte weder mich, noch die Lieder, die ich sang, oder das, was ich verkörperte.

Inzwischen sah ich mich so, wie ich jahrelang war: eine seelenlose Hülle, immer auf der Jagd nach dem nächsten Trip, um alles zu vergessen. Dann hatte ich Sophie kennengelernt und alle anderen Drogen durch sie ersetzt, anstatt wirklich clean zu werden. Ich habe ihr viel zu viel aufgebürdet, weil ich dachte, nur sie könnte mich heilen. Dass das Quatsch war, wusste ich jetzt –

gefühlte hundert Therapiestunden später. Es gab noch so viel, was ich ihr sagen wollte. Zum Beispiel, dass ich nicht bereit für sie war, dass es nicht an ihr lag, sondern an mir. Ich durfte ihr nicht böse sein, dass sie mir den Rücken gekehrt hatte, weil ich Wunder von ihr erwartet hatte, die sie aber nicht bewirken konnte.

Nur ich allein konnte mich aus dem Sumpf nachtschwarzer Gedanken ziehen. Nur einer konnte mich retten, und das war ich selbst.

Und genau das tat ich gerade. Ich war dabei, mich selbst zu retten - mein Leben zu retten.

Ich durfte ihr Briefe schreiben, das war erlaubt - aber keine Geschenke schicken. Es tat mir immer noch leid, dass ich Sophie nie den versprochenen Keyboardunterricht gegeben hatte. Aber wir hatten so wenig Zeit miteinander und dann war alles so schnell vorbei gewesen. Als kleine Wiedergutmachung hatte ich Martin gebeten, ihr das Keyboard mit dem Brief zu schicken. Ich hatte zwar manchmal Probleme beim Schreiben, weil ich oft zitterte und mit den Nerven am Ende war, aber ich wollte, dass sie etwas von mir bei sich hatte. War das egoistisch? Nur zum Teil, denn im Grunde ging es mir auch darum, ihr etwas zurückzugeben. Sie hatte mir die Hoffnung auf ein besseres Leben geschenkt. Egal, wie es mit uns endete: Sophie war mir unglaublich wichtig.

Genau wie mein Bruder Martin. Er wollte mich immer beschützen, wie schon seit unserer Kindheit. Aber wie konnte man jemanden beschützen, der sich immer wieder selbst ins Unglück stürzte?

Es war für mich an der Zeit, Martin gehen zu lassen. Er musste sich von mir lösen und seine eigenen Träume verwirklichen. Ich wusste, dass er – genau wie ich – nicht viel von dem ganzen Starrummel hielt. Und er hatte jahrelang in meinem Schatten gestanden, alle seine Wünsche zurückstellen müssen ... Das sollte sich von nun an ändern. Ich hatte mir geschworen, endlich auf eigenen Füßen zu stehen.

Meine Genesung ging nur langsam voran. Nachdem mich Martin und Jessica quasi am Kragen gepackt und in die Klinik geschleppt hatten, blieb ich nur drei Tage. Länger hielt ich es zwischen all den Süchtigen und kaputten Menschen nicht aus. Doch dann wachte ich morgens nach einem Drogenrückfall auf und wusste minutenlang nicht, wo ich mich befand und wer ich war. Das war der Weckruf, den ich so dringend gebraucht hatte.

Diesmal in der Klinik war es anders, denn endlich hörte ich zu. Ich hatte begriffen, dass ich ohne Hilfe nicht davon loskommen würde - und dass ich dafür dringend an *mir* arbeiten musste. Denn das eigentliche Problem war der Grund, warum ich mich immer wieder betäuben wollte.

Jetzt war ich bereit, einen richtigen Brief an Sophie zu schreiben. Meine Hände und Finger gehorchten mir und ich konnte mich endlich wieder konzentrieren. Ich nahm einen Stift, ein weißes Blatt Papier und begann, alles aufzuschreiben, was mir einfiel.

Liebe Sophie,

ich bin ein Idiot. Natürlich weiß ich, dass du nichts mehr von mir hören willst. Dennoch kann ich es nicht lassen, dir zu schreiben. Ich weiß, dass du längst nach vorne schaust, das habe ich deinen Instagram-Fotos entnommen. Und ich kann mir vorstellen, warum. Du willst nichts mit jemandem wie mir zu tun haben – einem Kerl, der völlig kaputt ist. Ich würde es also verstehen, wenn du diesen Brief und alle, die noch folgen werden, zerreißen würdest. Trotzdem muss ich dir schreiben. Es gibt Dinge, die ich dir nie sagen konnte und die mir seitdem ständig im Kopf herumspuken, mich verfolgen und mir keine Ruhe lassen, nicht einmal nachts, wenn ich schlafe.

Du hattest recht, als du sagtest, dass man nur für sich selbst clean werden kann, nicht für andere. Das haben die Therapeuten von Anfang an gesagt, und jetzt verstehe ich es endlich.

Falls ich selbst etwas verändern will, schaffe ich das auch. Meine Therapeutin würde mich umbringen, wenn sie wüsste, dass ich ausgerechnet dir schreibe. Aber ich habe immer noch Hoffnung, dich eines Tages wiederzusehen – und sogar, falls das erst in einem anderen Leben sein sollte, warte ich auf dich.

Ich mache hier in der Entzugsklinik gute Fortschritte, aber es gibt immer noch diese dunklen Schatten, die mich Nacht für Nacht in meinen Träumen verfolgen. Irgendetwas stimmt nicht mit mir, ich bin einfach nicht gesund, also psychisch. Irgendwann muss meine Seele Schaden genommen haben, und ich beziehungsweise alle Therapeuten und ich sind gerade dabei herauszufinden, wann das war … und was es bewirkt hat.

Aber das soll dich nicht interessieren. Vielmehr hoffe ich, dass du mein Keyboard benutzt und fleißig lernst. Ich weiß, wie musikalisch du bist, das habe ich von Anfang an gemerkt. In dir schlummert eine kreative Seele. Du liebst die Musik und hast ein Gespür dafür. Es wäre doch schade, wenn du das nie ausleben würdest.

Wir haben nur ein Leben. Nach vielen Gesprächen ist mir klar geworden, dass ich mein Leben eigentlich gehasst habe. Ich war auf einem regelrechten Selbstzerstörungstrip, weil ich so nicht mehr weitermachen wollte und konnte. Das Gute an so einer Erkenntnis ist, dass es dann eine Chance auf Veränderung gibt.

Was würdest du gerne in deinem Leben ändern? Bekommst du die Briefe überhaupt, schickt sie dir dein Onkel? Ich habe nur die Adresse des Hotels, also kann ich bloß hoffen, dass du diesen Brief jetzt in den Händen hältst. Ich habe bewusst keinen Absender auf den Umschlag geschrieben, denn ich soll erst einmal keine Briefe bekommen, sondern mich ganz auf meine Genesung konzentrieren.

Ich bin dir nicht (mehr) böse. Du hast dich zu Recht von mir abgewandt, das kann ich gut verstehen. Ich möchte nur wissen, was genau der Auslöser war. Habe ich etwas Falsches gesagt oder gemacht? War es die Sache mit den Medikamenten, die mir quasi das Genick gebrochen hat?

Meine Tage hier sind vollgepackt mit Therapie- und Gruppensitzungen, aber zwischendurch habe ich immer noch Zeit, an dich zu denken. Sophie, ich vermisse dich so sehr.

Ich hoffe, dass wir eines Tages, wenn ich gesund bin, vielleicht Freunde sein können. Dieser Gedanke lässt mich kämpfen - für mich, für meine körperliche und geistige Gesundheit und für die Hoffnung auf eine bessere Zukunft. Und ich wünsche dir von ganzem Herzen, dass es dir gut geht. Allein diesen Brief zu schreiben, gibt mir das Gefühl, dir nahe zu sein. Ich weiß, dass das alles sehr verwirrend für dich klingen muss, aber mir geht es im Moment nicht besonders gut. Irgendwann wird das wieder anders sein. Dann sehen wir uns wieder und ich kann dir endlich das ganze Lied vorspielen, das ich für dich geschrieben habe. Im Moment ist jede Kreativität wie weggeblasen, ich bin leer und ausgebrannt. Aber ich hoffe, dass das nicht ewig so bleibt.

Alles Liebe und bis bald,
dein Jonas.

Die nächste Woche war verdammt hart für mich. Ich wusste ja, dass ich innerlich gebrochen war, aber so sehr? Ich habe Dinge über mich und meine Vergangenheit herausgefunden, die mich völlig aus der Bahn warfen. Aber meine Therapeutin meinte, dass es wichtig war, ein großer Durchbruch im Heilungsprozess sozusagen. Mich ließ diese neue Erkenntnis jedoch entgeistert zurück. Wie hatte ich das alles nur verdrängen können? Weshalb war es mir nie bewusst gewesen, was wirklich passiert war?

Jahrelang hatte ich ihn für meinen Mentor gehalten. Den netten Nachbarn, der immer gut zu mir war, der mich kannte wie kein anderer ... der in meiner Kindheit als Einziger ein offenes Ohr für mich hatte. Ihm hatte ich vertraut – und ihn gleichzeitig gefürchtet, wie ich jetzt wieder wusste.

Es war so verrückt, dass ich es auch nach Tagen nicht aussprechen, geschweige denn aufschreiben konnte. So etwas durfte ich Sophie nicht sagen, sie würde mich für verrückt halten. Oder noch schlimmer: für einen Schwächling, der sich nicht wehren kann. Das Schlimme war, dass ich irgendwann an einem Punkt gewesen war, an dem ich mich nicht mehr wehren wollte.

Ich hatte einfach akzeptiert, dass dieser viel ältere Mann Dinge mit mir gemacht hatte, die ich nicht wollte. Er hatte mir zugehört, mir Geschenke gemacht, mir das Gitarrespielen beigebracht … und dann hatte er sich einfach selbst dafür bezahlt.

Immer wieder sagten die Therapeuten mir, dass ich ein Kind gewesen war und es nicht besser wusste. Er hingegen war ein Meister-Manipulator, in einem Moment mein einziger Halt, und im nächsten der Mann, der mir alles genommen hatte: meine Unschuld, meine Kindheit und vermutlich auch meinen inneren Frieden.

Bis zum jetzigen Tag war ich kaputt, und das vor allem seinetwegen. Nicht einmal meinen Eltern hatte ich damals davon erzählt, denn es war ja unser kleines Geheimnis. Außerdem hatte er mir stets eingetrichtert, dass ich selbst schuld daran wäre. Und er meinte immer wieder, dass er mich bräuchte, weil ich sein einziger Lichtblick sei.

Ich war genauso abhängig von ihm gewesen wie jetzt von den verdammten Drogen. Er hatte mich zu dem Wrack gemacht, das Sophie kennengelernt hatte. Es tat mir unendlich leid, dass ich ihr nicht mehr von meinen guten Seiten zeigen konnte – denn die hatte ich definitiv … aber manchmal glaubte ich selbst nicht daran, dass ich es wert war, geliebt zu werden. Wie konnte mich dann jemand anderes lieben? Wie konnte Sophie mich lieben, wenn ich es selbst nicht konnte?

Verdammt, die Psychologen und Therapeuten machten ihre

Arbeit hier wirklich gut. Ich begann über Dinge nachzudenken, die mir vorher nie in den Sinn gekommen waren. Doch immer wieder schoss mir eine einzige Frage durch den Kopf:

Ob Sophie meinen Brief bekommen würde ... und ihn nicht gleich wegwerfen, sondern lesen würde?

Sophie: Tage und Monate

Inzwischen hatte ich mich richtig auf der Insel eingelebt. Seitdem sich der dunkle Nebel auf meiner Seele langsam gelichtet hatte, konnte ich die wahre Schönheit von Hörnum erkennen. Heute war ich mit Mia im Restaurant Südkap. Es liegt an der Ostpromenade und bietet bei schönem Wetter einen fantastischen Ausblick auf die benachbarten Inseln Föhr und Amrum.

Ich bestellte ein sogenanntes „Friesenschnitzel" mit Krabben und Spiegelei, das wirklich absolut lecker war. Aber wegen der umwerfenden Aussicht konnte ich mich gar nicht richtig darauf konzentrieren.

Wir saßen draußen, atmeten die salzige Meeresluft ein und ich fühlte mich irgendwie undankbar. Ich sollte so glücklich sein, hier arbeiten und leben zu dürfen. Morgen würde ein Architekt ins Hotel kommen, um mit mir und Onkel Javier über unsere Pläne zu sprechen. Javier fand auch meine anderen Ideen toll und wollte mir später helfen, sie zu verwirklichen. Mein Traum von einer Ferienbetreuung für Kinder aus finanziell schwachen Familien rückte also in greifbare Nähe.

Doch nicht nur das, auch meine Keyboardstunden begannen sich auszuzahlen. Zuerst hatte ich mir eine App heruntergeladen und es ausprobiert, aber irgendwie konnte ich mich nicht dazu motivieren. Dann hatte ich mir ein neues Buch gekauft, in dem alles genau beschrieben war - für Idioten wie mich, die nicht mit Musik in der Muttermilch aufgewachsen sind. Und wie durch ein Wunder hatte ich von diesem Tag an fleißig geübt und beherrschte nun nicht nur einige Melodien, sondern auch die Akkorde C, G, G7, F und C7, hurra!

Es ging mir gut, wirklich. Mir fehlte nichts. Ich hatte in Mia eine großartige Freundin gefunden. Sie machte die Ausbildung zur Schreinerin und hatte oft lustige Storys von ihren Kollegen zu erzählen. Wobei mir einfiel ... „Hast du eigentlich noch mal mit deiner Mutter gesprochen, Mia? Du weißt schon, wegen deinem Geburtstag und dem abgebrochenen Studium?"

Sofort rümpfte sie die Nase und machte ein finsteres Gesicht. „Nein, sie hat sich nicht mehr gemeldet und nach der Aktion kann sie lange warten, bis ich wieder bei ihr auf der Matte stehe. Ich verdiene jetzt meine eigene kleine Ausbildungsvergütung, kellnere nebenher und komme finanziell ganz gut über die Runden. Ihre Hilfe brauche ich also nicht", sagte Mia.

O weh, sie war genauso stur wie ihre Mama. Ich hoffte immer noch auf eine Versöhnung der beiden, aber bisher sah es leider nicht danach aus. Gertrud war bei der Arbeit mürrischer denn je und wechselte nur die nötigsten Worte mit mir. Sie wusste natürlich inzwischen von meiner Freundschaft zu ihrer Tochter und schien das nicht zu mögen.

Um ehrlich zu sein, war die Sache mit Mias Tischlerlehre für sie eher wie eine Auszeit. Eine Art Zwischenstation. Ich glaubte nicht, dass sie das auf Dauer machen wollte. Dafür erschien sie mir viel zu sprunghaft und es fehlte ihr eindeutig an echter Begeisterung. Sie mochte den Job, aber das war es auch schon. Ich fand, dass man für seine Arbeit brennen musste, um wirklich gut darin zu sein - doch das war bei ihr nicht der Fall. Na ja, ich hatte ihr trotzdem die Daumen gedrückt, dass sie etwas finden konnte, was ihr auf Dauer Spaß machte. Ich war auf ihrer Seite und würde sie auch in Zukunft bei allem, was sie wollte, unterstützen.

„Natürlich schaffst du das alleine. Aber ich finde, ihr solltet noch mal miteinander reden. Deine Mutter wirkt ziemlich angeschlagen und hat ständig schlechte Laune."

„Ha", sagte sie lächelnd. „Das liegt aber nicht an mir, sondern an ihrer Grundeinstellung."

Ich schüttelte schnell den Kopf. „Nein. Das stimmt nicht, wie du ganz genau weißt. Sie mag streng sein, ja, aber nicht so mürrisch wie jetzt. Aber egal, Themawechsel: Hast du schon mal jemanden getroffen, der dir den Kopf verdreht hat?"

Sie sah mich wissend an. „Du meinst wie dieser Jonas ... o sorry, Jo Beck es bei dir getan hat? Nur um dann bei Nacht und Nebel zu verschwinden? Nee, danke, ich passe lieber gut auf mein Herz auf."

„Du hast wohl zu oft mit Nini telefoniert. Jedenfalls klingst du schon genau wie sie", warf ich ein. „Das war ein Missverständnis wegen deines blöden Videos."

Jetzt sah sie mich zerknirscht an. „Ja, das war eine wirklich dumme Aktion von mir, und ich habe seitdem kaum noch Alkohol getrunken. Aber mal ehrlich: Er hätte sich doch hinterher melden können! Stattdessen lässt er dich im Ungewissen. Du leidest, machst dir Sorgen um ihn und gehst vor Liebeskummer ein wie eine vertrocknete Primel - während er wahrscheinlich mit irgendeinem weiblichen Fan die Nacht durchfeiert."

Ich stocherte mit der Gabel auf dem Teller herum und schob eine Krabbe von links nach rechts und wieder zurück. Das ging eine ganze Weile so, bis ich endlich beschloss, sie auf den neuesten Stand zu bringen. „Ganz so ist es nicht. Er hat mir vor einiger Zeit sein Keyboard geschickt, mit einem kurzen Brief. Und heute Morgen kam ein langer, emotionaler Brief von ihm."

Mia starrte mich an. „Deshalb bist du so neben der Spur. Ich habe mich schon gefragt, was heute los ist, aber das erklärt natürlich alles. Jetzt sag schon, was stand drin?"

Stammelnd versuchte ich, seine Worte genau wiederzugeben. Während ich sie wiederholte, begannen meine Hände zu zittern und mein Herz wild zu klopfen. Er ließ mich nicht los – auch nach all den Wochen ging er mir immer noch unter die Haut. Jonas war eindeutig meine Schwachstelle.

Nachdem ich verstummt war, blickte Mia mich prüfend an, in ihren Augen konnte ich Mitleid lesen.

„Wie geht es dir jetzt damit?", fragte sie leise.

Gute Frage, aber was sollte ich antworten, wenn ich es selbst nicht wusste? Alles, was ich fühlte, war Sehnsucht nach ihm - gepaart mit Wut, weil er gegangen war, ohne mir die Chance zu geben, alles zu klären. Er war einfach davon ausgegangen, dass ich ihn betrogen hatte. Ja, damals sah alles danach aus, das Insta-Reel war eindeutig. Aber manchmal sind die Dinge nicht so, wie sie scheinen.

Und dann waren da noch meine nagenden Selbstzweifel. War ich schuld an Jonas' Absturz? Hätte ich besser auf mein Handy aufgepasst oder den Kerl schneller weggestoßen, wäre das Drama dann nicht passiert? Wahrscheinlich ja. Seufzend erzählte ich Mia davon.

„Meinst du das ernst? Du gibst dir die Schuld für alles? O Mann, Sophie. Er hat doch geschrieben, dass die Ursache für all das in seiner Psyche liegt. Du hast nichts falsch gemacht. Er hat schon ein ausschweifendes Leben geführt, bevor er dich kennengelernt hat. Und jetzt ist es wirklich gut, dass er sich Hilfe geholt hat. Vielleicht musste das alles so kommen, damit er sich endlich um seine Probleme kümmert. Glücklich war er bestimmt nicht, sonst hätte er sich nicht ständig mit den ganzen Medikamenten zugedröhnt. Das musst du zugeben."

Ich zog mein dünnes Jäckchen enger um mich. Plötzlich fröstelte ich. „Keine Ahnung, könnte sein."

„Aber ganz bestimmt. Hör endlich auf, dich für die Taten anderer verantwortlich zu fühlen. Nini hatte recht, als sie neulich am Telefon sagte, dass du zu gut für diese Welt bist." Sie zog die

Augenbrauen zusammen, sodass eine Falte dazwischen entstand. Dann seufzte sie und lächelte mich warm an. „Aber wir mögen dich, so wie du bist. An dir ist nichts falsch, Sophie, also hör auf, alles auf deine Schultern zu laden. Jonas hat jetzt Hilfe, das ist gut. Die Leute in solchen Entzugskliniken sind Profis, die wissen genau, was sie tun. Du musst dich jetzt nur um dich selbst kümmern."

Mist, schon wieder schossen mir Tränen in die Augen. „Ich vermisse ihn so sehr. Und ich weiß, dass er viele Probleme hat und an sich arbeiten muss, aber trotzdem ist da tief in mir ein kleiner Hoffnungsschimmer, dass wir uns eines Tages wiedersehen."

Mia lehnte sich mit verschränkten Armen in ihrem Stuhl zurück und fragte leise: „Und dann, Sophie? Wirst du ihn wieder in dein Herz lassen?"

„Nein", antwortete ich entschlossen. „Das brauche ich nicht, denn er hat immer noch einen großen Platz darin."

„O je, das hatte ich befürchtet. Dich hat es ganz schön erwischt, nicht wahr? Du bist immer noch mit Haut und Haaren in ihn verliebt."

„Full heart, full stop", flüsterte ich. „Nini hat recht, ich habe eine Schwäche für komplizierte Männer und bin schon oft auf sie reingefallen. Aber diesmal ist es anders. Ich weiß, dass er genauso fühlt wie ich. Klar, manchmal zweifle ich auch, finde mich zu gewöhnlich und kämpfe mit Selbstzweifeln. Dann frage ich mich, wie jemand, der so viele Frauen haben kann, ausgerechnet mich will."

„Weil du alles andere als gewöhnlich bist, Sophie. Du bist für mich das Gute in Person und hast ein Herz aus Gold. Er scheint klüger zu sein, als ich dachte, weil er das gemerkt hat und das an dir schätzt. Weißt du, vielleicht solltest du einfach abwarten, was die Zukunft bringt."

Ich stieß geräuschvoll die Luft aus. „Was bleibt mir denn anderes übrig?"

„Eben. Und bis dahin genießt du einfach diese schöne Insel,

deinen neuen Job und die schöne Wohnung, die du hast. Außerdem bist du nicht allein, sondern hast mich, Nini und deinen Onkel an deiner Seite. Wir stehen immer hinter dir."

„Ich weiß. Und dafür bin ich euch unendlich dankbar."

* * *

Drei Wochen später kam ein weiterer Brief von Jonas. Diesmal war er auf einem Notenblatt geschrieben und rundherum mit Violin- und Bassschlüsseln verziert. Wieder schlug mein Herz wie tausend afrikanische Trommeln und ich war aufgeregt, glücklich und nervös zugleich. Was würde er mir schreiben? Ging es ihm besser? Mit klopfendem Herzen begann ich zu lesen.

Liebe Sophie,

so langsam gewöhne ich mich an diese Art zu schreiben. Nachdem ich jahrelang nur am PC getippt habe, ist es jetzt richtig erfrischend, etwas mit der Hand zu kritzeln. Ich würde gerne wissen, wie es dir geht, aber ich bin noch zu labil, um deine Antworten wirklich zu lesen. Ehrlich gesagt habe ich zu viel Angst, dass mich das, was du mir erzählst, wieder aus der Bahn werfen könnte - dabei stehe ich erst am Anfang meines Heilungsprozesses.

Dennoch stelle ich mir immer wieder mit Schrecken vor, dass du inzwischen in einer festen Beziehung sein könntest und mich vergessen hast. Versteh mich nicht falsch, ich gönne dir alles Glück der Welt - aber ich hatte mir so sehr gewünscht, dass wir gemeinsam in die Zukunft gehen könnten. Tja, das Leben ist ein Glücksspiel und oft genug verliert man.

Bist du jetzt wieder in München und bekommst meine Briefe von deinem Onkel? Ich denke schon und hoffe, dass dir deine Arbeit wieder Spaß macht.

Ich arbeite auch fleißig, aber nur an meiner Gesundheit, jetzt vor allem an meiner Psyche. Körperlich bin ich auf einem guten

Weg, habe sogar wieder angefangen, Sport zu treiben, mich gesünder zu ernähren und besser auf mich zu achten. Es funktioniert, ich sehe fitter aus, trotz der Hölle, durch die ich gerade gehe.

Ich habe Dinge über mich und meine Vergangenheit herausgefunden, die für mich der absolute Horror sind. Kennst du das, wenn sich etwas surreal und gleichzeitig schrecklich real anfühlt? Du fühlst alles, aber willst nicht glauben, dass es dir passiert ist? Es ist, als würde ich einen Film sehen, der mich besonders erschüttert - und irgendwann merke ich, dass es mein Leben ist, das ich da sehe.

Das macht mir Angst, das gebe ich zu. Ich will kein Opfer sein, das bemitleidet wird. Und ich bin (noch) zu schwach, etwas dagegen zu tun. Alles braucht seine Zeit – lerne ich hier jeden Tag aufs Neue.

Pass gut auf dich auf, ich denke jeden Tag an dich. Ich wünsche mir so sehr, dass ich dir eines Tages als eine bessere Version von mir gegenüberstehe … und ich frage mich, ob du mich dann lieben könntest? Doch diese Chance habe ich mit hoher Wahrscheinlichkeit längst verspielt.

Ich will dir kein schlechtes Gewissen machen, du bist nicht schuld an dem, was mir passiert ist, und es ist mir wichtig, dass du das weißt. Du warst das Beste, was mir seit Langem passiert ist, der einzige Lichtblick am Horizont. Aber ich hätte dich nie bitten sollen, mich zu „retten“. Das kann nur ich allein.

Und jetzt schließe ich die Augen und träume davon, dass wir uns eines Tages unter dem Leuchtturm wiedersehen. Deine dunklen Haare fallen dir glänzend über die Schultern und du lächelst mich strahlend an, bevor ich dich in meine Arme nehme und für immer festhalte. Meine Therapeutin würde mir wahrscheinlich den Hals umdrehen, wenn sie wüsste, was ich dir gerade geschrieben habe. Es ist für mich zu früh für solche Liebesgeständnisse, ich bin noch nicht so weit. Aber zum Glück liest sie das hier nicht.

Alles Liebe,

dein Jonas

Nach und nach begannen die Tränen aus meinen Augen zu strömen und ich schluchzte so heftig, dass ich Angst hatte, keine Luft mehr zu bekommen. Jonas machte eine schwere Zeit durch und ich konnte nicht für ihn da sein. Ich wollte ihn so gerne umarmen, ihm beruhigend über den Rücken streichen und ihm sagen, dass alles gut wird. Wir waren so weit voneinander entfernt – ich wusste nicht einmal, in welcher Klinik er war. Und doch fühlte ich mich ihm nach diesem Brief näher als je zuvor. Ich ließ mich aufs Bett fallen und weinte Milliarden Flüsse und Seen ins Kissen, bis kein Tropfen mehr übrig war.

So konnte das nicht weitergehen, ich musste hier raus, bevor mir die Decke auf den Kopf fiel. Also riss ich mich zusammen, packte Handy und Kopfhörer in meine Badetasche und machte mich auf den Weg zum Strand. Es gab für mich zurzeit nichts Beruhigenderes als sanfte Wellen, die immer wieder an den Sand klatschten.

Ich benutzte weiterhin den hoteleigenen Sandstrand, der zu dieser Zeit ein wahrer Traum war. Außerhalb der Hauptsaison waren nicht allzu viele Gäste hier, und so fand ich immer ein freies, etwas abgelegenes Plätzchen, um mein Badetuch auszubreiten. Mia musste heute länger arbeiten, also hatte ich etwas Zeit für mich alleine. Schnell zog ich mich in der Strandkabine aus, schlüpfte in den Bikini, machte es mir am Strand bequem und cremte mich ein.

In den letzten Wochen hatte ich auf Disney Plus alle Staffeln von *Highschool Musical – das Musical – die Serie* gestreamt und kannte die meisten Lieder davon auswendig. Dann las ich, dass einige der Schauspieler auch Sänger sind, und suchte nach ihrer Musik.

Die Songs von Olivia Rodrigo gefielen mir sehr gut, aber die sanften Melodien von Joshua Bassett hatten es mir angetan. Seine Texte hatten mich einfach umgehauen und mitten ins Herz getroffen. Außerdem waren sie perfekt bei Liebeskummer, weshalb ich mir extra eine Playlist zusammengestellt hatte, die ich nun am Strand rauf und runter hörte. Es tat so gut, Musik zu hören, irgendwie konnte ich in meinem Kummer baden und hatte gleichzeitig das Gefühl, mit meinem Liebeskummer nicht alleine zu sein. Außerdem erinnerte mich die Stimme an Jonas, wie ich zugeben musste. Allerdings nicht so, wie er in den Partysongs klang, sondern eher wie in dem Lied, das er mir vorgespielt hatte. Wie schön die Zeit mit ihm gewesen war ... nur leider viel zu kurz und viel zu schnell vorbei.

Erst als es mir langsam zu warm wurde – die Sonne brannte heute unbarmherzig auf Sylt – stand ich seufzend auf und schleppte mich zum Wasser. Doch anstatt zu schwimmen, watete ich einfach hinein und ließ mich auf dem Rücken treiben. Ob ich je wieder einen Menschen finden würde, der mich so faszinierte wie Jonas? Ach Quatsch, was rede ich da? Meine Gefühle für ihn gingen weit über Faszination hinaus und es war an der Zeit, mir die Wahrheit einzugestehen: Ich liebte ihn. Das wusste ich auch nach dieser kurzen Zeit mit absoluter Sicherheit.

Warum?

Weil mir noch nie jemand so unter die Haut gegangen war. In seiner Gegenwart fühlte ich mich lebendiger als je zuvor. Und ich hatte angefangen, mich mit seinen Augen zu sehen: Eine junge, hübsche Frau mit viel Einfühlungsvermögen und einer kreativen Ader.

Ich fing an, mich selbst mehr zu mögen, und das war Jonas' Verdienst, wofür ich ihm ewig dankbar sein würde. Ich fühlte mich nicht mehr als graue Maus, sondern als jemand, der gerade erst begonnen hatte, seine Träume zu finden und zu verwirklichen.

Ich erkannte in der Ferne einige Schiffe und Boote, schaute in den wolkenlosen Himmel und fühlte das kühle Wasser um mich herum. Eine Möwe flog kreischend über mich hinweg. Schmunzelnd fragte ich mich, ob sie wohl zu den Picknickräubern gehörte. Vielleicht hatte sie mich erkannt und hoffte auf leckeren Nachschub.

Und da wurde es mir plötzlich klar: *Ich werde auf Jonas warten, bis er wieder gesund ist.*

Inzwischen zweifelte ich nicht mehr daran, dass er es schaffen würde. Außerdem sprachen mich seine wunderbaren Briefe so sehr an, dass ich mich von Tag zu Tag mehr in ihn verliebte. Er hatte also Fehler und eine dunkle Vergangenheit, mit der er zu kämpfen hatte – na und? Niemand war perfekt. Konnte man nicht erst dann von wahrer Liebe sprechen, wenn man den anderen mit all seinen Fehlern, Ecken und Kanten liebte? Ich musste nicht alles gut finden, was er bisher getan hatte, wichtig war nur, welcher Mensch vor mir stand und ob ich ihn lieben konnte. Die Antwort auf diese Frage war ein so klares und lautes Ja, dass ich keinen Zweifel mehr hatte: Ich wollte Jonas wiedersehen und ihn am Leuchtturm in die Arme schließen, so wie er es mir geschrieben hatte.

Ich liebte diesen Mann so sehr, dass mir schwindelig wurde, wenn ich nur an ihn dachte. Er war mein Seelenverwandter – trotz oder gerade wegen all unserer Unterschiede.

Mit dieser Erkenntnis und der neuen Hoffnung ging es mir plötzlich viel besser. Ich würde – genau wie er auch – die Zeit nutzen und mich intensiv um mich selbst kümmern. Meine Träume waren es wert, gelebt zu werden. *Ich* war es wert.

* * *

Die nächsten Wochen vergingen wie im Flug und plötzlich waren viele Monate vergangen.

Alle 14 Tage kam nun ein Brief von ihm, und ich feierte ihn jedes Mal wie ein Ereignis. Mal packte ich ein paar Picknicksachen ein und las seine Zeilen am Strand, mal ging ich schon im Morgengrauen los, setzte mich unter unseren Leuchtturm und genoss Wort für Wort, Zeile für Zeile.

Dieser Mann hatte sich nicht nur in mein Herz geschlichen, er hatte sich auch in meine Seele gebrannt, wo er für immer bleiben würde, egal, was die Zukunft bringen würde.

Doch ich blieb währenddessen nicht untätig und übte wie besessen Keyboard. Abgesehen vom Lesen seiner Briefe waren das für mich die glücklichsten Momente. Beim Musizieren fühlte ich mich auf besondere Weise mit ihm verbunden. Es war, als ob er neben mir säße und lächelnd meine Fortschritte beobachtete. Dann war er immer ganz nah bei mir.

Auch beruflich ging es voran. Die ersten Räume für die Kinderbetreuung im Hotel wurden nach unseren Plänen fertiggestellt und ich arbeitete nicht mehr im Zimmerservice, sondern als Erzieherin. Und wenn alles gut lief, dachte Onkel Javier sogar über einen Anbau nach, um daraus eine richtige Kindertagesstätte zu machen. Endlich hatte ich alles: Ich lebte auf Sylt, arbeitete in meinem geliebten Beruf als Erzieherin und hatte wunderbare Menschen um mich, die mich in allem unterstützten.

Zu meiner Überraschung hatte ich mich in letzter Zeit sogar meinem Vater wieder angenähert. So unglaublich es war, aber er schien mich wirklich zu vermissen und rief mich mehrmals die Woche an.

Letzte Woche hatte er mir sogar einen Gutschein geschickt. Ein Essen für zwei Personen im Restaurant Kap-Horn hier in Hörnum. Bisher hatte ich mir einen Besuch nicht leisten können, weil ich sparsam mit meinem Geld umgegangen war. Doch nun hatte ich Onkel Javier eingeladen, mit mir dort zu essen. Er sagte sofort zu, bestand aber darauf, selbst zu bezahlen, damit ich Mia einladen konnte. Wir verbrachten einen wunderschönen Abend am Meer. Ich saß in einem Strandkorb an einem runden Tisch und fühlte mich wie eine Königin. Mia und Onkel Javier verstanden sich sehr gut. Ich entschied mich für das Seebarschfilet auf lauwarmem Tomatensalat mit Kartoffelecken und Kräuterquark und musste leider nach der Hälfte aufgeben, während die beiden anderen ihr Gericht komplett aufaßen.

Seitdem hatte Onkel Javier begonnen, mich täglich ins Hotel zum Essen einzuladen – wenn er frei hatte, kochte er sogar für mich. „Du hast zu viel abgenommen, Sophie, das gefällt mir nicht. Ich mache mir Sorgen um dich, genau wie Mia."

Nun, die beiden schienen sich verbündet zu haben, denn Mia brachte mir ständig Süßigkeiten wie Donuts und Muffins oder auch mal eine Riesenpackung Eiscreme mit. „Sophie, du bist nur noch ein Schatten deiner selbst", sagte sie oft zu mir. „Als wir uns kennenlernten, sahst du gesund aus, aber jetzt bist du richtig abgemagert. Es ist Unsinn, sich bis auf die Knochen runterzuhungern, das bringt Jonas auch nicht zurück."

Ganz unrecht hatte sie nicht, das musste ich zugeben. Allerdings war es nicht so, dass ich bewusst weniger aß, ich hatte einfach die meiste Zeit kaum Appetit. So gut es mir hier auf Sylt auch ging, ich vermisste Jonas.

Er war mein Seelenverwandter und ich konnte nicht aufhören, mich wie verrückt nach ihm zu sehnen. Inzwischen waren sechs Monate vergangen. Er war seit geraumer Zeit nicht mehr in der Klinik, aber er schrieb mir immer noch, jetzt jede Woche und nach wie vor auf Papier – ohne Absender.

Ich vermisste ihn so sehr, wollte ihn aber nicht drängen. Das Sprichwort „Die Zeit heilt alle Wunden" traf auf mich überhaupt nicht zu, denn diese Sehnsucht in mir wurde immer stärker, anstatt nachzulassen. Hatte ich mir nur eingebildet, dass es ein Happy End geben könnte, hatte ich mich auf etwas eingelassen, gerade weil es so unerreichbar war?

Es fühlte sich allerdings nicht so an, denn meine Gefühle waren real und intensiv.

Jonas und ich würden uns eines Tages wiedersehen – doch ich fragte mich, wie lange das noch dauern würde. Mit der Hoffnung war das so eine Sache: Sie kann einem unglaublich viel Kraft geben, aber wenn man dann enttäuscht wird, scheint alles verloren. Ich hatte hoch gepokert und wurde von Tag zu Tag panischer, weil ich nicht mehr warten konnte. Wenn du mit dem Teufel tanzt, tanzt er auch mit dir …

* * *

Mehr als ein halbes Jahr nach unserem Kennenlernen war plötzlich sein Instagram-Kanal nicht mehr bloß auf Eis gelegt, sondern alle bisherigen Fotos, Beiträge und Reels gelöscht.

Was zum Geier hatte das zu bedeuten? Jonas hatte mir immer wieder geschrieben, dass er durch mich seine Liebe zur Musik wiederentdeckt hatte - aber nie mehr an sein altes Leben anknüpfen wollte. Und jetzt schien er einen Neustart als Partysänger vorzubereiten? Denn nichts anderes konnte es doch bedeuten, wenn er plötzlich alle Sachen löschte. Vermutlich wollte er seine Social-Media-Kanäle mit neuem Content füttern.

Ich konnte es nicht fassen. Jede Woche schrieb er mir von Songs, die er komponiert hatte und die sein wahres Ich zeigten. Gleich nach dem Entzug hatte er sich hingesetzt und stundenlang Klavier gespielt. Und jetzt reaktivierte er den Account, der für alles stand, was er hasste und was ihn fast völlig zerstört hätte?

Okay, zugegeben, es war nur ein einziger Post mit einer Ankündigung. Auf schwarzem Hintergrund stand in dicken weißen Lettern:

Save the Date!
1. Februar, 20.15 Uhr.

Darunter stand der Name eines Fernsehsenders. Ehrlich gesagt, ich war verwirrt. Warum so geheimnisvoll, warum hatte er mir das nicht geschrieben?

Ich grübelte und zermarterte mir das Hirn, bis einen Tag später ein neuer Brief im Briefkasten lag. Diesmal war er sehr kurz. Es stand nur drin, dass er sich endlich seinen Dämonen der Vergangenheit gestellt habe und nun Schritte unternehme. Außerdem schrieb er, dass ein Fernsehauftritt bevorstehe und er sich wünsche, dass ich dabei sei.

Na toll, nun wusste ich auch nicht mehr als zuvor. Die Tage bis zur besagten Liveshow krochen im Schneckentempo dahin und als es endlich so weit war, glichen meine Nerven zwei dünnen Spinnfäden, die hoch über einem Abgrund hingen und jederzeit reißen konnten.

Ich saß vor einer heißen Tasse Kakao und starrte mit Onkel Javier auf den Bildschirm. Javier wusste Bescheid über Jonas, ich hatte ihm alles erzählt, und nun zappelte er ungeduldig auf und ab. „Vielleicht solltest du dir das lieber nicht ansehen, Sophie. Du weißt nicht, was für eine Bombe er platzen lässt."

Ich schüttelte heftig den Kopf. „Nichts auf der Welt kann mich davon abhalten, glaub mir." Ich wusste, dass mein Onkel befürchtete, Jonas könnte wieder als Partysänger arbeiten wollen oder, was für mich noch schlimmer war, eine Verlobung oder Ähnliches ankündigen.

„Er liebt mich und wird nichts tun, was mich verletzen könnte", sagte ich mit zitternder Stimme und hoffte von ganzem Herzen, dass es stimmte. Der Moderator der Quizshow kam auf die Bühne und begrüßte die beiden Comedians, die gegen andere Kandidaten antraten.

So sehr ich die Sendung sonst auch mochte, heute hätte ich am liebsten vorgespult, bis er endlich auftrat. Aber ein anderer Teil von mir war kurz davor, wegzulaufen, weil ich es vor Spannung kaum noch aushielt - und weil ich ziemlich nervös war, was Jonas im Fernsehen zu suchen hatte.

„Was macht Uwe heute?", wollte ich von Onkel Javier wissen und meinte damit seine „komplizierte Sache". Die beiden waren ein Paar und doch wieder nicht, denn sie trafen sich zwar regelmäßig, aber in ziemlich großen Abständen und immer im Geheimen.

„Er hat Spätschicht im Krankenhaus in Westerland. Wir sehen uns morgen, aber das ist jetzt auch egal“, sagte er mürrisch. Es war ihm immer noch unangenehm, mit mir über seinen Liebhaber zu sprechen.

„Er ist dir wichtig und deshalb ist er mir alles andere als egal“, widersprach ich.

Gerade als ich noch etwas hinzufügen wollte, kündigte der Moderator Jonas an:

Er war lange weg vom Bildschirm und hat nach eigenen Angaben endlich wieder zu sich gefunden. Zu unserer großen Freude feiert er heute Abend sein Comeback in dieser Show und ich habe so eine leise Ahnung, dass dies ein Meilenstein in seiner Karriere sein wird. Also lehnt euch zurück und lauscht dem neuesten Song von ... Jo Beck.

Die letzten beiden Worte rief er laut aus, woraufhin das Publikum begeistert applaudierte.

Jonas betrat die Bühne und ich könnte schwören, dass mein Herz in diesem Moment für ein paar Schläge aussetzte. Gott, sah er gut aus! Mir fiel die Kinnlade herunter, als er in die Kamera lächelte. Es war, als würde er mich direkt ansehen, und all die Schmetterlinge in mir flatterten hypernervös umher und machten die Sache nicht besser. Er hielt eine schwarze Gitarre in der Hand und ich konnte sehen, wie seine Finger leicht darauf trommelten.

Onkel Javier legte beruhigend seine Hand auf meine. „Vergiss nicht zu atmen, mi niña querida.“

Hektisch schnappte ich nach Luft, starrte aber weiter wie gebannt auf den Bildschirm. Jonas‘ braunes Haar war wie immer wild gelockt, aber in seinen Augen lag so viel Tiefe, dass jeder sehen musste, wie sehr er sich verändert hatte. Sein Teint war rosig und nicht mehr so blass wie früher, und auf seiner Stirn hatten sich winzige, kaum merkliche Fältchen gebildet, die ihm aber verdammt gut standen. Außerdem trug er nicht mehr seine übliche Signature-Cap, mit der er sonst auf jedem offiziellen Foto zu sehen war. Er sah anders aus. Nicht mehr wie ein Kind, das gerade zum Mann geworden war, sondern wie jemand, der schon viel erlebt hatte und um seine Stärke wusste.

Jonas fing an zu reden und ich stand kurz vor einem Herzinfarkt.

In den letzten sechs Monaten habe ich viel über mich gelernt. Manches davon hat mich fast mehr zerstört als mein leichtsinniger Lebenswandel davor. Ja, ich habe Fehler gemacht, die ich nie wieder gut machen kann. Aber ich weiß jetzt, dass es sich lohnt, für sich selbst zu kämpfen. Ich muss nicht mehr im Rampenlicht stehen, um mich geliebt zu fühlen. Die einzige Liebe, die zählt, ist die in meinem Herzen. Sie ist mein Leuchtturm, der mich ans Ufer geführt hat, als ich kenterte und kurz davor war, für immer auf den Grund des Meeres zu sinken, wo nichts als Dunkelheit auf mich wartete. Wenn du also heute Abend zusiehst, Sophie, dieses Lied ist für dich. Du bist mein Leuchtturm und ich werde immer zu dir zurückkehren, koste es, was es wolle.

Ich stieß einen erschrockenen Schrei aus, schlug mir die flache Hand vor den Mund und sprang vom Sofa auf. Jetzt konnte ich keine Sekunde länger sitzen bleiben, denn ich war völlig überwältigt und zitterte am ganzen Körper. Tränen liefen mir über beide Wangen, aber es waren Tränen des Glücks, nicht der Trauer.

Der Song heißt „Full heart, full stopp“ und ist nur einer von vielen neuen Songs, die ich in den letzten Monaten geschrieben habe. Aber es ist das einzige Lied, das ich selbst singen werde, denn von nun an werde ich mich aus dem Rampenlicht zurückziehen und lieber meine Kolleginnen und Kollegen unterstützen. Alle meine anderen Songs haben neue, viel bessere Interpreten gefunden, die ihnen neues Leben einhauchen und sie sich zu eigen machen. Und glaubt mir, da sind viele hammermäßig begabte Sänger und Sängerinnen dabei, von denen ihr noch eine Menge hören werdet.

Ich aber bin nicht für die große Bühne geschaffen und möchte – wie viele von euch da draußen – ein ruhiges Leben führen. Für mich bedeutet das am liebsten direkt beim Leuchtturm ... wenn du mich noch willst, Sophie.

Und dann fing er an zu spielen und so himmlisch zu singen, dass sich meine Welt nur noch um ihn drehte. Seine verletzlich klingende Stimme trug die wunderbare Melodie, scheinbar mühelos begleitete er sich selbst auf der Gitarre ... und ich schmolz mit jedem Wort mehr dahin.

At first sight you hit me so deep,
I knew you were the one I wanted to keep.
You showed me colors I've never seen,
Turned my world into a rainbow of dreams.

Your touch, your smile became my light,
And guided me through my darkest fight.
But I was blind, couldn't win the war,
Lost in shadows, always wanting more.

Full heart, full stop, you opened my eyes,

Now I finally see all the beauty in the skies.
I love you so much, I guess I should let you go,
You couldn't hold on forever,
Now you've found someone better.
I know it takes time, but maybe someday
You will be mine.

You saw the pain I tried to hide,
The million tears I should have cried.
You turned away, couldn't bear the bad,
Saw the wreck I was, the shattered mad.

I know I've fallen, but now I stand tall,
Caught myself after hitting a wall.
Your beautiful heart lightend my way,
Kept me safe, although you couldn't stay.

Full heart, full stop, you opened my eyes,
Now I finally see all the beauty in the skies.
I love you so much, I guess I should let you go,
You couldn't hold on forever,
Now you've found someone better.
I know it takes time, but maybe some day
You will be mine.

I've left the darkness behind, changed my fate,
Now I can just hope that it wasn't too late.
Your love taught me how to fight,
But the lighthouse at the beach
Might finally be out of my reach.

Full heart, full stop, you opened my eyes,
Now I finally see all the beauty in the skies.
I love you so much, I guess I should let you go,

You couldn't hold on forever,
Now you've found someone better.
I know it takes time, but maybe someday
You will be mine.

One day ... I hope you will be mine ... again.

Als die letzten Töne verklungen waren, herrschte zuerst sekundenlange Stille, bevor schließlich das Studiopublikum in tosenden Applaus ausbrach und Jonas zujubelte. Beinahe schüchtern lächelte er in die Kamera und formte tonlos mit seinen Lippen letzte Worte, bevor die Kamera weg schwenkte.

Verzeih mir.

Jonas: Mein Song für Sophie

Sobald der Applaus verklungen war, flüchtete ich in meine Garderobe hinter der Bühne und schlug die Tür hinter mir zu. Verdammt, meine Finger hatten so sehr gezittert, dass ich kaum die richtigen Akkorde auf der Gitarre spielen konnte. Ich war nicht für die Bühne gemacht, hatte ich da draußen gesagt, und ich sprach aus vollem Herzen. Selbst nach jahrelangen Auftritten und unzähligen Konzerten in den Hochburgen der Partyszene übermannte mich die Aufregung so sehr, dass mir schwindelig wurde und ich das Gefühl hatte, gleich ohnmächtig zu Boden zu fallen. Im Grunde mochte mich die Menge, aber ich mochte sie nicht, weil sie tausend Ängste in mir weckte.

Ist meine Stimme zu schlecht, das Lied nicht gut genug, stehe ich richtig, bewege ich mich zu steif, sehen die Klamotten nicht zu albern aus, schämt sich meine Mutter vielleicht für mich?

Das waren nur einige der unzähligen Gedanken, die mir vor meinem Zusammenbruch durch den Kopf geschossen waren. Zuerst dachte ich, es läge an der Musik, die ich nicht mochte. Aber jetzt wusste ich, dass ich mit meinem eher introvertierten Wesen nicht zu einer Rampensau taugte. Vielleicht war das einer von vielen Gründen, die mich zu den Drogen geführt hatten – weil ich das alles nüchtern nicht ertragen konnte.

Aber damit war jetzt Schluss. Das war mein letzter Auftritt vor großem Publikum, von nun an würde ich nur noch spielen, wenn ich Lust dazu hatte: Vor ein paar Leuten, am liebsten denen, die ich kannte und liebte.

Nachdem ich mich von Jessica als Managerin getrennt hatte, unterhielten wir uns noch lange. Zuerst war sie sauer, aber dann verstand sie auch, dass ich dringend etwas ändern musste. In meinen alten Job konnte und wollte ich nicht zurück – aber die Musik ließ mir keine Ruhe. Sie war mein Ventil, um alles rauszulassen.

Beim Musizieren fühlte ich mich wunderbar leicht und frei. Es gab keine Zwänge und Verpflichtungen mehr, sondern nur noch mich, das Instrument und Klänge, die sich in meinem Kopf verselbstständigten und sich wie einzelne Teile zu einem großen Puzzle zusammenfügten. Am Ende entstand ein Bild, das wie ein Spiegel meiner Seele war oder wie eine Momentaufnahme, die mich von meiner Schokoladenseite zeigte.

Also erinnerte ich mich daran, was schon seit Jahren mein heimlicher Traum war: Musik für andere zu schreiben. Jessica hatte die besten Kontakte in der Musikbranche und unterstützte mich nach Kräften. Und tatsächlich kamen meine Songs so gut an, dass wir schnell Künstler fanden, die einige davon übernehmen wollten. Wenn das so weiterging, kann ich von dem Geld gut leben. Aber das Beste war, dass ich endlich den perfekten Beruf für mich gefunden hatte:

Songwriter.

Der Auftritt heute Abend hatte mit all dem nichts zu tun, und so mancher verstand nicht, warum ich es mir nach all den Qualen noch einmal antat, mich den Blicken der Leute auszusetzen.

Ich hatte es also nicht für meine Karriere getan, sondern einzig und allein für Sophie.

Nach allem, was passiert war, konnte ich nicht einfach auf eine Nachricht auf Instagram hoffen ... oder darauf, dass sie einen Anruf annahm. Ja, ich hatte ihr einige Briefe geschrieben, aber das war nicht genug. Ich musste ihr vor der ganzen Welt beweisen, wie wichtig sie mir war. Sie war nicht nur ein Sommerflirt gewesen, sondern unendlich viel mehr. Ich war nicht gut darin, vor einem Menschen zu stehen und ihm mein Herz auszuschütten, auch wenn ich nach Monaten der Therapie meine Gefühle einigermaßen zeigen konnte.

Aber das Risiko, vor ihr zu stehen und belangloses Zeug zu reden, war mir zu groß – deshalb das Konzert. Ich hielt mich an das Sprichwort „Ein Lied sagt mehr als tausend Worte“ und hoffte, dass meine Musik Sophie erreicht hatte – und dass meine Traumfrau inzwischen weder verlobt noch verheiratet war.

Alles, was ich jetzt tun konnte, war zu ihr zu gehen.

Sofort.

Sophie: Jonas

„Sag mal, Sophie, wie würdest du reagieren, wenn er tatsächlich vor deiner Tür stehen würde?“, fragte mich Nini. Sie hatte gerade angerufen und klang irgendwie komisch, so atemlos und aufgeregt. O nein, bestimmt hatte sie Angst, dass ich mich wieder auf Jonas einließ und es erneut in einer Katastrophe endete. Dann müsste Nini wieder mühsam die Scherben kitten, mir Unmengen von Schokolade schicken, mich jedes Wochenende besuchen und meine Tränen würden zum Dank ihre Shirts in Waschlappen verwandeln.

Kein Wunder also, dass ich jetzt zögerte, zu antworten. „Äh …“, meinte ich dümmlich und blieb dann stumm.

Ich hörte sie leise aufseufzen. „Süße, ich meine ja nur … wäre es okay für dich, wenn du ihn plötzlich wiedersehen würdest, oder willst du das nicht?“

Aber jetzt konnte ich mich nicht mehr zurückhalten. „Ob es okay wäre?“, platzte ich heraus. „Wäre es okay für dich, wenn der Mann deines Lebens plötzlich vor dir stünde und du auf eine neue Chance hoffen könntest? Wenn der Mensch, den du seit Monaten schrecklich vermisst hast, dich endlich alles erklären lässt? Weißt du, wie schlimm es für mich ist, dass er immer noch glaubt, ich hätte ihn betrogen? Ich will ihn nicht nur wiedersehen, ich muss ihn …" Verflixt, meine Stimme brach ab und ich schluckte mehrmals, um die Fassung zu bewahren. Auf keinen Fall würde ich jetzt wieder weinen. Irgendwann reichte es wirklich. Wie viele Tränen konnte ein einziger Mensch vertragen? Diese Wasserfälle, die seit Monaten aus mir herausströmten, konnten nicht gesund sein. Das war alles unnormal.

„Beruhige dich, ich habe dich verstanden: Du liebst ihn immer noch. Und nach seinem Auftritt gestern muss sogar ich zugeben, dass er verrückt nach dir ist. Also spring unter die Dusche, zieh dir was Hübsches an und mach es dir auf der Couch gemütlich, okay?"

Häh? Was für ein seltsamer Ratschlag sollte das denn sein? Kopfschüttelnd verabschiedete ich mich von Nini, griff nach meinem Handy und starrte es wie zuvor einfach nur an. Sollte ich ihm texten, ihm eine Sprachnachricht hinterlassen oder ihn einfach anrufen? Aber wie bei allen diebischen Möwen sollte ich ihm denn jetzt, Monate später am Telefon erklären, dass alles nur ein dummes Missverständnis gewesen war – und dass ich ihn immer noch liebte? Vielleicht würde er dann denken, ich sei so eine Fame-Crasherin und käme nur zu ihm zurück, weil er berühmt war. Denn hey, das war er.

Die Medien überschlugen sich heute mit Berichten über seinen Rücktritt und den letzten Song, den er vor Publikum gesungen hatte und der laut Online-Artikeln das Eis zum Schmelzen brachte. Herrje, eine Nachrichtenagentur titelte sogar „Wer ist die geheimnisvolle Sophie, die Jo Becks Herz erobert hat?"

Zum Glück war mir noch niemand auf die Schliche gekommen, aber wer weiß, was die alles herausfinden könnten.

In meiner Aufregung schnappte ich mir mein knallgelbes Fahrrad, das ich mir von meinem ersten Gehalt gekauft hatte, und radelte los. Seltsamerweise kam ich kurze Zeit später zielstrebig an einem bestimmten Ferienhaus an. Die Läden waren geschlossen, es war also noch unbewohnt. Wie hätte ich naiv annehmen können, dass er zurückkommen würde? Nein, das war dumm.

Aber gerade als ich wieder zurückradeln wollte, fiel mir das Schild vor der Haustür auf. Normalerweise hing dort ein kleines Holzschild, auf dem in weißen Lettern auf braunem Grund „zu vermieten“ stand. Heute nicht.

Ungläubig las ich die einzelnen Buchstaben mehrmals, bis ihre Bedeutung endlich in der Schaltzentrale meines Gehirns angekommen war:

Verkauft.

Nein, nein, nein, jetzt würde Jonas nie wieder hierher zurückkommen, dachte ich. Doch sofort schoss mir ein anderer Gedanke durch den Kopf: Was, wenn er es selbst gekauft hatte - oder sein Bruder Martin? War das nur Wunschdenken oder bestand vielleicht die klitzekleine Chance, dass mein Traum wahr werden könnte?

Zum Geier, ich war wirklich an meinem persönlichen Tiefpunkt angelangt, wenn ich so etwas überhaupt zu hoffen wagte. Es war völlig unrealistisch und schier unmöglich. Jonas besaß bereits mehrere Luxusvillen, wie er mir einmal erzählt hatte. Was sollte er also mit diesem im Vergleich dazu kleinen Häuschen anfangen?

Genug gegrübelt. Wie eine Wilde trat ich in die Pedale und raste los. Ich schaute nicht auf die Landschaft, sondern starrte stur geradeaus und wollte alles hinter mir lassen ... bis ich ein paar hundert Meter vor dem Leuchtturm zum Stehen kam.

Zum Glück hatte ich bloß kurze Shorts und ein schwarzes Top angezogen, sodass ich während meiner wilden Jagd nach dem letzten Rest Vernunft in mir nicht allzu sehr ins Schwitzen geraten war.

Ich nahm den Helm ab, legte ihn ordentlich in den Fahrradkorb und sprintete los. Schon nach wenigen Metern berührten meine Füße kaum noch den Boden, so schnell rannte ich. Etwas zog mich an, trieb mich wie von Geisterhand immer schneller, bis ich oben auf der Düne ankam und so abrupt stoppte, dass ich fast das Gleichgewicht verlor.

Dort, am Fuße des Leuchtturms, saß jemand, der mir verdammt bekannt vorkam. Zwar blickte er zu Boden, sodass ich sein Gesicht nicht sehen konnte, aber seine Gestalt und seine Bewegungen, ja sogar die lässigen Jeans und das schwarze T-Shirt waren deutlich genug.

„Jonas“, keuchte ich leise, woraufhin er langsam den Kopf hob, mich einen Moment lang verwirrt ansah und dann mit einem Satz auf die Füße sprang. Unsicher lächelnd machte er Anstalten, auf mich zuzulaufen, blieb aber wie angewurzelt stehen, als ich den Mund öffnete.

Ich hätte es lieber lassen sollen, denn mein Gestammel „Was machst du hier?“, war mit Abstand das Dümmste, was ich in dieser Situation sagen konnte. Aber es war zu spät, die Worte waren schon raus.

„Ich wollte, äh, dich sehen“, stammelte er ebenso aufgebracht zurück.

„Hier, am Leuchtturm? Woher wusstest du, dass ich herkomme?“ Ah, gut, langsam hatten sich meine verbliebenen Gehirnzellen von dem Schock erholt und waren wieder in der Lage, vernünftige Sätze zu formulieren.

Jonas schüttelte den Kopf. Sein Blick glitt über mein Gesicht, dann über meinen Körper nach unten und wieder zurück zu meinen Augen. „Nein, ich war bei dir zu Hause, bei deinem Onkel. Aber da war niemand, also bin ich hergelaufen, um an dich zu denken.“

Wie von selbst bogen sich meine Mundwinkel zu einem Lächeln. Er war viel besser im Schreiben von Liedern und Briefen als im Reden. Aber bei dem Fernsehauftritt war das anders gewesen. Das konnte nur bedeuten, dass er genauso nervös war wie ich. „Woher weißt du, dass ich zu Onkel Javier gezogen bin?“

Er trat von einem Bein aufs andere. „Weil deine Freundin Nini es mir erzählt hat."

Bitte, was? Diese elende Verräterin.

„Nach einigem Suchen und Telefonieren habe ich deine Adresse in München herausgefunden und bin so schnell wie möglich hingefahren. Zu meiner Überraschung öffnete mir eine hübsche Rothaarige die Tür ... und beschimpfte mich erst einmal eine gefühlte halbe Stunde lang."

Gute Nini, also war sie doch nicht so schlecht als beste Freundin. „Und dann hat sie dir einfach so meine neue Adresse gegeben?"

Erneut schüttelte er den Kopf. „Nein. Zuerst musste ich bei meinem Leben schwören, dir nie wieder wehzutun und die Finger von Drogen zu lassen. Sie meinte, sogar Kaffee wäre für mich gefährlich. Ich bin da anderer Meinung, aber sie war so in Fahrt, dass ich mich nicht getraut habe, sie zu unterbrechen. Wusstest du, dass ihre Augen rot glühen können?"

Jetzt musste ich lachen. „Nein, sicher nicht, obwohl man bei ihr so einiges beobachten kann, wenn sie sich in Rage redet."

„Ja, genau. Sie kam mir vor wie eine feuerspeiende Drachenmutter, die ihre Jungen mit aller Macht verteidigt."

Hm, ja, das passte zu Nini. „Jedenfalls hat sie mir das mit dem Video und Mias Geburtstag erklärt", sagte er dann leise und seine Miene verfinsterte sich. „Sophie, ich war so ein Idiot. Ach, was sage ich, ein riesengroßer Idiot. Wie konnte ich nur glauben, dass du mich betrügst?"

Sprich weiter, und die Flut wird sich wieder ihren Weg aus meinen Augen bahnen, dachte ich. „Es war zum großen Teil auch meine Schuld, ich hätte Mia nie an mein Handy lassen dürfen. Und ich hätte dir sagen sollen, wo ich war. Aber ich hatte Angst, dass du sauer auf mich bist." So, jetzt war es raus.

„Und das wäre ich sicher auch gewesen", gestand er zu meiner Überraschung. Seufzend fuhr er sich durch die dichten Locken. Wie gern würde ich das jetzt mit ihm machen!

„Ich war ein Wrack. Früher oder später hättest du mich sowieso verlassen, weil ich dich mit in den Sumpf gezogen hätte." Er kam ein paar Schritte auf mich zu.

„Ich hätte dich nie verlassen, ich hätte dich selbst in die Entzugsklinik gefahren. Jonas, hast du das immer noch nicht kapiert?" Ich schluckte, denn obwohl Nini mir einen großen Gefallen getan hatte, indem sie ihm schon alles erklärt hatte, stand mir noch ein großes Geständnis bevor.

Langsam ging ich los, sah ihm immer wieder in die Augen und blieb erst stehen, als ich direkt vor ihm stand und unsere Gesichter sich fast berührten. „Weißt du immer noch nicht, wie sehr ich dich liebe? Ich habe die letzten Monate wie eine rostige Maschine funktioniert, aber richtig leben sieht anders aus. Jeder deiner Briefe war wie ein kostbarer Schatz für mich und hat mir geholfen, die Zeit zu überstehen. Ohne sie wäre ich in meinem eigenen Tränenstrom ertrunken."

Ich verzog das Gesicht. „Obwohl ich mit deinen wunderschönen, gefühlvollen und hoffnungsvollen Briefen auch kurz davor war, die Welt mit Tränen zu überschwemmen. Ehrlich gesagt hat Mia mal gemeint, wenn ich so weitermache, muss sie eine Arche bauen."

Jonas lächelte ... und es war das Schönste und Wundervollste, was ich je gesehen hatte. Sein Lächeln war für mich wie Zauberei und beruhigte augenblicklich meine flatternden Nerven.

„Unsere Tränenmeere hätten sich sicher bald in der Mitte getroffen, denn mir ging es nicht viel anders, das kannst du mir glauben." Er sog geräuschvoll die Luft ein. „Sophie, es tut mir so leid, was du meinetwegen durchmachen musstest. Ich habe dich nicht verdient, das hatte ich nie."

Gerührt wollte ihn unterbrechen, aber er sprach schnell weiter. „Nein, lass es mich jetzt sagen, bevor ich kein Wort mehr herausbringe, bitte."

Eilig schloss ich meinen Mund wieder und sah ihn liebevoll an.

„Sophie, ich habe dich nicht verdient, denn du bist das

wunderbarste, sensibelste und tollste Wesen im ganzen Universum. Aber ich habe alles gegeben, um an mir zu arbeiten. Ich glaube wirklich, dass ich für dich ein besserer Mensch geworden bin. Du hast mir Hoffnung geschenkt, die ich schon lange nicht mehr hatte. Und es war nicht nur der Rummel um meine Person, der mich so gebrochen hat. Nein, meine Wunden sind viel älter und konnten nie richtig heilen."

Ich sah ihn an und erkannte zum ersten Mal das Ausmaß des Leids, das er mit sich trug. „Was ist mit dir passiert?", flüsterte ich.

Er senkte den Kopf und begann zu erzählen. Von seinem väterlichen Freund und Nachbarn aus Kindertagen, der wie ein Mentor für ihn gewesen war und ihm die Liebe zur Musik vermittelt hatte. Und dann erzählte er mir von all dem, was er sein halbes Leben lang verdrängt hatte. „Ich habe es einfach vergessen, Sophie. Kannst du dir das vorstellen? Er hat mich immer wieder missbraucht, jahrelang, und ich habe es komplett verdrängt. Das ist das, was ich bis heute nicht wirklich verstehen kann. Ich meine, natürlich weiß ich, dass das eine Art Schutzschild war, mein Überlebensmechanismus, weil das Kind in mir die Erinnerung an all das Schreckliche nicht ertragen konnte. Aber ich verstehe es immer noch nicht."

„O Jonas, du hattest keine andere Wahl, als es in den hintersten Winkel deines Verstandes zu verbannen. Du warst noch ein Kind. Wie hättest du das sonst ertragen sollen? Konntest du damals mit niemandem darüber reden?", fragte ich und schluckte die Tränen mühsam hinunter.

„Nein, ich habe mich nicht getraut. Meine Eltern waren mit ihm befreundet und ihm sehr dankbar, weil er so oft auf mich aufgepasst hat, während sie arbeiten waren. Außerdem hat er mir kostenlos Klavierunterricht gegeben. Sie hätten ihm so etwas Schreckliches nie zugetraut. Jetzt ist meine Mutter natürlich auch geschockt und will mich unterstützen, wo sie nur kann. Der Mistkerl hat mich damals zudem eingeschüchtert, hat mir ständig gedroht, überall zu erzählen, wie pervers und krank ich sei, weil ich das alles mit ihm mache. Er hat den Spieß eiskalt umgedreht und mir seine Sünden in die Schuhe geschoben."

„Was für ein Monster tut so etwas?", stieß ich schluchzend hervor.

„Damals wusste ich nicht, dass er ein Perversling und Kinderschänder ist. Aber jetzt wird er zur Verantwortung gezogen. Ich habe ihn angezeigt."

„Ehrlich? Das geht? Ich meine, auch nach all den Jahren noch?"

„Ja, denn er hat mich missbraucht, bis ich vierzehn war, und jetzt muss er sich vor Gericht verantworten. Mein Anwalt sagt, er wird dafür sorgen, dass der Mistkerl bekommt, was er verdient."

Eine Weile schwieg ich, dann nahm ich ihn fest in den Arm und flüsterte ihm zu: „Du bist der mutigste Mensch, den ich kenne, Jonas. Und ich schwöre dir, ich werde immer an deiner Seite sein, egal was passiert, du wirst nie wieder so allein sein wie damals."

Wir weinten beide unsere Schultern tropfnass, und mir brach das Herz, als ich daran dachte, wie schrecklich das alles für ihn gewesen sein musste und wie verängstigt der kleine Junge damals gewesen war – jahrelang. Nach endlosen Minuten lösten wir uns voneinander. Er nahm meine Hand. „Willst du mit mir am Strand spazieren gehen und mit mir den Sonnenuntergang anschauen, Fee?"

Ich nickte. „Du hast keine Ahnung, wie oft ich mir das im letzten Jahr gewünscht habe."

Wir gingen eine gute Stunde am Strand entlang und sprachen über alles. Auf Jonas würde noch viel zukommen und es könnten verflucht schwere Wochen und Monate für ihn werden, aber trotz allem wirkte er jetzt locker und gelöst.

„Ich werde wohl nie mit dem ganzen Mist aus meiner Vergangenheit abschließen können. Und ein Teil von mir macht auch meinen Eltern Vorwürfe, weil sie nichts gemerkt haben. Aber ich möchte nicht ewig um meine verlorene Kindheit trauern, sondern im Hier und Jetzt leben – mit dir, wenn du das auch willst."

Ich gab ihm einen langen Kuss auf den Mund, in den ich all meine Gefühle für ihn legte.

Und dann sprach ich es endlich aus. „Dein Lied war das Schönste, was ich je gehört habe, Jonas. Du bist nicht nur unglaublich talentiert, sondern ich weiß jetzt auch, dass wir es zusammen schaffen können. Ich glaube an uns, ich glaube an dich. Und ich weiß das alles, weil ich dich liebe. Ich liebe dich seit dem ersten Tag, an dem ich dich unter dem Leuchtturm getroffen habe."

„Als du Leiche gespielt hast?", fragte er augenzwinkernd.

„Ähm, ja, aber das lag nur an meiner Höhenangst. Darüber reden wir ein andermal. Jetzt ist nur wichtig, dass du weißt, wie besonders du für mich bist. Noch nie hat mich jemand so berührt wie du, ist mir so unter die Haut gegangen und hat in mir das Gefühl geweckt ..."

Ich brach ab, worauf er mich sofort eindringlich ansah. „Komm schon, ich schütte dir seit Monaten mein Herz aus, und wenn so ein emotionsverklemmter Typ wie ich das kann, dann kannst du das jetzt auch."

Ich atmete tief durch. „Du hast mir das Gefühl gegeben, nie mehr allein sein zu müssen. Es war, als wäre ein Teil von mir auf dich übergegangen. Ich kann es nicht erklären, aber weißt du was? Ich kann es dir später zeigen."

„O ja, ich kann es kaum erwarten", sagte er mit einem anzüglichen Grinsen.

Kichernd kniff ich ihn in den Arm. „Nicht so, wie du wieder denkst. Lass dich überraschen."

„Hey, niemand kann es mir verübeln, wenn ich dich nach Monaten der Sehnsucht endlich wieder ganz für mich haben will", sagte er und küsste mich schwindelerregend.

Sofort kribbelten alle meine Nervenbahnen und ich schnappte nach Luft. „Okay", sagte ich schließlich. „Dann verschieben wir meine Überraschung für dich auf später. Ich habe nämlich auch eine Menge nachzuholen. Gehen wir gleich zu mir?"

„Nein", widersprach er entschieden und fummelte plötzlich an seiner Hosentasche herum.

„Was machst du da?", wollte ich wissen.

„Dir den Schlüssel geben."

„Welchen Schlüssel, etwa den zum Glück?", fragte ich albern.

„Ja, genau – und er ist auch für das Ferienhaus, das ich dir vor ein paar Tagen gekauft habe."

„Du hast was?", rief ich.

Er grinste und wirkte plötzlich wie der unbeschwerte kleine Junge, der er nie sein durfte. „Ja. Es ist alles unterschrieben und beim Notar registriert. Jetzt fehlt nur noch deine Unterschrift und das Haus gehört dir. Und nur dir. Was auch immer die Zukunft bringt, es ist jetzt dein Zuhause - vorausgesetzt, du willst es haben. Willst du es haben?"

„Du bist völlig verrückt, Jonas. Blumen hätten mir gereicht, oder ein Armband oder so, aber kein Haus, das ist viel zu viel."

Jetzt sah er mich ernst an. „Sophie, es ist mein größter Wunsch, dass dieses Haus ganz dir gehört. Ich möchte, dass du für immer einen Ort hast, an dem du glücklich sein kannst, ohne Angst haben zu müssen, ihn eines Tages zu verlieren. Das Strandhaus gehört jetzt für immer dir – genau wie ich."

„Nein", sagte ich schließlich entschlossen. „Ich möchte, dass es erst einmal dein Haus ist. Weißt du, so schön der Gedanke auch ist, es zu besitzen, es würde sich trotzdem falsch anfühlen, verstehst du?"

Eine Weile sah er mich fragend an, dann nickte er. „Ja. Ich weiß, wie wenig dir an materiellen Dingen liegt, das hätte ich mir denken können. Aber du würdest mir einen großen Gefallen tun, wenn du wenigstens den Schlüssel annimmst und bei mir einziehst. Willst du das, Sophie?"

„Ob ich das will? Nichts lieber als das!" Überschwänglich umarmte ich ihn. Die Art, wie er mir Geborgenheit gab und auf meine Wünsche einging, machte mich einfach zum glücklichsten Menschen der Welt. Dies war mein erstes richtiges Zuhause und ich konnte gar nicht glauben, wie wahnsinnig süß dieser Gedanke war. Und dass ich hier mit Jonas leben würde, war das Beste.

Dieser Traummann fuhr mein Fahrrad und ich saß wie als Kind hinten auf dem Gepäckträger und hielt mich fest, bis wir am Strandhaus ankamen.

Noch vor einem Jahr war ich beinahe allein in München, mit einem Job, den ich zwar mochte, der mich aber stagnieren ließ, einem Vater, der nie für mich da war, und einer Stadt, die laut und voll war.

Und jetzt stand ich hier: Auf meiner Trauminsel, vor meinem Traumhaus, mit meinem Traummann.

Was konnte es Schöneres geben? Dies war mein persönliches Happy End – noch viel schöner, als es in einem meiner heiß geliebten Bücher stand.

„Da gibt es nur ein Problem“, sagte ich schließlich schelmisch, steckte den Schlüssel ins Schloss und drehte ihn um.

Er zog eine Augenbraue hoch. „Und das wäre? Du kannst es innen komplett umgestalten, ganz nach deinem Geschmack. Ich möchte, dass es perfekt für dich ist.“

„Nein. Wir lassen alles so, wie es ist. Es ist perfekt“, meinte ich. „Das Problem betrifft eher dich.“

Jetzt zog er beide Augenbrauen zusammen und sah mich fast flehend an. „Egal, was es ist, ich tue alles für dich, Sophie.“

„Okay. Gut. Denn jetzt, wo das Haus mir gehört ... wo willst du dann wohnen?“ Sofort brach ich in schallendes Gelächter aus, bevor er auch nur auf die Idee kommen konnte, dass ich es ernst meinte.

Erleichtert umarmte er mich, und wir wagten den Schritt in unser Haus, das mir wie ein Tor zu unserer gemeinsamen Zukunft erschien.

In den nächsten Stunden und Tagen würden wir bestimmt beschäftigt sein, denn Jonas und ich hatten viel nachzuholen. Aber sobald wir diese vier Wände verlassen konnten, spätestens wenn wir am Verhungern waren, würde ich ihm meine Überraschung zeigen:

Ein Lied, das ich extra für Jonas komponiert hatte. Instrumental, ohne Worte, aber mit all meiner Liebe für ihn. Und wer weiß, vielleicht würden mir nach und nach auch Sätze dazu einfallen.

Schließlich hatten wir jetzt alle Zeit der Welt - und einen magischen Leuchtturm, der uns nicht nur einmal, sondern gleich zweimal zusammengeführt hatte.

Jetzt konnte uns nichts mehr trennen.

Sophie: Drei Monate später

„Jonas, beweg deinen süßen Hintern hier runter, sonst kommen wir zu spät ins Kino – und das an meinem Geburtstag." Ich wartete schon eine halbe Ewigkeit auf ihn, aber manches änderte sich nie. Er war immer noch ein Chaot und suchte im letzten Moment seine Lieblingshose, ein spezielles Hemd oder die passenden Schuhe.

Wenn man zusammenlebte, lernte man sich erst richtig kennen. Ich wusste jetzt zum Beispiel, dass Jonas nicht nur eine riesige Duschgelsammlung hatte, sondern auch locker dreimal so viele Schuhe besaß. Er hatte sogar einen extra Schuhschrank dafür, aber das nutzte nichts, denn meistens warf er seine Treter irgendwo in die Ecke und fand sie nicht wieder, wenn er es eilig hatte - so wie jetzt.

„Hast du meine schwarzen Lederturnschuhe gesehen?", rief er aus dem oberen Stockwerk und ich musste grinsen.

„Meinst du zufällig das Paar, das unter dem Sofa liegt, neben der Wasserflasche und dem Katzenspielzeug?"

„Aaah!", ertönte es von oben. „Dann kann ich ja lange in meinem Schrank suchen, wenn du sie unter der Couch versteckt hast."

Empört stemmte ich die Hände in die Hüften. „Ich soll sie versteckt haben? Das ist ja wohl die Höhe!“ Lange konnte ich mich jedoch nicht aufregen, denn schon kam Eddie, unser roter Kater, auf mich zugerannt und strich mir maunzend um die Beine. Ich wusste genau, was das bedeutete: Gib mir Futter, und zwar sofort!

Da ich dem zuckersüßen Katerchen nicht widerstehen konnte - wirklich, mit ihm war es fast noch schlimmer als mit Jonas - begleitete ich ihn in die Küche und öffnete ihm schnell eine Dose Nassfutter.

Der Kleine war uns kurz nach dem Einzug zugelaufen und niemand schien ihn zu vermissen, auch nach einem Aufruf in der Gegend und der Suche über eine Tierschutzorganisation meldete sich keine Menschenseele. Es war nie geplant gewesen, ein Tier bei uns aufzunehmen, aber das Leben hatte seine eigenen Regeln. Jetzt liebte ich Eddie über alles. Dumm nur, dass er Jonas und mich gleichermaßen um den Finger gewickelt hatte und langsam etwas zu viel mit sich herumtrug.

Plötzlich umarmten mich zwei starke Arme von hinten und ... verflixt, der Typ roch schon wieder so gut. „Wir könnten den Kinobesuch auch ausfallen lassen und stattdessen ganz privat feiern“, schlug ich vor. „Nur du und ich – wenn du verstehst, was ich meine.“

Jonas hauchte mir unzählige Küsse auf den Hals und seufzte dann bedauernd. „Ach, Sophie, du ahnst nicht, wie gern ich das machen würde. Aber wir wollten doch Javier und Uwe abholen – schon vergessen?“

Nein, hatte ich natürlich nicht, aber die Anziehungskraft, die Jonas auf mich ausübte, verfehlte auch nach Monaten ihre Wirkung nicht. In seiner Nähe setzte mein Gehirn manchmal einfach aus und ich wollte nichts sehnlicher, als in seinen Armen zu liegen und ... Hm, nein, weiter in diese Richtung sollte ich besser nicht denken, sonst müssten wir meinen Onkel und Uwe tatsächlich absagen. Und so etwas würde meinem Charakter gar nicht entsprechen. „Apropos Uwe, findest du nicht auch, dass er im Moment auffällig oft bei meinem Onkel ist? Ich glaube, es war eine gute Idee, ihm die ausgebaute Dachwohnung anzubieten."

„Ja, das stimmt. Aber er ist doch noch gar nicht richtig eingezogen, oder?", hakte Jonas nach.

„Nein, das nicht, aber laut Onkel Javier nutzt er sie als Rückzugsort ... eine Art Ferienwohnung."

Jonas lachte. „Mann, dann muss der Typ aber viel Urlaub haben. Oder er ist um einiges mehr in Javier verknallt, als er zugibt."

Yep, er hatte den Nagel auf den Kopf getroffen.

Ich grinste. „Uwes Freiheit ist ihm sehr wichtig, aber mein Onkel ist schlau und es war ein genialer Schachzug von ihm, Uwe die Wohnung zu geben. So kann er kommen und gehen, wie er will, ohne sich eingeengt zu fühlen."

„Wenn Javier das weiterhin so gut regelt, können wir uns bald auf eine Hochzeit freuen", scherzte Jonas.

„Wer weiß? Auf Sylt ist alles möglich. Wir sollten die beiden mal zum Leuchtturm schicken, der hat uns damals schließlich auch zusammengebracht."

Jonas wirbelte mich herum und drückte mir einen langen, unglaublich liebevollen Kuss auf den Mund. „O ja, und das hat er wirklich gut gemacht."

Wir versanken eine Weile in intensivem Geknutsche, als plötzlich Jonas' Handy klingelte.

„Mist!" Er warf einen Blick darauf. „Das ist dein Onkel, er wird ungeduldig. Wir müssen jetzt wirklich los, die Filmvorführer werden sicher nicht bis zum Beginn auf uns warten."

„Ich kann nicht glauben, dass sie ausgerechnet an meinem Geburtstag meine absolute Lieblings-Romcom spielen. Notting Hill ist der beste Film, der je gedreht wurde", sagte ich, während Jonas endlich seine Schuhe unter dem Sofa hervorholte und blitzschnell hineinschlüpfte.

Dann streichelte er Eddie zum Abschied noch ein paar Mal liebevoll über den Kopf, bevor er mich stürmisch hinter sich her zum Auto zog. Unterwegs schnappte er sich noch unsere Jacken vom Garderobenhaken.

„Ich glaube nicht, dass wir die im Kino brauchen", warf ich ein. „Es ist ein ziemlich milder Abend. In welchem Kino läuft der Film noch mal?"

„Ähm, Westerland", meinte er und sah mich dabei nicht einmal an.

Hm, hier war etwas faul. Hatte er eine Überraschung für mich geplant? Ein Abendessen am Strand, aber diesmal ohne diebische Möwen? Bei Jonas war alles möglich, er verwöhnte mich wirklich extrem und trug mich auf Händen. Ich konnte gar nicht in Worte fassen, wie sehr ich diesen Mann liebte!

„Westerland, so so", sagte ich schmunzelnd. „Soll ich mal kurz anrufen und fragen, wie viel Werbung vorher läuft? Vielleicht stressen wir uns ja gerade völlig umsonst?"

„Nee, das brauchst du wirklich nicht, wir sind pünktlich da." Er war so ein schlechter Lügner, ein Grund mehr, warum ich ihn mochte. Jonas war eine ehrliche Haut, nicht nur in dieser Hinsicht passten wir perfekt zusammen.

Doch schon nach wenigen Minuten Fahrt schlug er eine ganz andere Richtung ein als geplant. Ha, ich hatte es gewusst! „Willst du Javier und Uwe versetzen oder warum bist du an der Abzweigung vorbeigefahren?", fragte ich.

Jonas verzog das Gesicht, dann grinste er breit. „Mensch, Sophie, du weißt doch, dass wir nicht nach Westerland ins Kino fahren, oder? Ich bin ein schlechter Lügner, aber wir wollten dich heute überraschen. Also lehn dich zurück und sei gespannt."

Wow, jetzt hatte mich eindeutig die Neugier gepackt. Nach einer kurzen Fahrt bogen wir auf den Parkplatz am Leuchtturm ein. Ich wurde immer aufgeregter und freute mich riesig auf meine Geburtstagsüberraschung. Wir stiegen aus und gingen Hand in Hand zu „unserem" Leuchtturm. Aber heute war etwas anders.

„Wahnsinn, was ist denn hier los?", fragte ich und blieb abrupt stehen. Der Leuchtturm war unten mit bunten Lichterketten geschmückt, rundherum standen hübsch dekorierte Tischchen mit allerlei Fingerfood und gegenüber eine riesige weiße Leinwand.

„Das mit deinem Lieblingsfilm war nicht gelogen", flüsterte mir Jonas ins Ohr und deutete auf die Projektionswand. „Die Stadt hat uns eine Sondergenehmigung erteilt, dank deines Onkels, der wirklich jeden auf der Insel kennt und überall gute Kontakte hat. Happy Birthday, Fee."

Plötzlich öffnete sich die Tür des Leuchtturms und nach und nach traten alle Menschen, die mir in den letzten Monaten und Jahren ans Herz gewachsen waren, aus der Tür. Allen voran Onkel Javier mit Uwe, dann Mia, sogar Gertrud, Nini, die anscheinend extra angereist war, Jonas' Bruder Martin und viele neue Bekanntschaften, die ich auf der Insel gemacht hatte.

Mit offenem Mund starrte ich alle an, dann liefen mir die ersten Freudentränen über die Wangen.

Nachdem ich jeden von ihnen umarmt und sie mir alle herzlich gratuliert hatten, wollte ich zurück in Jonas' Arme, aber in dem Moment klingelte mein Handy. Vater rief an. Mit gemischten Gefühlen drückte ich den Finger auf den grünen Anruf-Button.

„Hey Papa", begrüßte ich ihn und ging ein paar Schritte von meinen Freunden weg, um in Ruhe mit ihm reden zu können.

„Herzlichen Glückwunsch zum Geburtstag, meine Kleine. Ich hoffe, du hattest einen schönen Tag und feierst jetzt gebührend."

Gebührend ... das war ein Wort, das typisch für ihn war. Etwas steif und antiquiert, aber dennoch stilvoll.

„Ich freue mich, dass du anrufst, Papa. Und ja, mein Freund hat eine ganz wunderbare Feier organisiert, direkt am Leuchtturm. Es ist hier wirklich traumhaft schön."

Ein leises Seufzen drang aus der Leitung. „Sophie, ich weiß, dass ich mir oft zu wenig Zeit für dich genommen habe. Erst seit du aus München weggezogen bist, ist mir klar geworden, dass ich vieles falsch gemacht habe. Ich gelobe Besserung. Vielleicht magst du mich ja mal demnächst in München besuchen? Dann nehme ich mir einen ganzen Tag frei für dich. Du ... bist mir wichtig, meine Kleine."

Aus seinem Mund war das quasi eine Liebeserklärung. Ich konnte mich nicht daran erinnern, wann er mir das letzte Mal so etwas Nettes gesagt hatte. „Du mir auch, Papa, aber es ist viel passiert und ich bin hier glücklich. Besuch du stattdessen doch mich auf Sylt und ich kann dir meine Welt zeigen. Dann lernst du auch Jonas kennen."

Ich hörte ihn laut aufschnaufen. „Ach, Sophie, das wird so schnell nicht passieren. Glaubst du im Ernst, ich hätte Lust darauf, meinen Bruder zu treffen und mir all seine Vorwürfe anhören zu müssen? Oder gar seine ...", er schnaufte erneut auf, „männlichen Liebhaber zu sehen? Nein, das kannst du vergessen."

Nur mit Mühe konnte ich meinen Ärger unterdrücken. Wie konnte er so abfällig über Onkel Javier reden? Doch es war mein Geburtstag und ich wollte kein Streitgespräch am Telefon, also schluckte ich alles hinunter und meinte nur: „Schade, ich hatte auf ein wenig mehr Verständnis gehofft. Javier ist ein echter Schatz und kümmert sich um mich wie ein Vater um sein Kind."

Eine zeitlang blieb es still in der Leitung, dann hörte ich ihn leise seufzen. „Ich war wohl kein guter Vater für dich. Verzeih mir, Kleines. Wahrscheinlich habe ich mich nach dem Tod deiner Mutter so in die Arbeit gestürzt, dass ich dich – und mich selbst – völlig vergessen habe. Außerdem sahst du deiner Mutter von Tag zu Tag ähnlicher, und jetzt bist du ihr Ebenbild: genauso schön und strahlend. Ich glaube, ich konnte es nicht ertragen, du warst die lebendige Erinnerung an das, was ich verloren hatte."

Seine Worte wühlten mich auf, aber andererseits war es nach all den Jahren wichtig, dass wir uns endlich aussprachen und ich die Wahrheit erfuhr. „Aber mich hast du nicht verloren, Papa. Ich bin immer noch hier."

„Das weiß ich, Schatz, und es tut mir auch unendlich leid, das musst du mir glauben. Sag mal, ist mein Geschenk für dich angekommen?"

„Ja, das ist es. Und ich habe mich sehr darüber gefreut.“ Ich schluckte. „Diese Bilder von Mama kannte ich noch gar nicht. Es war lieb von dir, sie als Fotoalbum drucken zu lassen. Das bedeutet mir viel, danke.“

„Dann freut es mich. Ich habe das Album zwar selbst noch nicht gesehen, aber meine Sekretärin hat es nach meinen Wünschen zusammengestellt. Ich hatte ihr die Fotos dafür extra auf einen USB-Stick geladen.“

Aha, also hatte er es gar nicht selbst gemacht, sondern bloß jemand anderen damit beauftragt? Das war ja wieder mal typisch. Nicht einmal für das Geschenk seiner einzigen Tochter hatte er Zeit. Aber andererseits ... hieß es nicht, dass der Gedanke allein zählte? Immerhin war das ein Anfang. Bei meinen letzten Geburtstagen bekam ich immer etwas Unpersönliches wie einen Schal oder ein T-Shirt geschenkt – Letzteres meist in der falschen Größe. Das hier war also definitiv ein Fortschritt. „Okay, Papa. Ich werde mir das Album später noch mal in Ruhe ansehen. Danke schön. Aber jetzt muss ich leider auflegen, meine Freunde warten auf mich.“

Er verabschiedete sich recht knapp, ohne auch nur einen Gruß an Onkel Javier auszurichten. Doch ich ließ mir den heutigen Tag nicht vermiesen. Papa hatte einen ersten, kleinen Schritt auf mich zugemacht, also wertete ich das als positives Zeichen für die Zukunft. Keiner konnte sich von heute auf morgen ändern, so etwas dauerte nun mal.

Zuerst erzählte ich Mia und Nini von dem Gespräch. Beide trösteten mich und Nini schimpfte etwas über ihn. Aber sie fanden es gut, dass er zumindest ein bisschen Einsicht gezeigt und sich entschuldigt hatte. Auch Mia und ihre Mutter hatten sich vor ein paar Wochen ausgesprochen und waren sich ein wenig nähergekommen. Wenn man einmal so verletzt worden war, brauchte man Zeit, um zu heilen. Eines Tages würden wir unseren Eltern vermutlich verzeihen können.

Von Nini bekam ich dann ein zuckersüßes Katzenkörbchen

geschenkt, das mich sehr freute und Eddie sicher gut gefallen würde.

Mia hatte mir extra zum Geburtstag ein wunderschönes kleines Bücherregal gebaut. „Mein Chef hat mir dabei geholfen", sagte sie, „denn allein hätte ich es nicht geschafft. Ich weiß, dass es für deine vielen Bücher zu klein ist, aber sobald ich als Schreinerin besser geworden bin, bekommst du Nachschub - und zwar ein paar Nummern größer."

„Mia, es ist perfekt", sagte ich und strich mit den Fingern über das glatte Holz. „Ich danke dir. Es bedeutet mir sehr viel, dass du das extra für mich gebaut hast."

„Na ja, nachdem dein Traummann diese Party hier fast im Alleingang organisiert hat, wollte ich mich nicht lumpen lassen und dir auch etwas Besonderes schenken", sagte sie.

„Jonas hat das alles alleine vorbereitet?" Mir klappte die Kinnlade herunter.

„Ja, er ist wirklich ein Schatz", warf Nini plötzlich ein. „Ich muss zugeben, dass ich ihm gegenüber am Anfang echt skeptisch war. Aber er hat schon oft bewiesen, wie wichtig du ihm bist. Also denke ich, dass er ganz in Ordnung ist."

„Und wie er das ist", bestätigte ich lächelnd. „Wie lange bleibst du diesmal hier, Nini?", fragte ich meine Freundin.

„Leider muss ich in zwei Tagen wieder zurück nach München. Aber da Mia hier ist, hast du sicher genug Abwechslung neben deiner Arbeit und Jonas und der Katze ..."

Wir lachten. „Mir wird bestimmt nicht langweilig. Aber weißt du was, wenn alles etwas ruhiger wird, besuche ich dich in meiner alten Wohnung. Wäre das in Ordnung?"

„O ja", rief Nini strahlend. „Ich habe eine Idee. Wie wäre es, wenn du und Mia zusammen kommst und wir gemeinsam München erobern? Na, habt ihr Lust?"

Wir umarmten uns alle drei und ich konnte wieder einmal nicht fassen, was für wunderbare Menschen ich an meiner Seite hatte.

„Fee, bist du bereit für Notting Hill, die kitschigste Liebesgeschichte aller Zeiten?“, ertönte plötzlich seine Stimme, die wie immer ein wohliges Kribbeln in mir auslöste.

„Das sagt ausgerechnet der, der mir die Sonderedition der Bridgerton-Reihe zum Geburtstag geschenkt hat“, erwiderte ich lachend. „Und zwar gleich acht Bände in der wunderhübschen Softcover-Ausgabe.“

„Na ja, ich muss deine romantische Ader weiter unterstützen, das ist auch in meinem eigenen Interesse“, sagte er. „Schließlich fallen dir in letzter Zeit oft bessere Refrainzeilen ein als mir. Und diese Bücher musste ich dir einfach schenken. Erstens passen sie perfekt in Mias selbst gebautes Bücherregal und zweitens wolltest du den weißen Flügel ja nicht als Geschenk annehmen“, fügte er mit einem breiten Grinsen hinzu.

„Und warum steht das sündhaft teure Ding jetzt trotzdem in unserem Wohnzimmer?“, fragte ich lächelnd. Jonas liebte es, mir Geschenke zu machen, aber meistens schoss er dabei über das Ziel hinaus.

„Ach, das ist doch ganz einfach. Ich kann das arme Ding ja nicht zurückgeben und seine Gefühle verletzen. Jetzt gehört er mir. So kann ich dir nach monatelangem Keyboardunterricht endlich zeigen, wie man Klavier spielt. Das ist auch eine Investition in unsere Zukunft. Denn wenn du weiter so schnell lernst, bist du bald diejenige, die mit ihren eigenen Liedern Geld verdient.“

Davon war ich zwar noch Lichtjahre entfernt, aber es schmeichelte mir doch, von einem erfolgreichen Songwriter ein solches Lob zu bekommen - auch wenn er in der Beurteilung meiner Spielkünste wohl nicht ganz objektiv war.

Denn das ist es, was die Liebe mit uns macht: Sie stürzt sich auf uns, verschlingt uns mit Haut und Haaren und gibt uns neue Hoffnung. Wie die Musik schaffte sie es spielend, unserem Leben neuen Glanz zu verleihen.

Und unsere Zukunft leuchtete so hell, dass sie wahrscheinlich in Neonröhren am Himmel geschrieben stand.

Solange Jonas und ich zusammen waren, stand uns die Welt offen. Und ich hoffte von ganzem Herzen, dass es für immer so bleiben würde.

Eines wusste ich mit Sicherheit:

Die Chancen dafür standen verdammt gut, denn wir hatten einen Leuchtturm als Verbündeten.

– ENDE –

Schau auch mal bei meinen Social Media-Accounts rein und bleib immer auf dem neuesten Stand:

Website: https://sarah-mcallister-and-lena-kuestenglueck.jimdosite.com/
Instagram: https://www.instagram.com/sarah_mcallister_autorin/
Facebook: https://www.facebook.com/Sarah.MacAllister.Autorin
YouTube: https://www.youtube.com/@sarahmacallister6525

Und nicht vergessen: Du kannst mir bei Amazon folgen (einfach auf meine Autorenseite gehen und auf den Button drücken) und bekommst dann Infos zu Neuerscheinungen.
Lena Küstenglück:
https://www.amazon.de/stores/Lena-K%C3%BCstengl%C3%BCck/author/B0CTKFP819
Und Sarah McAllister:
https://www.amazon.de/stores/Sarah-McAllister/author/B07NJ2RPBN

Nachwort und Danksagung

Ich liebe das Meer und kann gar nicht genug davon sehen, riechen, hören … oder genug Bücher darüber schreiben. Deshalb konnte ich es nicht bei einer Ostsee-Buchreihe belassen, sondern wollte unbedingt noch einen Roman schreiben, der an der Nordsee spielt.

Aber keine Sorge, der dritte Band meiner Ostseesehnsucht wird voraussichtlich im Spätsommer 2024 erscheinen – ich freue mich schon riesig darauf und kann es kaum erwarten, damit anzufangen.

Die Geschichte von Jonas und Sophie hat mir so unter den Nägeln gebrannt, dass ich sie unbedingt zuerst aufschreiben musste. Einige Szenen (wie zum Beispiel sein Fernsehauftritt am Ende des Buches) habe ich sogar geträumt. Ich hatte nicht vor, extra einen Songtext zu schreiben. Aber dann konnte ich mir einfach nicht vorstellen, es nicht zu tun. Ich hoffe, er gefällt euch, denn ich habe viel Zeit und Liebe in ihn gesteckt.

Seit ein paar Monaten lerne ich selbst Keyboard spielen … das war ein Kindheitstraum von mir, den ich aus zig Gründen nie verwirklichen konnte. Aber jetzt macht es mir so viel Spaß, dass ich die Liebe zur Musik wiederentdeckt habe. Und tief in mir steckt die leise Hoffnung, dass Full heart, full stop eines Tages sogar eine passende Melodie bekommt. Ich weiß nicht, ob ich jemals so weit sein werde, selbst Melodien zu komponieren, aber es hat auch keinen Sinn, jemand anderen damit zu beauftragen. Warum? Weil ich in meinem Kopf eine genaue Vorstellung davon habe, wie das Lied klingen soll, welche Stimmung es vermitteln und welche Gefühle es beim Hören auslösen soll. Möglicherweise wird dieser

Traum also eines Tages wahr, vielleicht auch nicht. Aber wichtig ist, dass wir an unseren Träumen festhalten. Ich glaube daran, dass der Song eine wunderschöne Melodie bekommt.

Ich bin in diesem Jahr privat durch einige Täler und Höhen gegangen, eine richtige Achterbahnfahrt sozusagen. Manchmal kam auch der Gedanke auf, ob das schon alles war und was ich in meinem Leben noch erreichen will ... oder kann.

Die Musik hat mir dann (neben meiner Liebe zum Schreiben) geholfen, wieder zu mir selbst zu finden. Wir brauchen Ziele im Leben und vor allem Dinge, die uns glücklich machen – auch in unruhigen oder traurigen Zeiten. Ich drücke euch jedenfalls die Daumen, dass ihr etwas in eurem Leben habt, das euch zum Lächeln bringt. Und wenn nicht, dann macht euch auf die Suche – denn es ist nie zu spät, für sein Glück zu kämpfen. Das habe ich dieses Jahr gelernt.

Jedes Buch, das ich schreibe, ist eine Reise – manchmal (wie dieses Mal) eine Reise zu mir selbst. Wenn meine Geschichten wenigstens einen Menschen da draußen für eine Weile gut unterhalten, vom Alltag ablenken oder im besten Fall sogar helfen, dann hat sich jede Mühe gelohnt.

Hat euch das Buch gefallen? Dann würde ich mich wie immer sehr über eine Rezension oder Bewertung freuen. Auch wenige Worte zählen, denn eure Meinung ist wichtig.

Jetzt bleibt mir nur noch DANKE zu sagen. Danke an euch, dass ihr das Buch gelesen habt und Danke an viele liebe Menschen, die mir dabei geholfen haben.

DANKE an:

- Ina, für deine aufbauenden Worte, wann immer ich an mir gezweifelt habe. Du hast mir geholfen, meinem Bauchgefühl wieder mehr zu vertrauen und an mich zu glauben. Ich bin dankbar und glücklich, dass wir uns damals kennenlernen durften.

Dein Korrekturlesen war auch diesmal super schnell und sehr hilfreich. Danke für jede Bemerkung und jeden Kommentar ...

- Maria, weil du mir seit Jahren treu zur Seite stehst und mich immer wieder mit deinem Adlerauge und überragenden Rechtschreib- und Grammatikkenntnissen begeisterst. Und Danke schön auch dafür, dass du so ein lieber, herzensguter und ehrlicher Mensch bist.

- Cindy, für dein scharfes Auge und die netten Gespräche über Lieblingssongs und Konzerte. (Ed Sheeran forever!) Du findest immer noch versteckte Fehler, selbst wenn ich denke, ich hätte schon alle entdeckt. Ich finde es toll, dich im Buchteam zu haben.

- Tatjana, für das gründliche Lektorat und die Denkanstöße. Außerdem für die vielen Sprachnachrichten und Texte, mit denen wir uns immer wieder gegenseitig motivieren und zu Höchstleistungen antreiben.

- Doreen, für den letzten Schliff und die gründliche Überprüfung des Textes. Du hast den zweiten Lektoratsdurchgang plus Schlusskorrektur gemacht und ich konnte mich wie immer voll auf dich verlassen. Deine Bemerkungen waren unfassbar hilfreich und haben mir bei einer bestimmten Sache die Augen geöffnet. Ganz lieben Dank und tausend Grüße an deine niedlichen Hunde – auch von meiner kleinen Hündin.

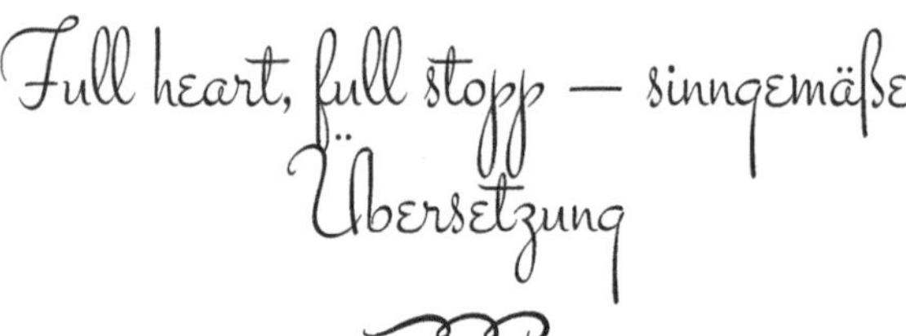

Full heart, full stopp – sinngemäße Übersetzung

Beim ersten Anblick hast du mich so tief getroffen, dass ich wusste, dass du diejenige bist, die ich behalten wollte. Du hast mir Farben gezeigt, die ich nie gesehen habe, hast meine Welt in einen Regenbogen der Träume verwandelt.

Deine Berührung, dein Lächeln wurde mein Licht, und führte mich durch meinen dunkelsten Kampf, aber ich war blind, konnte den Krieg nicht gewinnen, verloren in den Schatten, immer mehr wollend.

Volles Herz, voller Halt, du hast mir die Augen geöffnet, jetzt sehe ich endlich die ganze Schönheit am Himmel. Ich liebe dich so sehr, ich schätze, ich sollte dich gehen lassen, du konntest dich nicht ewig halten, jetzt hast du jemand Besseres gefunden. Ich weiß, es braucht Zeit, aber vielleicht wirst du eines Tages mir gehören.

Du hast den Schmerz gesehen, den ich zu verstecken versuchte, die Millionen Tränen, die ich hätte weinen sollen, du hast dich abgewandt, konntest das Schlechte nicht ertragen, hast das Wrack gesehen, das ich war, den zerbrochenen Wahnsinn.

Ich weiß, dass ich gefallen bin, aber jetzt stehe ich aufrecht, habe mich selbst aufgefangen, nachdem ich gegen eine Wand geprallt war. Dein wunderschönes Herz hat meinen Weg erhellt, hat mich in Sicherheit gehalten, obwohl du nicht bleiben konntest.

Volles Herz, voller Halt, du hast mir die Augen geöffnet, jetzt sehe ich endlich die ganze Schönheit am Himmel. Ich liebe dich so sehr, ich schätze, ich sollte dich gehen lassen, du konntest dich nicht ewig halten, jetzt hast du jemand Besseres gefunden. Ich weiß, es braucht Zeit, aber vielleicht wirst du eines Tages mir gehören.

Ich habe die Dunkelheit hinter mir gelassen, mein Schicksal geändert, jetzt kann ich nur hoffen, dass es nicht zu spät war, deine Liebe hat mich gelehrt, wie man kämpft, aber der Leuchtturm am Strand ist vielleicht endlich außerhalb meiner Reichweite.

Volles Herz, voller Halt, du hast mir die Augen geöffnet, jetzt sehe ich endlich die ganze Schönheit am Himmel. Ich liebe dich so sehr, ich schätze, ich sollte dich gehen lassen, du konntest dich nicht ewig halten, jetzt hast du jemand Besseres gefunden. Ich weiß, es braucht Zeit, aber vielleicht wirst du eines Tages mir gehören.

Eines Tages … hoffe ich, dass du wieder mir gehörst …

Bisher von Lena Küstenglück erschienen

Sand im Haar, Sonne im Herzen – Band 1 der Reihe „Ostseesehnsucht"

Mein Buch

An der Ostsee dem Rauschen der Wellen zu lauschen, aufs meerblaue Wasser zu blicken und sich von der Sonne küssen zu lassen ... all das vermisst Annie.

Dennoch war sie wegen eines Vorfalls, der ihr den Boden unter den Füßen weggerissen hat, schon seit sechs Jahren nicht mehr in Eckernförde. Die schicke Luxusvilla in London, ein angesagter Schauspieler als Freund und ihr Job als Starfotografin trösten sie über vieles hinweg - bis sie innerhalb weniger Tage alles verliert. Als ihre Mutter sie dann bittet, sich in der Heimat um das Strandcafé der kranken Tante zu kümmern, reist Annie nur widerwillig zurück. Schließlich will sie ihrer Jugendliebe Till auf keinen Fall über den Weg laufen.

Doch was haben drei süße Kids, Kuchen mit Ketchup und Fischbrötchen mit Schlagsahne damit zu tun, dass Annie kurze Zeit später alles infrage stellt, woran sie je geglaubt hat ...?

„Sand im Haar, Sonne im Herzen" ist eine herzerwärmende, heitere und romantische Geschichte vor der wunderschönen Kulisse der Ostsee.

Ein berührendes Buch über das Heimkommen, die erste Liebe, die Bedeutung der Familie und den speziellen Ort, den du für immer im Herzen trägst. Wenn du auf der Suche nach einem sommerlichen Wohlfühlroman mit Humor bist, wirst du dieses Buch lieben.

Strandnixe liebt Mr. Baywatch – Band 2 der Reihe „Ostseesehnsucht".

Mein Buch

Bist du bereit, dich in ein Urlaubsparadies voller Sehnsucht, Humor und Liebe entführen zu lassen?

Stress im Job und kein Glück in der Liebe – Annalena braucht dringend Urlaub, findet ihr Bruder Marc, und schickt sie in sein Ostseehotel nach Eckernförde. Kaum dort angekommen, wird sie nicht nur vor dem Ertrinken gerettet, sondern auch von Amors Pfeil getroffen. Rettungsschwimmer Nico hat zwar einen knackigen Hintern, jedoch leider auch eine Freundin.

Annalena versucht, in Nico nur einen guten Freund zu sehen, doch eine handfeste Lüge und etliche Turbulenzen später muss sie sich eingestehen, dass sie ihr Herz an ihn verloren hat.

Zwischen Strandabenteuern, Poolpartys und überraschenden Wendungen entwickelt sich eine mitreißende Geschichte voller Leidenschaft und Ostseesehnsucht. Wird Annalena für ihre Träume kämpfen und Nicos Herz erobern?

Die Liebesgeschichte von Annalena und Nico ist in sich abgeschlossen und der zweite Teil der „Ostseesehnsucht"-Reihe. Beide Bände können auch unabhängig voneinander gelesen werden. 1. „Sand im Haar, Sonne im Herzen: Ostseesehnsucht – Von London nach Eckernförde" 2. „Strandnixe liebt Mr. Baywatch: Ostseesehnsucht Eckernförde"

Band 3 der Reihe wird voraussichtlich im Spätsommer / Herbst 2024 erscheinen.

Bücher von Sarah McAllister:

Ein kleines Stück Sommer – Verliebt auf Santorin

Mein Buch

Auf der malerischen Insel Santorin kreuzen sich die Wege von Lisa und einem geheimnisvollen Griechen. Zwischen Renovierungschaos und Herzklopfen entfaltet sich eine bezaubernde Liebesgeschichte – samt Meeresrauschen und vierbeinigen Freunden.

In den weißen Gassen von Santorin steht Lisas Erbe: eine marode Pension und jede Menge Chaos. Als sie auf den mürrischen Alexios trifft, lässt sie sich auf einen Deal mit ihm ein. Er hilft ihr bei der Renovierung, wenn sie im Gegenzug seine Firmen-Webseite erstellt.

Gemeinsam bringen sie die Pension auf Vordermann, und inmitten von Farbe, pelzigen Gefährten und Strandspaziergängen öffnen sie ihre Herzen füreinander.

Doch mysteriöse Vorfälle werfen Schatten auf ihre Beziehung. Kann diese aufkeimende Liebe den Stürmen des Lebens standhalten?

Komm mit nach Santorin und begleite Lisa auf ihrer Reise voller Romantik, Intrigen und jeder Menge Sommerlaune.

Der Roman ist in sich abgeschlosse

Gut geküsst ist fast gewonnen – Rocky Mountain Love

Mein Buch

Eine winterlich-romantische Liebeskomödie zum Schmunzeln, Träumen und Dahinschmelzen.

Als die Journalistin Lynn Snowdrop ins Büro ihres Chefs gerufen wird, befürchtet sie eine Kündigung. Doch so schnell gibt die chaotische Lynn nicht auf und kämpft um ihre Karriere beim Magazin "Sports for Fun".

Beeindruckt von ihrer Willenskraft gibt der Boss ihr noch eine letzte

Chance und schickt sie in ein abgelegenes Dorf mitten in den verschneiten Rocky Mountains. Dort soll sie ein Sensationsinterview über den ehemaligen Skistar-Schönling Shane Cooper schreiben, der laut Gerüchten kurz vor seinem Comeback steht.

Dies entpuppt sich allerdings als nicht so einfach, denn "Beaver Creek" hält mehr als eine Überraschung für sie bereit und schon beim Hinflug macht sie Bekanntschaft mit dem grimmigen Piloten Ice. Die Dorfbewohner helfen ihr bei der Suche nach Shane nicht weiter und auch Ice hat wichtige Gründe, die hübsche Reporterin auf Abstand zu halten.

Hier erwarten euch viel Humor und Herzenswärme – trotz der eisigen Temperaturen in "Beaver Creek".

Dieses Buch ist in sich abgeschlossen, ist jedoch der Start einer Reihe von Geschichten, die alle im selben Örtchen inmitten der Rocky Mountains spielen.

Aus Versehen geküsst: Rocky Mountain Love 2

Mein Buch

Kuschelige Winterromantik vor den schneebedeckten Gipfeln der Rocky Mountains – ein Buch, so herzerwärmend und knisternd wie ein Kaminfeuer zur Winterzeit.

Emily hat endlich den Durchbruch in der schillernden Welt von Hollywood geschafft, als der Regisseur ihr einen schicksalhaften Schlag versetzt – die Kündigung. Enttäuscht und als Single Lady auf der Suche nach einem Neuanfang, folgt sie dem Rat ihrer besten Freundin und flieht aus dem Trubel von L.A. in die verschneiten Rocky Mountains. Hier, wo Fuchs und Hase sich gute Nacht sagen und niemand sie kennt, hofft sie auf Frieden und Erholung.

Gleich am ersten Tag kommt es zu einem vielversprechenden Kuss mit einem Fremden. Alles könnte so schön sein ... wenn er sich nicht als der Bruder ihres Ex-Verlobten herausstellen würde. Ja, genau der Kerl, der sie einst ohne jegliche Erklärung am Altar stehen ließ. Sie hasst Zack deshalb fast genauso sehr wie seinen Bruder.

Ist Emilys Neubeginn in dem idyllischen Beaver Creek damit zum Scheitern verurteilt, oder besteht noch Hoffnung, dass die beiden Streithähne sich versöhnen?

Ein ergreifender Roman über zwei gebrochene Herzen, die nach Liebe suchen – und eine Dreizehnjährige, die alles daransetzt, ihren Daddy wieder lächeln zu sehen.

Dieses Buch ist Band 2 der Rocky Mountain Love Reihe. Beide Bände auch unabhängig voneinander zu lesen, doch Fans des ersten Teils können sich auf ein Wiedersehen mit Lynn und Ice freuen.

Verliebt ist, wer trotzdem küsst

Mein Buch

„Fröhlich, charmant und voller Sommerlaune."

Einen Job, bei dem ich rund um die Welt reisen kann? Hab ich.

Faszinierende Männer kennenlernen und mich nie festlegen müssen? Kann ich.

Doch jemanden wirklich in mein Herz zu lassen, das habe ich bisher nie geschafft. Seltsam ist nur, dass auch dieser nerdige Wissenschaftler, der im Flugzeug neben mir saß, mich von Tag zu Tag weniger nervt ... und fast schon ... irgendwie interessant ist. Meine Reise tief in den Regenwald von Brasilien hat gerade erst begonnen und entwickelt sich zum größten Abenteuer meines Lebens und einer Schatzsuche der besonderen Art.

Eine zauberhafte Lovestory mit Herz und Humor über zwei Menschen, die viel mehr finden, als sie suchen.

Dies ist ein abgeschlossener Wholesome Romance Roman, ohne direkte Liebesszenen, aber mit viel Knistern und Funkenflug zwischen zwei Menschen, die so unterschiedlich sind wie Chili-Schokolade und Käsebrötchen.

Das Buch wurde für kurze Zeit unter dem Namen „A Tropical Kiss" veröffentlicht und ist jetzt hier wieder unter dem Originaltitel und mit dem ursprünglichen Cover erhältlich.

Schottisch verliebt: Herzknistern in den Highlands

Mein Buch

***Herzknistern, Schottlandromantik* und gut gehütete Geheimnisse – tauche ein in den Zauber der Highlands und finde heraus, ob ein gebrochenes Herz wieder heilen kann.**

Die aufstrebende Landschaftsarchitektin Emma wird von ihrem Chef nach Schottland, geschickt, um an einem bedeutenden Gartenprojekt zu arbeiten. Dort trifft sie auf Ewan, einen geheimnisvollen, distanzierten Mann, der sie gleichermaßen verärgert und fasziniert. Gemeinsam besuchen sie die Highland Games und verlieben sich trotz ihrer Unterschiede ineinander.

Doch ihre Zuneigung wird auf eine harte Probe gestellt, als deutlich wird, dass er etwas vor Emma verbirgt. Weshalb lässt der alleinerziehende Ewan keinen Moment lang seine Tochter aus den Augen? Und wieso reagiert er derart abweisend auf Emmas Kritik?

Bald muss sich Emma nicht nur ihren eigenen Ängsten stellen, sondern auch den Schatten auf Ewans Seele. Wird ihre aufkeimende Liebe stark genug sein, um diese Herausforderungen zu meistern?

„Schottisch verliebt" ist eine mitreißende Liebesgeschichte vor der atemberaubenden Kulisse Schottlands. Erlebe den Zauber der Highlands und die Geschichte einer Liebe voller Leidenschaft, Abenteuer und Geheimnisse.

Dies ist ein in sich abgeschlossener Highland-Roman. Weitere Bände sind zwar nicht ausgeschlossen, würden aber die Geschichte anderer Charaktere erzählen.

Weitere Buchtipps 1

Nordsee Sehnsucht: Inselgeschichten von Ina Jansen und V.J. Marin

Zwei Autorinnen, drei Inseln, sechs Geschichten ... V. J. Marin und Ina Jansen entführen in ihren Geschichten auf die wundervollen Nordseeinseln Amrum, Sylt und Föhr: Alte Liebe rostet nicht, Sylter Herzen, Sylt, Familie und die Liebe, Küsse mit Meerblick, Zwei und zwei macht vier, Wiedersehen am Leuchtturm

Das Flüstern in den Dünen von Jana von Matthiesen

Als Joris nach seinem Wehrdienst endlich nach Sylt zurückkehrt, ist nichts mehr, wie es war. Denn seine beste Freundin Nele, die er seit Jahren heimlich liebt, hat aufgrund eines Unfalls ihr Gedächtnis verloren und erkennt ihn nicht mehr. Mit dem Schmerz, den diese Tatsache bei ihm auslöst, muss er erst einmal zurechtkommen. Und auch seine Leidenschaft, das Kite-Surfen, welche beide immer verband, bereitet ihm aus diesem Grund zusätzliche Probleme. Doch Joris ist nicht in der Lage, sich lange von Nele fernzuhalten und sucht immer wieder ihre Nähe. Ein Umstand, der Nele Stück für Stück zwingt, sich mit ihrer Vergangenheit auseinanderzusetzen. Wird sie sich jemals an alles erinnern können? Und ist die Freundschaft zwischen Nele und Joris stark genug, um diesen Schicksalsschlag zu überstehen?

Alle Teile der Reihe können unabhängig voneinander gelesen werden. Die Protagonisten der einzelnen Bände, kommen jedoch immer wieder vor.

Country Summer Love von Nova Cassini

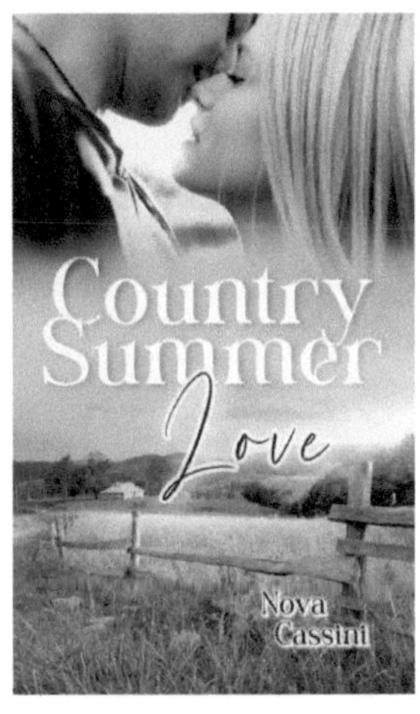

Ein paar Monate nach der Geburt ihrer Tochter feiern Rick und Katy ihre Hochzeit und die Taufe von Lilly. Es könnte alles so schön sein, doch auf der Pferderanch geht es weiterhin turbulent zu. Plötzlich erscheint Nora wieder auf der Bildfläche und setzt alles daran, das Glück der kleinen Familie zu zerstören.

Als Lilly verschwindet, ist die Aufregung groß. Würde Nora so weit gehen oder steckt jemand anderes dahinter?

‚Country Summer Love' ist der zweite Teil der Dilogie ‚Country Love', der auch unabhängig vom ersten Teil gelesen werden könnte. Jedoch empfiehlt es sich, für ein besseres Verständnis auch den ersten Teil ‚Country Winter Love' vorher zu lesen.

Impressum

Lena Küstenglück

Alle Rechte vorbehalten

© der deutschsprachigen Ausgabe

© 2024

Lena Küstenglück

C/o Autorenservice Gorischek

Am Rinnergrund 14/5

8101 Gratkorn

Österreich

Covergestaltung eBook, Buch-Umschlag und Autoren-Logo:

Jana von Matthiesen

Buchsatz-Foto von: iStock

Lektorat 1: Tatjana M.

Lektorat 2 und Schlusskorrektur: Doreen Wiegand

Korrektorat: Ina Jansen, Maria Heine, Cindy Buckart